중국을
무역 · 비즈니스 편
열다

중국을 통해서 개인의 부를 만들자

China

중국을

무역 · 비즈니스 편

열다

  **홍익미래경영연구원**
HI-Future Business Institute

추천사

누구나 창업과 스타트업을 통해 무역가가 되는 꿈을 꿉니다. 특히 주변에 있는 중국이라는 거대한 시장의 문을 두드리고자 연구하고 노력합니다.

하지만 혼자서 할 수 없다고 다들 뒷걸음칠 때, 여기 '중국을 여는' 열쇠와 같은 책이 있습니다.

시중에는 중국을 이해하는 서적들이 즐비합니다. 어떤 책을 보고 간접적으로 경험할 것인지 참으로 막막할 때가 있습니다. 가까이 있어 잘 알 것 같다가도 모를 나라가 바로 중국입니다. 지피지기면 백전백승知彼知己 百戰百勝이라는 말도 있듯이 중국을 제대로 이해하고 우리를 알면 백 번 무역을 해도 백 번 다 이길 수 있다는 말입니다.

많은 사람들이 "이제는 중국이 아니다. 베트남이나 인도로 가야 한다."라고 외치고 있습니다. 하지만 다시 중국이라고 말하고 싶습니다. 그리고 적어도 아직은 중국입니다. 14억의 인구와 거대한 시장이 존재하는 한, 아무리 중국 국가 주도의 경제구조 변화가 있다 하더라도 여전히 우리에게는 지정학적으로 서로 영향을 주고받을 수밖에 없는 존재이기 때문입니다.

탄탄한 중국어 실력의 바탕 위에, 살아 숨 쉬는 중국문화와 역사에 대한 폭넓은 이해 그리고 중국인에 대한 성찰과 경험이 있다면 우리는 얼마든지 중국에서 승리할 수 있습니다.

이 책은 남들이 가 보지 않은 길, 한 번도 시도해 보지 못한 도전, 탁상공론卓上空論식 계획이 아니라 실제 필드워크를 통한 노하우를 잘 활용할 수 있도록 길잡이 역할을 할 것입니다.

압도당하는 것이 시작입니다. 중국 사람에게 투자하십시오. 그러면 중국을 잘 열 수 있을 것입니다.

己亥年 季春 안산자락 哲山書室에서
金鉉哲 (연세대학교 중국연구원 원장)

중국을 업무 최우선이자 주요 관심사로 정하라

과연 중국이라는 나라를 상대로 개인이 할 수 있는 일은 무엇이 있을까?

어학연수, 학위 취득, 중국 여행, Made in China 물품 구매 등

왜 우리는 중국을 상대로 소비자만 되어야 하지?

중국을 상대로 판매자가 될 수는 없을까?

많은 이들이 중국에 어학연수를 와서 어학을 공부하고 어학성적을 취득하고 한국 기업에 취업하려고 한다. 중국에 오는 한국인 이외에 외국인들은 중국어를 배워서 중국을 상대로 무역을 하거나 혹은 부모님 사업을 확장하기 위해 중국어를 배우는 학생들이 많다.

그러다 보니 공부 방법도 많이 다르다. 많은 한국 연수생들은 어학연수가 끝나면 책상에 앉아 단어를 외우고 시험준비를 하거나 혹은 푸다오 선생님을 찾아 1시간씩 수업을 하는 반면에 다른 국가의 어학 연수생은 학교 밖으로 나가서 중국문화를 익히고 중국 친구, 다른 국적 친구를 사귀며 자신만의 네트워크를 넓히는 학생들이 비교적 많다.

먼저 중국어 실력이 바탕이 되어야 하는 것이 중요하다. 그렇다고 중국어 실력만 늘리기 위해 많은 시간을 보내는 것은 도움이 되지 않을 것이다. 어학연수의 경우 1년을 기준으로 본다면 6개월은 어학에 집중하고 나머지 6개월은 중국 현지에서 열리는 한국 기업 전람회 아르바이트로 행사 안내 및 간단한 통역, 번역 등을 할 수 있다.

학부생의 경우는 1학년 때는 학교 수업에 집중하고 2학년부터는 전람회 아르바이트, 한국에서 오는 출장자를 위해 간단한 통역 및 번역 일을 할 수 있고 중국 현지 출장자 동행 같은 일을 할 수 있다.

그 외 중국에 한국 제품을 팔려는 업체와 중국 제품을 사 가려는 업체가 병존하는데 한국 제품을 팔려고 하는 사람에게는 중국 기업체를 찾아서 소개시켜주거나 업체 리스트를 작성하여 보고하고 수수료를 받는 경우가 있으며, 중국 제품을 사 가려는 한국 업체에는 중국 업체 리스트를 만들어 주거나 샘플을 구매해 주고 수수료를 받는 경우가 있을 수 있다.

위의 일들은 대부분 인터넷 검색을 통해서 이루어지므로 학업과 병행하기가 쉽고, 경험을 통해서 얻은 중국에 대한 자료는 개인적으로 중국에 대한 학습에도 많은 도움이 된다.

그 후 그러한 경험을 바탕으로 이루어진 값진 경험은 한국 내 인맥을 형성하며, 중국 전자상거래 시장을 이해하여 자신의 사업을 만들어 가는 데 도움이 될 것이다.

중국과 한국은 현재 한중 FTA를 통해 무역량이 증가하고 전자상거래를 통한 한중 양국의 무역은 더욱 늘어나고 있는 상황이다. 전자상거래의 발달은 무역을 더욱 쉽고 빠르게 접근할 수 있게 해주며 소자본과 간단한 전문지식만으로 1인 창업무역을 할 수 있게 만들었다.

개인이 중국에서 돈을 버는 것은 쉽지 않다. 또한 중국을 이해하기에는 많은 시간이 필요하다. 그렇다고 많은 시간을 보냈다고 모든 것을 이해할 수 있는 나라가 아니다. 중국인도 자국의 음식과 지방을 다 먹어보지 못하고 다 가보지 못하고 죽는다고 하며, 중국의 수도인 북경에 중국인 중에서 몇 명이나 왔다 갈 수 있겠는가?

중국은 그만큼 넓은 나라이고 오랜 역사를 가진 나라이다. 책상에 앉아서 배우는 것보다는 현장에서 자신에게 필요한 것을 배우는 것이 중요하다.

중국은 현재 전자상거래 비즈니스를 하기에 최적의 시스템 환경을 제공하고 있다. 무역의 높은 벽이 사라지고, 대기업이 아닌 개인도 전자상거래를 통해 자신의 아이디어와 부지런한 행동으로 무한한 가능성을 창출할 수 있는 시대가 바로 현재이다.

전자상거래를 통한 비즈니스 모델은 중국인이든 외국인이든 모두에게 공평하며 전자상거래를 먼저 경험한 외국인으로서 양국을 이해하는 우리에게는 중한 양국 소비자가 필요로 하는 물건이 무엇인지 알 수 있다.

값비싼 임대료, 종업원 월급, 기초자본금이 많이 필요 없는, 정년도 없고 은퇴도 없으며, 자신이 하고 싶을 때 일을 할 수 있는 매력도 있다. 노력과 지구력, 자신만의 사업을 꿈꾸는 사람이면 누구나 1

인 기업가로서 꿈을 실현할 수 있다.

지면을 통해서 부족함을 느끼는 학생은 한국 내 무역 선배들이 운영하는 강연을 참석하거나 중국 조사단에 참석하여 중국 이우시장 등을 가보면서 자신의 아이템을 찾고 운영 노하우를 찾아가다 보면 언젠가 무역상이 되어 비행기 좌석에서 하늘 아래를 내려다보는 자신을 바라볼 수 있을 것이다.

도전을 통해서만이 결실을 얻을 수 있다. 반드시 도전을 통해서 본인이 원하는 것을 이루는 꿈이 이루어지길 바란다.

아그리젠토피아를 꿈꾸며

木元 현용수

차례

Chapter 9   무역 서식 및 작성법

▶중국을 이해하는 도서 리스트 및 사이트

CHAPTER 1

1인 무역가 시대

개인의 경제영토를 넓히자

개인의 성공은 시대의 흐름을 잘 타는 것이 중요하다. 이는 "태풍이 불면 돼지도 날 수 있다."라는 말과 일맥상통한다. 어떤 사람이 성공한 경우 우리는 어떻게 성공했는지, 성공의 이유가 무엇인지 알 수 없다. 신이 아닌 인간이 계속해서 시대의 흐름을 잘 타는 것은 불가능하다. 어떻게 해야 시대의 흐름을 잘 탈 수 있을까? 시대에 제대로 적응하는 것만이 유일한 답이다. 세상이 나에게 맞춰줄 리 없으니 말이다.

"바람 목"(통풍구)이라는 단어가 유행하더군요. 제 생각에 중국 경제는 인터넷 플러스라는 불어오는 길목에 그 추세를 따라가다 보면 비상하지 않을까 싶습니다" -리커창 총리

"세계의 흐름이 도도한데 거기에 순응하면 흥하고, 거스르면 망한다." -손중산

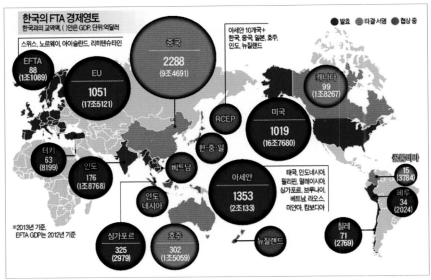

한국의 FTA 경제영토
한국과의 교역액, ( )안은 GDP, 단위 : 억달러

● 발효 ◐ 타결·서명 ● 협상 중

스위스, 노르웨이, 아이슬란드, 리히텐슈타인

EFTA
88
(1조1089)

EU
1051
(17조5121)

중국
2288
(9조4691)

아세안 10개국+
한국, 중국, 일본, 호주,
인도, 뉴질랜드

캐나다
99
(1조8267)

RCEP

미국
1019
(16조7680)

한·중·일

터키
63
(8199)

인도
176
(1조8768)

베트남

콜롬비아
15
(3784)

페루
34
(2024)

인도
네시아

아세안
1353
(2조133)

태국, 인도네시아,
필리핀, 말레이시아,
싱가포르, 브루나이,
베트남, 라오스,
미얀마, 캄보디아

※2013년 기준.
EFTA GDP는 2012년 기준

싱가포르
325
(2979)

호주
302
(1조5059)

뉴질랜드

칠레
71
(2769)

[출처 : 한국경제 2014. 11. 11]

　　세상은 변화하고 있고, 우리 주변도 변화하고 있다. 변화의 속도가 너무 빨라 예측이 불가능할 정도이다. 이전의 할아버지, 아버지 세대와는 완전히 다른 시대를 살고 있는 것이다.

　　1992년 8월 24일 한중수교를 기점으로 중국 정부 혜택, 저임금 그리고 넓은 소비시장을 찾아 나선 한국의 개인 기업들이 이제는 중국이라는 변화된 속에서 적응하지 못하고 돌아오거나 동남아시아 베트남, 라오스 등으로 옮겨가고 있다. 하지만 여전히 많은 다국적 기업들은 중국이라는 시장에서 적응하며 시장을 만들어 가고 있다.

　　한중수교 25년이 넘어가면서 기업뿐만 아니라 개인도 중국 비즈니스를 준비하기 위해 중국어를 배우고 중국 문화와 비즈니스 환경을 익히며 체계적인 준비로, 단시간에 대박을 내겠다는 생각보다는 장기적인 안목을 가지고 중국 비즈니스를 하는 이들이 늘어나고 있다. 우리의 선배들이 유학한 중국은 선진 문명을 배우고 더 넓은 학문의 세계를 이해하는 것에 있었다면, 지금의 우리는 중국을 통해 실사구시(實事求是 -사실에 입각하여 진리를 탐구하는 태도)와 한중 비즈니스에 필요한 구체적인 전략을 배워 개인의 삶을 어떻게 풍부하게 바꾸어 나갈 것인가로 변해가고 있다.

중국은 개인의 삶의 성장을 위한 경제영토가 되어야 한다. 중국은 이념의 대상이 아니라 개인의 실질적인 비즈니스 활동 무대가 되어야 하며, 일자리 창출과 경제 비즈니스 기회를 만들어 내는 경제적 활동 무대가 되어야 한다.

수교 이후 중국과 관련하여 나오는 수많은 정보들이 개인에게 어떤 의미가 있을까? "중국의 시대, G2, 중국의 미래가 한국의 미래" 중국과 관련하여 넘쳐나는 정보들이 개인에게 어떤 의미로 다가오는지, 수많은 정보 속에서 개인들은 중국이라는 나라가 더욱 무섭기만 하고 멀게만 느껴지는 것은 아닌지, 아니면 더욱 무감각하게 느껴지는 것은 아닌지 모르겠다.

중국 모바일 인터넷 인구 6억 명, 한중 양국 인적 교류 1,000만 명의 시대, 2015년 12월 한중 FTA 발효, 중국 시장에서의 성공이 한국 부자 순위를 바꾸고 있는 상황에서 과연 개개인은 어떤 대응을 준비할 것인가?

국가 기관과 대기업 연구소에서 내놓은 거시경제 측면의 지표들을 나의 발전 전략으로 활용하고 개개인의 경제영토를 확장하기 위해 활용할 수는 없을까?

우리 개개인은 어떻게 하면 중국을 대상으로 경제적 부를 만들어 갈 수 있을까?

20대 젊은이들도, 40~50대 중장년층도 지금부터 중국어를 배우고, 중국의 문화를 이해하고, 중국 비즈니스 시장을 배워서 개인 무역을 통한 개인의 성공을 구상한다면, 개인의 미래가 희망적이라고 여겨지며 중국 비즈니스 시장이야말로 '1인 사업'을 하고자 하는 이들에게 또 하나의 희망이 될 수 있다.

미래의 먹거리는 역시 무역이다

우리의 주변 환경은 무역을 할 수 있는 매우 유리한 지정학적 위치를 제공하고 있으며, 정치·경제·지리적으로 싱가포르나 홍콩보다 더 중요한 세계의 중심적 위치에 놓여 있다. 또한 대륙과 해양, 남과 북, 중국 대륙과 동북아의 중심에 위치함으로서 무한한 물류 중심의 경쟁력을 가지고 있다.

[출처 : 바이두]

향후 남북통일은 대륙을 향한 무한한 가능성을 잠재하고 있으며 이를 위한 무역 전문 인재가 무수히 필요한 것이 현실이 되고 있다. 대한민국은 우수한 머리와 열정을 가진 인적 자원을 보유하고 있으며 지금까지 무역을 통해서 세계 10위의 무역국, 세계 6위의 수출국, G20국이 되었다.

무역이 특정인의 전유물인 시대는 지났으며, 모든 사람들이 직간접으로 무역과 관련되어 있으며 생활 속에서 접하는 대부분의 상품이 무역을 통해서 이루어진 상품들이다. 즉 무역은 대한민국의 경쟁력이며 무역을 통해서 개인은 성공적인 경제 활동을 할 수 있다.

인터넷의 발달과 전자상거래 시장의 활성화, 스마트폰의 발달, 전자결제의 안정화가 더욱 성숙해 가면서, 우리는 누구나 자기 집에서 전 세계 상품을 구매할 수 있고 판매할 수 있는 시대에 살고 있다. 인터넷 쇼핑몰(오픈 마켓, 소셜커머스), 모바일 쇼핑몰, 블로그에 상품의 정보와 후기, 가격 등이 자세히 나타나기 때문에 빠른 정보와 기동성을 바탕으로 스마트한 글로벌 비즈니스를 할 수 있는 시대다.

개인도 인터넷을 통해서 가성비(가격 대비 성능이 좋은 것)가 괜찮은 아이템을 찾아 수입을 해서 국내 오픈 마켓, 소셜커머스, 모바일 쇼핑몰 등으로 국내에 판매하거나 한국의 우수한 중소기업 제품과 아이디어 제품을 찾아내서 아마존(미국), 이베이(미국), 타오바오(중국), 라쿠텐(일본), 큐텐(동남아시아) 등 한류 상품을 인터넷으로 수출할 수 있는 비즈니스 기회를 잡을 수 있는 시대이다.

전자상거래의 발달로 현지에 가지 않고도 수입과 수출이 가능한 시대가 되었으며, 개인 무역의 시작을 위해서는 국제 비즈니스 감각과 기본적인 무역 실무능력, 최신 유행상품의 정보 수집력을 가지고 준비할 수 있고, 외국어가 부족하다고 생각되면 번역기(구글 번역기, 네이버 번역기 등)를 사용할 수 있으며, 외국어 능력이 부족하다고 수출, 수입을 못 하는 시대는 지나갔다.

기본적인 무역 실무능력은 무역의 흐름과 체계를 이해하는 수준이면 되고, 각 분야별 전문가(관세사, 포워딩)를 활용하면 된다. 최신 유행상품의 정보수집은 국내외에서 유행하는 제품을 온라인(오픈 마켓, 쇼셜커머스 등)을 통해 발굴하고 각종 산업박람회에 참석하는 등 발품을 팔면서 자신만의 상품리스트를 만들어 낼 수 있는 것이 중요하다. 그리고 매년 개최되는 중소기업 제품 전시회, 박람회, 판촉품 행사전 등을 통해서 우수한 제품을 만날 수 있고, 카탈로그, 명함을 받고 정보를 기록하여 수출이 가능한지 알아보면 된다.

3

1인 무역가 되기

1인 무역은 자신의 직업과 병행하여 할 수 있고, 적은 자본으로 개인이 가질 수 있는 평생의 직업이 될 수 있으며, 전 세계를 돌아 다니며 상품을 구매하고 판매할 수 있고, 여행을 통해 자신의 안목도 더욱더 늘어 날 수 있는 업종이다.

특별한 사람만이 하는 무역업의 시대는 지나고 현재는 누구나 인

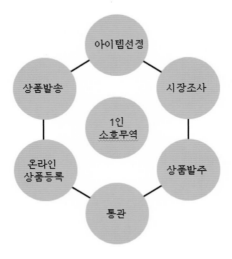

[1인 무역가 성장 과정]

터넷을 통해 최신 트랜드를 알 수 있고, 해외여행을 통해 국제적인 감각을 키울 수 있으며, 이외의 것은 전문가(관세사, 무역운송업자 등)의 도움을 받으면 된다.

1단계 : 외국 직구를 통해 물건을 구매하기, 역직구를 통해서 자신의 물건을 팔아보기
2단계 : 국내 도매시장, 도매몰을 통해서 구매한 상품을 인터넷을 통해서 판매하기
3단계 : 중국 알리바바, 타오바오를 통해서 구매한 상품을 한국의 오픈 마켓, 소셜을 통해서 판매하기
4단계 : 국내, 해외 구매한 물건을 한국 이외 일본(라쿠텐), 아시아(큐텐), 미주(아마존, 이베이) 등을 통해서 글로벌 판매하기

무역업자는 자신의 아이템을 발굴하는 것이 중요하다. 아이템의 발굴은 인터넷을 통해 잘 팔리는 제품 위주로 시장조사를 한다.

1인 무역은 집에서 사무실을 만들고 부업으로 직구, 역직구를 통해서 시작하고 월 매출은 100만 원에 출발하지만, 상품 아이템을 많아지면 오픈 마켓을 통해 억대 연봉을 올릴 수 있다. 투잡을 통해서 시작했지만 소호 무역, 오퍼상을 지나 중견, 대형 무역회사로 성장할 수 있다.

[아이템 분류 예시]

순서	대분류	소분류
1	식품류, 건강식품	1) 전통과자, 수입과자 2) 장류, 수입 전통식품 3) 건강보조식품, 수입 건강보조식품 4) 조미료, 수입 조미료
2	화장품, 아동 옷	1) 화장품, 수입 화장품 2) 아동 옷, 수입 아동 옷 3) 가방, 수입 가방
3	잡화 및 액세서리	1) 사무잡화, 외국 잡화 2) 주방용품, 외국 주방용품 3) 액세서리, 외국 액세서리
4	마니아용품 수입, 수출	1) 정밀 장난감 2) 고급 봉제용품 3) 과학, 학습 교재 4) 아이디어 상품
5	아웃도어용품	1) 등산, 캠핑용품 2) 낚시용품 3) 운동용품

CHAPTER 2

전자상거래로 무역
창업하기

국제전자상거래 이해하기

국제전자상거래는 전자상거래의 일부로, 전자상거래 시장의 발전 및 육성정책과 더불어 성장해 왔으며, 국제전자상거래의 유형 중 구매 지역별 구분으로는 해외직구와 역직구로 나눌 수 있다. 해외직구는 전자상거래를 통한 수입, 즉 국내에서 해외 제품을 직접 구매하는 것이고, 역직구는 전자상거래를 통하여 수출하는 것으로 해외에서 국내 제품을 직접 구매하는 것이다.

전자상거래는 참여 주체별로 4~5가지로 구분할 수 있다.

1) B2B (기업 간 거래 B to B Business to Business)

2) B2C (기업-소비자 간 거래 B to C Business to Consumer)

3) C2C (소비자 간 거래 C to C Consumer to consumer)

4) G2B (정부와 기업 간 G to B Government to Business)

5) B2B2C (기업 간 거래와 소비자 간 거래 결합한 B to B to C)

방식으로 한국 제조사 – 중국 보세구역 내 창고업자 및 전자상거래 업체 – 소비자 간 전자상거래로 이루어지는 전자상거래 무역이다.

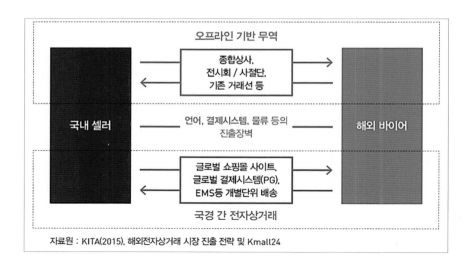

자료원 : KITA(2015), 해외전자상거래 시장 진출 전략 및 Kmall24

중국의 전자상거래 이해하기

글로벌 무역, 중국의 대외무역에서 직구 및 역직구 즉 전자상거래의 비중이 급속히 확대되고 있으며, 중국의 대외무역은 전자상거래를 중심으로 재편될 것으로 보인다. 이러한 시점에서 중국 정부는 국제전자상거래 제도를 빠른 속도로 정비하고 있고, 2016년 4월 국제전자상거래 수입 관련 조세제도 및 통관조건, 검역제도 등을 대대적으로 수정 실시하였다. 이와 동시에 2013년부터 실시해 오던 국제전자상거래 시범지역을 2016년 1월 텐진 등 12개 도시로 확대 실시하였다.

중국의 전자상거래 도입기는 B2C, C2C의 시작인데 1999년으로 8848.com의 오픈이 중국 B2C 온라인 쇼핑 시장 개막의 기점이라고 할 수 있다. 같은 년도 1999년 8월 샤오이보邵亦波는 중국 첫 C2C사이트인 '이취왕' 易趣網, achnet.com을 당시 소규모 판매자들이 상품을 소비자에게 직접 판매하는 C2C라는 개념을 전자상거래 시장에 소개하면서 주목받았으며 이후, 중국 첫 인터넷 서점인 '당당왕當當網'이 설립되었다.

중국의 전자상거래 조정기는 2000년~2002년으로 전자상거래 시장이 성과를 거두면서 PC 제조업체인 레노버Lenovo와 킹소프트웨어 kingsoftware는 2005년 공동출자방식을 통해 B2C 사이트인 '쭈오위에 왕卓越網을 설립하였으며, 일본 벤처캐피탈인 소프트뱅크는 알리바바阿里巴巴그룹에 2,000만 달러의 자금을 투자하는 등 활발한 투자 유치가 진행되었다.

한·중·일 3국 정상은 서울에서 개최된 정상회의에서 디지털 싱글마켓 여건을 조성하기 위해 3국이 협력하기로 공동 선언했다. 정상들은 선언문에서 "새로운 부가가치 창출에 있어 전자상거래의 중요성을 고려하면서 우리는 역내 디지털 시장 단일화가 3국 모두에게 혜택을 가져다줄 수 있을 것이라는 데 대해 견해를 같이했다"며 "공공 및 민간 분야에서 3국 간 정보공유, 공동연구 및 훈련, 기타 교류 등 전자상거래 관련 가능한 협력을 모색해 나갈 것을 장려했다"고 밝혔다.(출처: 한·중·일 온라인 시장 '싱글마켓'으로 묶는다)

[출처 : 바이두]

싱글마켓이란 온라인에서 거래되는 제품에 한해 국가 간 기준을 통합하는 플랫폼을 의미한다. 즉 하나의 플랫폼에서 한·중·일 3국의 이용자들이 물건을 사고팔 수 있는 환경이 열리는 셈이다.

중국의 전자상거래 업체인 알리바바그룹과 JD닷컴은 2014년부터 한국 제품을 중국에 판매하기 위해 많은 노력을 해왔으며, 두 회사 모두 한국관을 세운 뒤 국내 웹호스팅 업체인 카페24와 제휴하여 중국 B2C 마켓 '글로벌 티몰'에 입점하는 업체에 보증금 및 연회비를 면제해 주고, 국내 쇼핑몰들이 중국 이커머스 플랫폼으로 입점할 수 있는 기회를 열어주었다.(출처: 카페24-알리바바, 中 '글로벌 티몰' 입점 무료)

알리바바, 야후 쇼핑, 쿠팡이 협력해 동일한 플랫폼에서 국가에 상관없이 동일한 쇼핑 경험을 주는 것이 보다 수월해질 것이며, 3개국의 싱글마켓 설립은 이제 막 시작의 단계이지만 지속적으로 성장할 것이다.

■ 중국의 웹사이트

중국의 웹사이트 수는 335만 개(출처: 2015.1 第35次中国互聯網發展情況統計報告) 중국의 네티즌 규모는 6.49억에 달했고, 인터넷 보급률은 47.9%이고, 모바일 네티즌 규모는 5.57억 명에 달했고, 도시 인터넷 보급율 62.8% 달성하였으며, 그 중 모바일 앱 1위는 Wechat (텐센트), 종합 검색엔진 1위는 바이두 92.1%, 전자상거래 1위는 타오바오 87.0%, 공동구매는 메이투안왕 56.6%, 인터넷 결재 1위는 즈푸바오 88.2%이다.

[중국 웹사이트 순위]

1위	Baidu.com	검색	바이두 기업
2위	Taobao.com	오픈 마켓	알리바바그룹
3위	QQ.com	메신저	텐센트
4위	360.cn	인터넷 보안	360기업
5위	Sina.com.cn	포털 사이트	新浪
6위	Weibo.com	중국판 트위터	新浪 SNS
7위	Sohu.com	포털 사이트	搜狐
8위	Sogou.com	검색	搜狗
9위	Tmall.com	오픈 마켓	알리바바그룹
10위	Ifeng.com	검색	凤凰网

[출처 : Chinarank.org.cn.]

■ 알리바바 그룹

알리바바 수익 구조는 B2C, C2C, 공동구매, 신용거래, 웹사이트 분석, 무역 등 전자상거래와 관련된 모든 서비스를 통해 수익을 산출하고 있으며 지분 구조는 야후 24%, 소프트뱅크 36.7%, 마윈 7.4%, 기타이다.

[알리바바의 발전 과정]

1999. 9	18명이 60위안으로 창업 B2B 도매시장 "1688" 출시
1999. 10	$500만 달러 투자 유치
2000. 1	$2000만 달러 투자 유치
2001. 12	가입자 100만 명 돌파
2003. 5	淘宝Taobao(C2C) 출범
2004. 2	$8200만 달러 투자 유치
2004. 7	阿里旺旺messenger 출시
2004. 12	支付宝 Alipay 출시
2005. 10	Yahoo중국 대리 운영
2007. 11	홍콩증시 상장
2008. 4	淘宝商城(B2C) 출시
2010. 8	淘宝 APP 출시

2012. 1	淘宝商城을 天猫로 개명
2012. 6	홍콩증시 탈퇴
2014. 9	NYSE 상장 "BABA" (SB 23%, Yahoo 12%, 마윈 7.8%)
2015. 2Q	淘宝 4270亿+天猫 2460亿 (한화125조)
2014. 9. 19	NYSE 상장당일 상장일 종가 $97 시가총액 $2700억 달러 마윈: $210억 달러(한화 23조 원)

[알리바바 자회사 구조]

1	Alibaba	세계 최대 B2C 사이트
2	Taobao	아시아 최대 B2C, C2C 사이트
3	Alipay	중국 최대 온라인 지불 결제 기업
4	Tmall	구매자 4억 명, 판매상 5만 명을 보유한 B2C 사이트
5	OneTouch.cn	상품 수출입 대행 사이트
6	Koubei	중국 최대 생활정보 사이트
7	Yahoo! China	중국 야후 (2005년 8월 인수)
8	Juhuasuan	소셜커머스 사이트
9	Aliyun	알리바바가 투자한 IT 업체
10	CNZZ	웹사이트 분석기관
11	Etao	온라인 상품 가격 비교 사이트
12	Net.cn	도메인 등록 서비스, 온라인 마케팅 등의 서비스를 제공하는 IT 업체

[주목 받은 중국의 IT CEO]

순위	이름	나이	현 직책	주요 경력	젊은피로 주목받는 이유
1	차오궈웨이	45	포털사이트 신랑 총재	상하이TV 기자	한때 흔들리던 신랑을 부흥시킨 일등 공신으로 미국 회계사로도 활약
2	판강	40	중국의 식음료 대표 기업 이리 실업그룹 회장	1992년 동 회사 입사 후 사장 역임	중국 재계의 대표적인 젊은 피
3	마화텅	39	게임업체 텐센트 대표	일반 게임회사 근무하다 1998년 창업	중국의 스티브 잡스로 불림
4	왕옌	38	포털사이트 신랑 부회장	동 회사 총재	프랑스 파리대학 졸업한 유학파
5	천톈차오	39	성다그룹 회장	대학 졸업 후 개인 사업과 공무원 생활하다 성다 창업	한국계 게임 수입해 대박 낸 후 독립
6	덩중한	42	반도체 전문 회사 중싱웨이전자 회장	IBM 등 미 실리콘 밸리 회사들의 연구원 역임	세계 반도체 업계의 차세대 기린아 성장 전망
7	청항	30	후푸중궈렌허 회장	대학 졸업 후 창업 준비	미국 경제지 '포브스'가 주목한 차세대 주역
8	랴오촨랑	28	신차왕 창업자	대학 졸업 후 개인 회사 취업	미국 경제지 '포브스'가 주목한 차세대 주역
9	장진둥	47	쑤닝전기연쇄그룹 대표	1990년 10만위안의 자금으로 쑤닝창업	한때 최고 부호였던 황광위의 라이벌
10	라카이푸	49	구글 중국 본사 총재(구글 철수 이전)	미 마이크로 소프트 중국 연구소 부총재 역임	실리콘 밸리에서 오래 활약한 미국 통

[출처 : 바이두 정리]

3
전자상거래 창업 무역의 시대

지금 우리가 사는 시대는 국제전자상거래 및 인터넷 등 정보통신 기술의 발달로 어디서든 인터넷만 연결되면 모바일, 노트북을 통해 물건을 주문하고, 배송할 수 있으며 배송 중인 제품의 위치와 도착 시각을 알 수 있는 편리한 비즈니스 환경 시대에 살고 있다.

1인 기업이란 단어를 들으면 매우 높은 전문적인 지식을 가지고 있거나 기술을 가진 사람만 할 수 있다고 생각하지만, 평범한 개인도 자신이 가진 지식 및 경험, 기술들을 바탕으로 인터넷 등 정보통신을 이용하여 서비스를 만들어 낼 수 있는 시대가 되었다. 그리고 2011년 4월 4일 '1인 창조기업 육성에 관한 법률'이 제정 시행되면서 1인 기업을 육성하여 젊은이들에게 글로벌 성공을 통해 1인 기업

의 성장과 더불어 고용 창출이 될 수 있도록 지원하고 있다.

우리 주변을 둘러보면 노트북, 핸드폰만 가지고 카페에 앉아서 제품 주문을 받고, 발주를 내고, 견적서를 작성하는 등 비즈니스를 하는 사람을 자주 보게 될 것이다. 1인 기업은 개인이 사장이고 직원이고 발주와 주문을 받으며 필요한 경우는 외주를 주고 일을 진행한다. 지금은 인터넷 쇼핑몰, 블로그에 현지 상품의 정보와 가격, 시세가 낱낱이 드러나기 때문에 정보와 기동성을 중심으로 스마트한 글로벌 비즈니스를 할 수 있다.

1인 개인 무역은 중국 시장이나 동남아시아 시장에서 가성비(가격 대비 제품의 질이 높은 것)가 높은 품목을 찾아 수입을 해서 국내 오픈마켓(G마켓, 11번가 등), 소셜(쿠팡, 위매프 등) 등으로 국내에 판매하거나 한류의 영향을 많이 받는 중국이나 동남아시아에 한국 제품을 수출하는 것이다.

현재 무역방식은 현지에 자주 가지 않고도 인터넷을 통해 현지의 필요한 제품과 가격 등을 알 수 있으며 비교우위를 통해 경쟁력있는 제품을 찾아내 수입과 수출이 가능한 시대가 되었다.

[출처 : 바이두]

CHAPTER 3

무역 아이템 선정, 개발하기

무역 아이템 개발하기

중국은 1978년 개혁개방 이후 세계의 공장으로 세계 각국의 무역상들의 까다로운 기준을 맞춘 경험과 하청 업체로서의 제조 시스템을 구축하여 생산 노하우를 꾸준히 높여 왔고, 내수 시장을 통해서 대량생산의 경험을 가지게 되었다.

우리가 아직도 중국은 믿을 수 없다거나 예전처럼 가격 경쟁력이 없고 불량이 많으며, 막상 한국으로 가져왔을 경우 관세, 운반비, 마케팅 비용 등을 포함하면 경쟁력이 없다는 의견을 가진 사람도 있다. 그러나 실제로 한국의 오픈 마켓(지마켓, 11번가 등)이나 소셜(쿠팡, 위메프 등), 오프라인(재래시장, 도매시장) 시장에서 판매되는 제품의 원산지를 보면 대부분은 중국산이며 특히 재구매율이 높은 소모품은

[출처 : 이우시장 정리]

중국 의존도가 높다.

또 다른 무역상은 한국의 중소기업이 필요로 하는 반제품이나 원자재의 형태로 중국에서 수입해서 중소기업에 납품하면 중소기업은 조립 및 가공하여 Made in Korea로 만들어서 일본이나 동아시아 등으로 수출하기도 한다.

다른 나라인 일본 역시 오픈 마켓 등에서 판매되는 상당수의 제품은 중국에서 수입해 오는 제품들이다. 한국과의 차이점은 일본 수입업자는 수입되는 중국 제품에 추가 비용을 지불하여 포장, 디자인, 자체 브랜드를 추가하여 저가 제품만을 취급하지 않는 경우가 많다.

중국산 제품을 수입 판매하는 수입업자는 갈수록 늘고 있으며, 완제품, 반제품, 부자재, 원자재 등 잘 팔리는 좋은 제품들은 이미 다 들어왔다고 볼 수 있다. 그렇지만 중국 도매상가에 매주, 매일 수백, 수천만의 신상품이 쏟아져 나오고 있으며 이 중에 일부가 한국 오픈 마켓 등에서 유통된다고 보면 아직 기회가 있다고 볼 수 있다.

국내에 유통되는 제품 중에서 신상품이나 가격 경쟁력이 높은 제품을 조사하고, 기존의 제품에 다른 디자인(색깔, 형태 등)을 접목하는 방식, 혹은 자신만의 브랜드를 만들어서 판다면 새로운 판로를 개척할 수 있을 것이다.

중국어가 서툴다면 중국 현지의 유학생들을 활용하는 방법도 좋은 방법이다. 현지의 젊은 유학생들은 중국어뿐만 아니라 현지의 정보를 많이 습득하고 있고, 또한 그들을 통해 20~30대 젊은이의 트랜드를 활용할 수 있다. 게다가 유학생에게도 경제 의식과 한국 기업을 도울 수 있는 기회를 가질 수 있고, 기업 입장에서는 좋은 인재를 확보할 수 있다.

아 이템을 선정하는 과정에는 여러 가지 요인이 있지만 첫째, 개인적 성향과 둘째, 물품의 특성과 셋째, 수입 시 통관 여부로 나누어 볼 수 있다.

1) 개인적 성향

- 아이템의 개인 선호도
- 사회적 트랜드
- 상품에 대한 전문적 지식
- 자본의 한계 등

2) 물품의 특성

- 가격 경쟁력이 있는가?
- 차별성이 있는가?
- 고객들이 선호하는가?

3) 수입 시 통관 여부

- 운송수단이 용이한가?

- 수입 인증이 가능 혹은 까다롭지는 않은지?

- 관세가 높지는 않은지를 통해 아이템 선정

물론 이외에도 많은 요인이 있을 수 있지만, 기초적인 단계에서는 개개인의 성향과 수입상품의 특성, 수입 통관 여부 등으로 구분하는 것이 좋다.

개인적 성향	물품의 특성	수입 시 통관
- 개인 선호도(취미) - 사회적 트랜드 - 전문지식 - 자본	- 가격 - 차별성 - 고객 선호도	- 운송수단 - 수입 인증 - 관세

좋은 아이템 찾기

좋은 아이템은 무엇일까? 한국 홈쇼핑에서 대박 난 제품(장미칼 셋트 등), 중국산 보조배터리, 휴대용 선풍기, 핸드폰 탈부착 선풍기 등 여러 가지가 있을 수 있다. 단기간에 반짝하는 제품보다는 장기간 안정적으로 사업을 지속할 수 있는 아이템을 찾는다는 마음을 가지는 것이 처음 무역을 하는 사람에게 중요하다.

그러기 위해서는 특이한 아이템보다는 평범한 아이템이 좋은 아이템이다. 처음에는 누구나 독특하고 질이 좋고 이윤이 높은 아이템을 찾는다. 그런 제품을 찾아서 단번에 대박을 기대하고 찾는 사람

은 많은 학습 비용을 지불해야 할 것이다.

독특한 제품이나 매니아적 제품은 그 제품을 구매하고자 하는 구매자에게 사전에 주문을 받아서 발주를 하는 것이 재고 부담을 줄이고 시간을 절약할 수 있는 방법이다. 무역도 결국 재고에서 승패가 결정된다. 재고 없이 혹은 가장 적게 재고를 유지하는 것이 무역 사업을 잘 운영하는 것이다.

특이한 제품보다는 꾸준히 판매되는 제품에 자신만의 차별화 즉 디자인(색깔, 형태 등), 브랜드를 만들어서 발주를 하고 한국에 도착한 제품은 포장(무늬, 패턴)을 바꿔서 판매한다면 더 높은 상품 가치가 형성되어 더 좋은 가격으로 판매할 수 있다. 같은 제품이라도 그 제품에 본인의 창의적인 아이디어를 더한다는 생각을 꾸준히 하는 수입업자가 성공할 수 있다.

자신만의 브랜드를 만든다.
제품에 아이디어를 더한다.
제품에 포장을 변형한다.

처음 시작하는 개인은 중국 현지 시장에 가보면 수많은 제품에 현혹되어 이것도 될 것 같고 저것도 될 것 같은 생각으로 욕심만 앞서서 무리하게 많은 품목을 둘러 보거나 수입하는 경우가 있는데 이는 대부분 재고가 된다. 한국에서 주문받은 제품, 한국에서 잘 나가고 있는 제품, 팔리는 제품을 수입해야 성공한다.

한국 내 도매시장(신설동 완구시장, 화곡동 화장품시장, 동대문 방산시장, 남대문 수입상가)을 방문하거나 오픈 마켓(지마켓, 11번가, 옥션 등), 소셜(쿠팡, 위메프, 티몬) 등을 검색하여 인기 판매상품을 비교 분석한 후 잘 나가는 품목 100개 정도를 찾아서 그중에 4~5개 품목을 선정해야 한다.

본인이 보기에 저렴하고 질 좋은 제품을 찾아서 가지고 왔다고 해서 이것이 절대적으로 잘 팔린다는 보장은 없다. 판로를 개척한 후 선주문을 받고 중국 내 제품을 사입하는 것이 우선이라는 원칙을 반드시 지켜야 한다. 사전에 주문받은 아이템 4~5개 위주로 현지 조사 샘플과 단가를 바탕으로 수입 여부를 결정하면 되는데 수입단가와 현지 가격의 차이가 최대 3배 차이가 나면 무조건 수입하고 1.5~2배는 주문 수량의 양이 적정하다면 수입한다는 결정을 내려야 한다.

[대박 아이템 만들기]

대박아이템 1	대박아이템 2	대박아이템 3
주문받은 제품	기존 잘나가는 제품 + 디자인(색깔, 형태)	자기만의 잘나가는 제품 + 자가 브랜드

[잘나가는 제품 시장조사]

한국 내 도매시장	오픈 마켓 및 소셜
신설동 완구시장 화곡동 화장품시장 동대문 방산시장 남대문 수입시장 지역별 도매시장	지마켓 11번가 옥션 쿠팡 위메프 티몬
시장조사 후 인기상품 리스트 만들기	

중국 도매시장 지역별 아이템 알아보기

1) 이우시장

이우시장은 이우시에 있다. 이우시는 저장성 중부의 현급시로 항저우에서 서남쪽으로 130km 떨어진 곳이다.

이우시장은 약 400만평방미터의 면적에 7만여 개의 상점과 2만여 명의 종사자들이 있으며 하루 유동인구 3만 명 이상의 상인들이 왕래하는 세계에서 가장 큰 국제도매시장이다. 이동방법은 한국에서 상해로 이동한 후 상해 남역에서 고속 열차를 이용하면 이우시까지

명칭 영문명칭	이우(义乌) Yiwu city	공항	이우공항(국내선)
소속지역	절강 금화(浙江金华)	기차역	이우역, 이우 서역
전화번호	국제 : (+86) 579 국내 : 0579	차량번호	浙G
위치	长江三角洲南部, 浙江省中部 (장강 삼각주남부, 절강중부)	생산총액	1118亿元(2016年)
면적	1105.46平方公里	대학교	义乌工商职业技术学院
인구	197.8万(2016年常住)	기후	아열대 계절풍 기후

[중국 절강성 이우 국제도매시장 中國 浙江省 义乌市國際商貿城]

약 200km이고 2시간 가량 소요된다.

물론 요즘 전자상거래로 인해 유동인구가 많이 줄어든 것이 사실이지만 처음 사업을 시작하거나 상품의 변화 흐름을 보고자 하는 이는 이우시장을 꼭 가보길 바란다.

이우상인들은 "이우에 없으면 전 세계 어디에도 없다"라고 말한다. 이우시장에는 일상 생활용품의 모든 것이 모여있다고 보면 된다. 중국에서 수출되는 일상 잡화와 완구의 80%가 이우를 통해서 이루어지며. 이우의 최대의 경쟁력은 가격이다. 이우는 일상 생활용품 부문에서 광저우, 칭다오 등 중국 어디보다 20%~50%까지 저렴하다. 이우의 제품가격이 싼 이유는 이우시와 절강성 정부의 전폭적인 지원으로 부가세 면세 및 농민공의 저렴한 인건비로 인한 가격 경쟁력을 갖추게 되어 전 세계 무역업자를 불러 모으게 된 것이다.

이우시장의 특징은 바이어가 원하는 상품을 상품별로 한자리에서

다 둘러볼 수가 있다는 것이다. 도매시장의 규모가 크고 한자리에 모여있으며, 구역별로 층별로 일목요연하게 정리돼있어 다른 도매시장에 비해 이동시간을 최소화하며 원하는 품목을 볼 수 있다는 가장 큰 매력을 가지고 있다.

[이우 도매시장 층별 안내]

시장	주요 품목
1기	1층: 조화, 완구 등 제품 2층: 패션 액세서리 3층: 액세서리 부자재 4층: 대만 관과 중소기업도매상
2기	1층: 가방, 우산, 우의, 포리백, 쇼핑백 등 2층: 전기제품, 금속공구, 부품 3층: 주방용품, 소형가전, 전기통신기게 4층: 한상관, 홍콩관, 안휘관, 쓰촨관, 가방, 시계
3기	1층: 볼펜, 잉크, 종이제품, 안경, 선글라스 2층: 문구, 사무실 비품, 체육용품 3층: 화장품, 단추, 지퍼, 의류부자재 4층: 문화체육용품, 단추, 지퍼, 의류 부자재
4기	1층: 양말, 스타킹, 래깅스 2층: 생화잡화, 모자, 장갑류 3층: 수건, 넥타이, 테이프, 신발 4층: 스카프, 벨트, 속옷
5기	1층: 아프리카 수입제품 2층: 침구용품 3층: 니트웨어/원단 4층: 자동차(오토바이)용품

[출처 : 이우시 층별 도면 정리]

이우 도매시장을 둘러보기 위해서는 발걸음이 빨라야 한다. 이우 도매시장은 기본적으로 오전 9시부터 오후 5시까지 영업을 하는데 보통 4시 정도 되면 문을 닫는 상가가 많으며, 점심시간을 제외한다면 하루 6시간 정도 둘러볼 수 있는 시간이 주어진다. 동일한 제품을 취급하는 매장이 많기 때문에 제품가격을 비교하고 기본 주문량을 확인 후 되도록 빨리 이동해야 한다. 만약 한 매장에서 이것저것 물어보거나 꼼꼼히 제품을 둘러보는 경우에는 원하는 제품을 보지도 못하고 몇 품목 보다가 하루를 그냥 소비해 버리는 경우가 많다.

2) 광저우시장 : 의류, 가방, 원단 등

명칭 영문명칭	광저우广州 Guangzhou, Canton, Kwangchow	공항	광저우 바이윈 국제공항 广州白云国际机场
소속지역	광동성广东省	기차역	광저우역, 광저우 남부역, 광저우 북역, 광저우 동역역
지역위치	광동성 중남부	차량번호	粤A
면적	7434平方公里	지역생산 금액	19610.94亿元 (2016年)
인구	1404.35万人(2016年)	기후	아열대 계절풍 기후

광저우는 광동성의 성도이며 행정, 경제, 문화의 중심이며 2000여 년의 긴 역사를 가진 도시로 한나라 때부터 무역을 시작하였고 광저우의 수출상품박람회는 세계적으로 유명하다.

광저우의 대표적인 품목으로는 의류, 가방, 원단이다. 이곳의 상품들은 품질 면에서 우수하며, 대량주문, 소량주문 등이 가능하여 한국 상인들이 많이 이용하는 곳이다. 광저우 도매시장 중 스싼씽十三行과 짠시루站西路, 싸허沙河 시장은 의류 시장으로 유명하고, 꾸이화강桂花岗은 가방 시장으로 유명한데 가죽가방, 파우치, 벨트의 경우는 낱개로 구입이 가능하다.

선호도	주요 시장	위치	주요 품목
★★★★	지에팡베이루 (解放北路)	꾸이화강 (桂花岗)	가죽, 가방, 지갑, 벨트
	바이마시창	짠치엔루 (站前路)	중고가 의류, 잡화
	다시다이 (大时代)	시산씽(十三行)	중저가 의류
★★★	완린광창	이더루(一德路)	문구, 완구, 생활잡화
★★★★	짠시광창站西广场	짠시루(站西路)	의류, 시계, 신발
★★★	중다 루이팡 원단시장	중다(中大)	원단, 부자재
★★	완지아 의류도매광장	싸허(沙河)	속옷, 스타킹

광저우시장은 시장 간 이동 거리가 멀고 택시 타기가 쉽지 않다. 따라서 지하철로 이동하는 것이 편리하고, 새벽시장만 하는 곳도 있기 때문에 하루 두 군데 정도 방문한다는 생각으로 출장계획을 잡아야 한다.

세계의 공장 광동성

1. 면적 177933㎢(한국의 약 1.8배)
2. 인구 1억 3만 명
3. GDP 3조 9081억 위안
4. 경제 특징
1980년 선전, 주하이, 산터우에 중국 최초의 경제특구가 들어선 뒤 중국 경제성장의 동력이 된 지역. 광동성의 GDP는 사우디아라비아, 아르헨티나를 제치고 G20 국가 중 16위다.

3) 칭다오시장 : 액세서리 부자재 및 반제품

중국 산동성 동부에 있는 도시로 우리나라와 지리적으로 가까우면서 기후도 비슷하다.

선호도	주요 시장	주요 품목
★★★	지모루시장(即墨路市場)	양식 진주, 옥 세공품, 공예품 등
★★★★	중한국제 소상품성 (中韩国际小商品城)	액세서리 부자재 및 반제품
★★★	지묵 소상품성(即墨小商品城)	액세서리, 일회용품 등

명칭 영문명칭	칭다오青岛 Qingdao Tsingtao	공항	青岛流亭国际机场、青岛 胶东国际机场
소속지역	화동지구华东地区	기차역	红岛站(在建)青岛北 站、青岛西站(在建)青 岛站
지역위치	산동반도 동남부해안 山东半岛东南部沿海	차량번호	鲁B、鲁U
면적	7434平方公里	지역생산 금액	10011.29亿元(2016年)
인구	1404.35万人(2016年)	대학	山大(青岛)、中海大、中石 大 等
기후조건	온대 계절풍 기후		

한국의 액세서리 업체들이 가장 많이 진출해 있으며 액세서리나 액세서리 부자재 종류의 수출입이 유명하고, 주변의 옌타이나 지역에도 한국 업체가 많이 있다.

[출처 : 바이두 지도]

CHAPTER 4

수입 물품 통관 및 수입 인증 하기

수입 통관 절차 알아보기

1) 수입통관 절차

수입통관흐름도

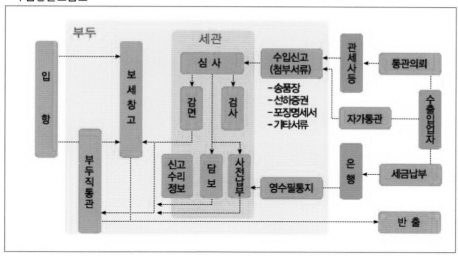

　　수입은 외국 물품을 우리나라에 반입(보세구역 경유 포함)하거나 대외무역법에 의거 외국에서 외국으로 유상 인수하는 물품을 포함한다. 수입 통관 절차는 입항 후 보세구역에 반입하고 수입업자가 수

입 신고를 하면 관세청은 수입 물품에 대한 심사, 검사 후 신고내역 확정 및 세액 여부를 결정하며 수입업자는 제세 납부 후 물품을 반출하면 된다.

　- 입항 – 보세구역 반입 – 수입 신고 – 심사 검사 – 신고 수리 – 제세 납부 – 반출

2) 수출 통관 절차

통관절차

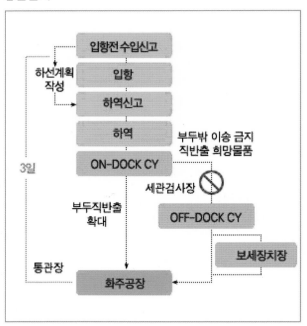

[출처 : 관세청]

수출업자는 수출계약 후 신용장을 받고 수출 물품을 제작하거나 확보한 후 세관에 수출신고를 하면 세관은 수출 물품에 대한 심사 검사 후 수출 관세를 납부한 후 적재 출항하면 된다.

– 수출계약 – 신용장 내도 – 수출 물품 확보 – 수출 신고 – 심사 검사 – 적재 – 출항

수입 통관 절차	수출 통관 절차
1. 입항	1. 수출계약
2. 보세구입 반입	2. 신용장 내도
3. 수입 신고	3. 수출 물품 확보
4. 심사 검사	4. 수출 신고
5. 신고 수리	5. 심사 검사
6. 제세 납부	6. 적재
7. 반출	7. 출항

3) 수입 신고의 시기: 출항 전 신고, 입항 전 신고, 보세구역 도착 전 신고, 보세구역 도착 후 신고 중 선택하여 신고한다.

4) 신고 시 제출서류: 송품장, 선하증권, 포장명세서, 원산지증명서 등이다.

  * 전자서류 제출이 원칙이다.

5) 세액의 확정

  ① 납세의무자가 과세표준 및 납부세액을 스스로 결정 신고 납부한다.

  ② 세액심사는 원칙적 수리 후 심사 감면, 분납, 불성실 신고자는

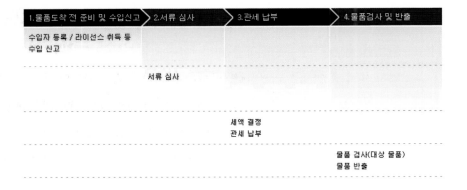

수리 전 심사한다.

6) 수입 신고 수리시점

① 출항 전 또는 입항 전 신고 물품 : 적하목록 심사가 완료된 때

② 보세구역 도착 전 신고 물품 : 보세운송 도착 보고된 때

③ 검사대상 선별 물품 : 해당 물품의 검사가 종료된 때

7) 신고 취하: 계약 내용과 상이, 오송, 변질, 손상 등으로 반송하게 된 경우, 재해 그 밖의 부득이한 사유로 멸실, 세관장의 승인을 받아 폐기, 통관보류, 요건 불합격, 수입금지 등의 사유로 반송하거나 폐기한 경우는 신고 취하한다.

■ 통관제도

□ 통관제도

1. 통관의 성격은 무역거래 내용, 수출입 승인사항과 일치 여부를 확인하는 것이며 통관 적법성, 수출입 규제사항을 확인하여 수출입 여부를 결정하는 성격을 가지고 있다.

2. 세관장 확인 제도는 수출입 통관 단계에서 확인하지 않을 경우 원상회복이 불가능하거나 사회적 비용이 큰 경우에 그 피해를 최소화하려는 목적을 가진다. *통합공고(검역법, 마약법, 총포도검법 등 58개 국내법)

3. 세관장 확인 제도 기능은 수출입 관련 법적 의무사항의 이행촉구, 국가 공권력으로 균형된 무역 질서 확립, 수출입 관련 부처의 법령집행 효율화, 집중관리 체재를 구축하여 공익보장을 최대화하는 기능을 가지고 있다.

4. 수출입의 금지 기능으로 헌법 질서를 문란하게 하거나 공공의 안녕 질서 또는 풍속을 해치는 서적, 도화, 영화, 음반, 비디오물, 조각물, 기타 이에 준하는 물품, 정부의 기밀을 누설하거나 첩보활동에 공하는 물품, 화폐, 채권 기타 유가증권의 위조품, 변조품 또는 모조품을 금지하는 기능을 가진다.

5. 통관 보류의 기능은 신고서의 기재사항 또는 제출서류 등 중요한 사항 미비, 의무사항을 위반하거나 국민 보건 등을 위해할 우려, 관세 범칙 혐의로 고발하거나 조사하는 경우, 통관심사결과 요건을 구비하는 데 장 시간이 소요되는 경우 통관 보류를 할 수 있다.

1) 자가 통관(사업자 통관)

중국 현지에서 수입할 물품을 운송회사(포워더)를 통해 한국 세관으로 들어오면 수입할 물품에 대한 제품 명세서와 기타 서류를 준비하여 관세사에게 의뢰한 후 수입 신고를 하면 된다. 관세사는 수입 품목별로 관세(8~12%)와 부가세(10%), 운임비를 계산하고 관세 수수료를 지불하면 수입 신고를 대행해주고 수입 신고필증, 영수증, 물건을 인도해 준다.

2) 대행 통관(대리 통관)

대행 통관은 수입업체가 수입 업무를 도와주고 그 비용을 운임비에 추가해서 요청하면 수입업체에 그 비용을 지불하고 수입 물건을 인도받으면 된다. 수입 대행 회사가 통관 업무를 대신해 주고 그 비용이 운임비에 포함되어 있기 때문에 관세가 없는 것처럼 보인다.

□ 특급탁송화물

1. 통관방식

1) 목록통관이란 수하인 성명, 전화번호, 주소, 품명, 가격, 중량이 기재된 송장으로 통관이 이루어진다.

2) 간이수입신고는 미화 150달러 초과(미국발 200달러)하고 2,000달러 이하인 물품, 품명, 가격 등 신고내역이 정확하다고 판단되면 별도 검사 없이 통관, 일반수입신고와 동일한 양식이며, 개인 주민번호(통관고유번호) 세관 제출로 이루어진다.

3) 일반수입신고는 미화 2,000달러 초과하거나 목록통관, 간이수입신
고 대상 제외 물품이 아닌 경우다.

2. 특송물품 면세제도는 목록통관 대상 물품은 비과세, 간이, 일반수입
신고는 자가 사용품으로 미화 150달러 이하만 면세, 물품 가격이 미화
150달러를 초과하는 경우에는 전체에 대하여 과세한다.

3. 합산과세는 하나의 선하증권이나 항공화물운송장으로 반입된 물품
을 분할신고, 입항일이 같은 두 건 이상의 물품을 반입(둘 이상의 국가
제외), 같은 해외공급자로부터 같은 날짜에 구매한 면세범위 내로 분
할 신고한 경우다.

[목록통관 배제 대상 물품]

	배제 대상	예시
1	의약품	파스, 반창고, 소화제, 두통약, 해열제, 발모제 등
2	한약재	인삼, 홍삼 등
3	야생동물 관련 제품	멸종위기 야생동식물(CITES) 상어, 악어가죽 등
4	농림축산물 등 검역대상물품	차, 견과류, 씨앗, 원목, 고양이 개 사료, 햄 등
5	건강기능식품	비타민 제품, 오메가 제품, 프리폴리스, 로열제리 등
6	지재권 위반 물품	짝퉁 신발, 가방, 의류, 액세서리 등
7	식품류, 과자류	비스킷, 견과류, 설탕과자, 혼합 식품 등
8	화장품	기능성화장품(미백, 주름개선, 자외선차단 등) 태반화장품
9	통관목록 중 품명 규격 수량 가격 등이 부정확하게 기재된 물품	
10	기타 세관장 확인대상물품	총포, 도검, 화약류, 마약류 등

[출처 : 세관공시]

3) 직접 구입해서 들고 오는 경우

부피가 작고 소량일 경우, 귀국 시 휴대하여 직접 들고 들어올 수 있는데 여행자 휴대품 면세 범위 내에서는 통과할 수 있으나 개인 사용 용도를 초과하는 제품에 대해서는 제품 금액에 관계없이 정식 수입 신고를 하면 된다.

□ 여행자 휴대 통관

1. 여행자 휴대품 통관이란 외국 간을 왕래하는 여객기 또는 여객선을 이용하여 일시적으로 출입국 하는 자가 개인의 자가 용품, 선물용으로 타당하다고 인정되는 수량 또는 가격의 물품, 여행자가 현재 사용 중이거나 명확하게 사용한 것으로 인정되는 신변 용품 및 신변 장식 용품, 그 밖의 여행자의 신분, 직업, 연령 등을 고려하여 관세청장이 지정한 기준에 적합한 물품은 자진신고 방식으로 인적 사항, 휴대반입물품 등 세관 신고사항을 사실대로 신고서식에 성실히 기재하여 세관 공무원에게 제출하면 된다.

2. 신고대상 물품은 해외에서 취득한 전체 취득가 합계액이 미화 600달러를 초과하는 물품, 1인당 면세기준을 초과하는 주류, 담배, 향수(19세 미만이 반입하는 주류 및 담배는 모두 신고), 상용 물품과 수리 용품, 견본품 등 회사 물품, 기타 세관장 확인 대상 물품은 신고하여야 한다.

3. 신고하지 않은 경우에는 납부할 세액(관세 및 내국세)의 100분의 40이

다.

4. 면제금액은 여행자 휴대품으로서 과세가격 합계 미화 600달러 이하, 주류, 담배, 향수, 상용 물품 등은 기본 면세 범위를 적용하지 아니한 다. 주류 1L 이하로서 미화 400달러 이하 1병(400달러를 초과하는 경우에는 전체 취득가격에 과세), 담배 궐련 200개비(엽궐련 50개비, 전자담배 니코틴 용액 20㎖, 그 밖의 담배 250g), 향수: 60㎖, 농림축산물은 총량 50 kg 이내 전체 해외 취득가격 10만 원 이내, 한약재는 전체 해외 취득가격 10만 원 이내로 10개 품목 이하여야 하며 원산지 표시, 구매 영수증이 있어야 한다.

정식 신고를 하게 되면 휴대품 유치증을 발급해주고 세관에서 물품을 보관한다. 제품을 구입했던 영수증이나 인보이스를 관세사에게 주고 정식 수입 신고를 하면 된다. 신고가에 따른 관세, 부가세를 관세사를 통해 납부하면 수입 신고가 수리된다. 그러면 전자세금계산서와 납부 영수증 그리고 수입 신고서를 준다.

4) 전자상거래 및 우편물 통관

전자상거래 통관이란 물품의 주문, 대금결제 등 거래의 전부 또는 일부가 전자문서에 의하여 처리되는 상거래로 인터넷을 이용하여 해외 판매자로부터 직접 구매하는 경우 과세기준은 on-line down load 전자상거래를 통한 무형의 제품 수입은 무관세이고, 오프라인 전자상거래를 통한 CD, DVD 등 영화, 음악 등의 수입은 과세 대상이다, 기타 전자상거래 수입물품의 통관절차는 일반 물품 수입통관 절차

와 동일하다.

우편물 통관이란 해외에 거주하는 친지나 거래처에서 기증, 송부해주는 물품으로 면세기준은 물품가격 미화 150불 이하의 물품이며. 검사는 X-ray 투시기 등을 이용한 검사 및 현품 검사로 면세대상, 정식신고대상 및 통관제한 물품 등으로 구분 처리한다.

■ 해외직구

해외직구란 외국에서 판매 중인 상품을 국내 고객이 온라인으로 직접 주문하여 국제 배송을 통해 받아보는 것을 말한다. 특정 회사가 외국 상품을 수입하여 국내에 판매하는 것 또는 외국 상품에 대한 구매를 대행해 주는 업체를 이용하는 것과는 다르다. 상품을 결정하여 주문하고 배송을 신청하는 일까지 주문자가 직접하게 된다.

이처럼 다른 구매 방법에 비해 다소 까다로운 데도 불구하고 해외직구를 하는 사람의 수는 끊임없이 증가하고 있다. 지난 2010년에 한국 소비자들이 해외직구에 지출한 비용은 2억 7400만 달러였지만, 2014년에는 15억 4500만 달러로 폭발적으로 증가했다.

해외직구를 이용하는 사람이 이처럼 계속 증가하는 데는 여러 가지 이유가 있으나 무엇보다도 상대적으로 저렴한 구매 가격이 큰 원인으로 뽑히고 있다. 동일한 모델의 상품을 구매하더라도 해외에서 판매되고 있는 제품의 가격이 더 저렴한 경우가 있다. 이때 국제 배송비를 지출하더라도 결과적으로는 제품을 더 저렴하게 구매할 수 있는 것이다. 또한 제품의 종류가 훨씬 더 다양하다는 것도 큰 이유로 작용하고 있다.

□ **보세구역**

1. 보세구역이란 외국 수입 물품의 안전관리, 통관업무의 신속화를 위하여 특정 구역 지정한 장소로 신고수리미필 상태에서 장치, 전시, 제조, 가공 등을 할 수 있는 장소를 말한다.

2. 수출입 물품의 보관은 보세구역이 아닌 장소에 장치할 수 없다(관세법 제155조) 다만 수출 신고가 수리된 물품, 거대중량 물품, 검역 물품, 우편 물품 등은 예외로 한다.

3. 지정보세구역이란 통관절차의 신속한 처리를 위하여 적재, 하역, 운반, 검사 등 공공목적으로 지정검사장, 세관검사장을 말한다.

4. 특허보세구역이란 보관, 제조, 전시, 건설 및 판매 목적의 적극적 사익 목적을 위한 장소로 보세창고, 보세공장, 보세건설장, 보세전시장, 보세판매장을 말한다.

5. 종합 보세구역이란 수출 및 물류촉진 등 투자촉진 적극적 공공 및 사익 목적을 위한 장소다.

[출처 : 세관 공시]

2

운송비 산출하기

운송에 있어서는 개인이 직접 가지고 들어오는 경우가 아니면 '포워더'라고 하는 운송회사를 통해 물건을 수입하게 된다. 포워더들은 물건을 수입, 수출하려는 개인이나 기업으로부터 의뢰받아 해운사나 항공사의 운항 일정을 맞춰 물건을 보내주거나 받고 그에 따른 수수료를 받는 업체이며 포워더에게 지불하는 비용이 운송비라고 할 수 있다.

운송비는 수입물품의 무게와 부피로 운임이 산정되는데 항공 수입 시에는 화물의 무게, 해운 수입 시에는 화물의 부피로 계산한다.

1CBM(Cubic meter: 입방 미터)은 물품에 대한 부피로 (가로×세로×높이)로 1CBM은 가로 1m, 세로 1m, 높이 1m이다.

용적톤(R/T)=운임톤이라고 하는데 운임계산 시 기초가 되는 값으로 항공운송의 경우는 Kg을, 해상 LCL화물의 경우 CBM기준으로 정해진다. 그러나 항공이든 해상이든 CBM과 Kg을 각각 CBM, Kg으로 변경하였을 때 더 큰 값을 기준로 하여 운임을 계산한다.

[출처 : 바이두]

항공화물일 경우 1CBM = 167Kg(166.7Kg) / 해상화물 1CBM = 1000Kg이다

*LCL(less than carload lot) 하나의 컨테이너를 여러 명의 화주가 나누어서 사용한다는 의미이다. 차지하는 면적이 적을수록 가격을 적게 지불한다.

예를 들어 박스 크기 (가로 30cm×세로 40cm×높이 60cm), 무게 20Kg인 물건을 10개 수입 시 계산하여 보면

해상운임기준 (03×0.4×0.6×10)=0.72CBM×1000=720Kg (용적톤)으로 실제 무게는 200Kg이지만 용적톤 720Kg을 계산하여 요금

을 환산하면 된다.

항공운임기준은 0.72CBM×167Kg=120.2Kg(용적톤)이 되어서 원래 무게 20Kg×10개=200Kg보다 작기 때문에 실제 무게인 200Kg으로 운임비가 책정된다.

중국 이우시장에서 한국까지 해상화물 1CBM의 가격이 7만 원일 경우 0.72CBM으로 7만 원을 지불하면 되며 내용물의 수량으로 나누어서 제품당 운임비를 추가하면 된다.

③

원산지 표기의 중요성

원산지 표기는 소비자와 국내 생산업자를 보호하기 위해서 물품의 생산, 제조국을 표시함으로써 소비자가 유통 단계에서 확인할 수 있도록 도입된 제도이다. 원산지 표기가 국가가 정한 기준에 부적절하거나 표시되지 않은 경우에는 반품 혹은 국내 보세창고에서 원산지 표기 작업을 한 후 국내에 유통한다. 원산지 표기 비용이 많이 들거나 어려운 경우 폐기되는 경우가 있으므로 원산지 표기는 현지에서 완벽하게 마무리해서 수입해야 한다.

[원산지 표기 예]

외 박스 사진 有	외 박스 사진 無	예외적인 경우
외 박스 표시	제품에 부착	표기방법 참조

■ 예외적인 원산지 표기

다음과 같은 경우 라벨을 이용하거나 스티커를 붙이거나 꼬리표를 다는 등의 예외적인 방법으로 원산지를 표시할 수 있다.

- 물품의 물리적 특성상 원칙적인 방법에 의한 원산지 표기가 불가능한 경우
- 원칙적인 방법으로 원산지 표기를 하였을 때 물품이 훼손될 경우
- 예외적인 방법으로 원산지 표기가 충분히 가능한 경우
- 예외적인 방법이 관행화된 경우

□ 원산지 확인

1) 원산지 규정

- 소비자와 생산자의 보호
- 덤핑방지, 상계관세 부과 등 산업 보호 및 무역정책 기능
- 국제조약 또는 협정국가 간 특혜제공 대상 물품의 결정

2) 원산지 증명서

- 관세법상 특혜 공여대상 결정
- 덤핑방지, 보복, 상계관세 부과대상 결정
- 원산지 허위표시 확인

3) 원산지 표시 위반

  - 원산지 표시를 하지 아니한 경우

  - 사위, 기타 부정한 방법으로 사실과 다르게 표시

  - 법령에서 정하는 기준과 방법에 부합되지 않게 표시

[출처 : 관세청]

수입 인증 물품 절차 알아보기

수입하는 물품에 따라 수입 인증을 받아야 하는 경우가 있다. 완구류와 유아용품 등은 검사 품목이고, 식품류는 식약처 안전 검사를 받아야 하며, 인증검사비용도 품목별로 다르기 때문에 수입업자가 수입하려는 품목을 정확하게 확인해 보는 것이 가장 좋다.

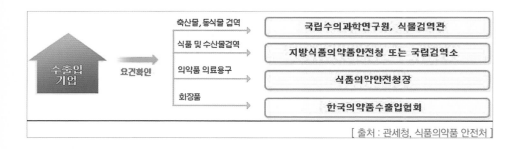

[출처 : 관세청, 식품의약품 안전처]

국가기술표준원 사이트의 안전기준 열람으로 들어가서 전기용품, 생활용품에 대한 인증 기준을 확인할 수 있다. 이곳에서 자신이 수입하고자 하는 품목을 찾아보고 검사기관을 확인할 수 있다.

국가기술표준원

▶ 인증정보

인증기관	한국건설생활환경시험연구원(KCL)		
인증번호	CB061R1943-6001	인증상태	적합
인증일자	20160824	인증구분	어린이제품 특별법 대상>안전확인 대상
인증사유			

▶ 제품정보

제품명	완구	모델명	팔인복
브랜드명		제품분류코드	
수입/제조	수입	파생모델	

정부기관	홈페이지
국가기술표준원	www.kats.go.kr

식품이 아니더라도 컵이나 그릇, 수저와 같이 입에 닿는 모든 품목은 식품의약품안전처에서 위생 검사를 받아야 하고, 검사를 받기 전에 이런 품목을 수입하려 한다면 '식품등수입판매업'에 대한 영업신고를 관할 시군구청 위생과에 신청하고 식품산업협회에서 위생교육을 받아야 한다.

검사 가능한 기관은 지역별로 많은데 먼저 식품의약품안전처 사이트에 들어가서 확인하고 문의 후 수입하는 것이 좋다.

정부기관	홈페이지
식품의약품안전처	www.mfds.go.kr

식품의약품안전검사	전기안전인증	자율안전확인	전파인증
-입에 닿는 것 -음식물 닿는 것 -식품	-전기 50v 이상 -코드 -USB는 대상 아님	-로프, 유아용품 　안전제품 -안전검사 필요제품	-전기와 연관

　　현재 수입 통관과 수입 인증은 다소 전문적인 내용을 바탕으로 개인 무역업자는 어렵다고 느낄 수 있으나 관세사를 통하면 적은 비용 (관세사 비용 33,000원 내외)으로 모든 것을 처리할 수 있는 간편한 시스템이 되어 있다. 초기 수입업자는 사전에 수입하기 전에 관세사를 통하여 수입하고자 하는 물품에 대해 사전 교류를 한다면 수입에 따른 많은 비용 절감과 시간 낭비를 예방할 수 있다. 단 사업상 손실을 없애기 위해서는 기본적인 지식을 습득해 나가는 것이 중요하다.

□ **지식재산권 보호**

1. **보호 근거**

　- WTO/TRIPS 협정 의거 지재권 침해물품의 세관 통관보류

　- 관세법 제235조 의거 지재권 침해물품의 수출입금지

　- 지재권 보호를 위한 수출입통관사무처리에 관한 고시

2. **보호의 원칙**

　- 지재권 침해 여부를 세관장이 명확하게 판단 곤란

　- 침해 우려 물품의 수출입신고 사실을 양 당사자에게 통보

3. 지재권 신고제도

- 지재권 침해물품의 효율적 단속을 위하여 상표권 또는 지재권 등에
  관한 사항을 지재권보호협회(TIPA)에 신고

4. 침해물품의 조치

1) 침해가 아닌 경우 통관 허용

2) 명백한 침해라고 판단하기 곤란한 경우

- 지재권자는 담보를 제공하고 통관보류 요청

- 수출입자도 담보를 제공하고 통관 요청

3) 침해가 명백한 경우

- 통관보류 요청 없이 직권으로 통관보류하고 조사의뢰

4) 침해가 명백한 경우란

- 법원의 확정판결

- 권한 있는 기관의 침해 여부에 대한 감정

- 수출입자가 침해물품임을 서면으로 확인한 경우

- 기타 세관장이 인정한 경우

CHAPTER

5

한국 온/오프라인
시장 입점 및 마케팅하기

한국 온/오프라인 시장 현황 알아보기

온라인 시장은 메이저 몰(신세계몰 등), 오픈 마켓(G마켓 등), 소셜 커머스(쿠팡 등), 전문몰, 폐쇄몰(회원전용 교직원 공제회 등), 블로그, 카페, 도매몰(노점과 깔세), 네이버 체크아웃, 해외몰(타오바오, 라쿠텐, 이베이, 아마존, 큐텐) 등이 있다.

메이저 몰	롯데몰, 신세계몰, 갤러리아몰, AK몰, 이마트몰, CJ몰, 현대몰 등 1) 안전한 판로 확보 2) 몰 자체 광고 진행 3) 메이저몰의 브랜드 파워 효과
오픈 마켓	G마켓, 옥션, 11번가 직접 상품을 올려 매매하며, 중간 유통 이윤을 생략하고 판매자와 구매자를 직접 연결로 저렴한 판매가 가능

쇼셜커머스	티켓몬스터, 쿠팡, 위매프, 에듀팡, 지금샵 등 소셜 미디어와 온라인 미디어를 활용한 전자상거래
전문몰	G마켓, 비즈온, 멍도리(애견용품), 아이비즈21(차량용품), 다신샵 (다이어트) 전문용품 위주로 판매하는 쇼핑몰
폐쇄몰	우리복지몰, 교직원 공제회몰, 임직원 복지몰, 사이버 복지매장 등 근로자의날, 창립기념일, 교직원 복지카드 등 임직원들에게 현금 처럼 사용가능한 포인트를 지급 인증된 특정 회원만 사용할 수 있는 전용 쇼핑몰이다.
도매몰	도매토피아, 도매꾹, 지갑 가방 도매몰 투스토리 도매 전문몰로 재고, 덤핑, 땡처리 등의 상품을 판매하는 사이트
모바일 쇼핑몰	CU모바일 상품권, 해피머니, 온라인 상품권 등 휴대전화로 접속하는 쇼핑몰
해외몰	타오바오(중국), 라쿠텐(일본), 이베이(미국), 아마존(미국), 큐텐 (Qoo10)

[출처 : 바이두]

1) 오픈 마켓

- 누구나 쉽게 물건을 매매할 수 있도록 오픈되어 있는 마켓

- 옥션, 지마켓, 11번가, 인터파크

2) 개인 쇼핑몰, 전문몰, 독립몰

- 전문화된 쇼핑몰, 주로 작은 규모로 전문상품(문구류) 판매

3) 종합몰

- 벤더코드를 승인 받아야 판매할 수 있음

- 주로 대기업에서 운영

- 신세계, 우체국, 쇼핑, AK몰

4) 홈쇼핑

- TV 고정채널을 통해 홈쇼핑 판매, 카탈로그 및 인터넷 판매도

겸하는 종합몰

- CJ오쇼핑, GS이숍, 농수산홈쇼핑, 롯데홈쇼핑, H몰

5) 복지몰, 폐쇄몰, 포인트몰, 카페 공동구매

- 특정인만 구입할 수 있는, 특정 혜택을 주는 쇼핑몰

- 상록몰, 교원나라, 현대그룹 임직원몰, 국민카드 포인트몰

6) 원데이쇼핑몰 / 소셜커머스

- 하루에 한 가지만 파는 쇼핑몰 등

- 원어데이, 티켓몬스터, 위메이크프라이스, 쿠팡

오프라인은 도매상, 전문점, 잡화점, 편의점, 마트, 홈쇼핑, 보험 회사 판촉물 등으로 판매하거나, 노점, 알뜰장, 스낵카, 시즌 행사장 (스키장, 수영장), 단기렌트매장(깔세), 캠핑장 행사, 재래시장, 마트, 백화점 등을 통해 판매할 수 있다.

도매상	화곡동 화장품도매시장, 동대문 완구시장, 신설동 원단시장, 남대문 수입시장 등 전국 도매상을 통해서 유통
전문점, 잡화점	베가스 잡화점(독특한 실내 소품). 달콤 잡화점(소녀감성소품), 아야세(일본 잡화 전문점), 큰사이즈 전문점, 다양한 일용품을 파는 상점, 혹은 전문품을 파는 상점
편의점, 마트	CU, GS25, 미니스톱, 세븐일레븐, 위드미, 두배로마트, 팜스마트 편의점 혹은 마트가 필요로 하는 제품을 공급한다
TV 홈쇼핑	롯데홈쇼핑,GS홈쇼핑, NS홈쇼핑 TV 홈쇼핑과 계약한 뒤 TV홈쇼핑을 통해 판매한다.

한국 온라인 시장 입점하기

중국으로부터 통관된 물품은 온/오프라인을 통해 물건을 판매하게 된다. 온라인을 통한 판매와 오프라인을 통한 판매를 통하여 유통경로별 네트워크를 확보해야 한다.

온/오프라인 첫 진입 시 마진을 남기지 않는다는 생각으로 입점을 위주로 진입할 수 있는 제품을 구비하여야 한다. 유통경로를 확보하고 나면 신상품 및 결합상품을 통해서 자기 브랜드 제품을 만들어가면서 구매자를 확보해 가는 것이 중요하다.

1) 오픈 마켓(G마켓에서) 판매하기

G마켓에서 판매하고자 한다면. '개인 판매회원'과 '사업자 판매회원'을 선택해야 하며 월 100만 원 이상의 판매가 이루어지면 사업자 판매회원으로 등록하여 활동하여야 한다.

G마켓 판매상이 되면 수수료율과 판매방식에 따라 판매방법이 다른데 수수료율은 매년 변동한다.

구분	오픈 마켓	특가 마켓	경매
판매상품 등록수수료	없음	2000원(14일)	1000원(1~7일) 2000원(8~15일) 3000원(16~30일)
판매수수료	카테고리별 차등수수료 (건당10~12% 내외)	카테고리별 차등수수료 (건당 7~9% 내외)	낙찰금액의 6%
특징	판매자와 구매자 사이의 자유로운 거래가능	오픈 마켓보다 조금 낮은 수수료	일반 경매 1000원 경매 행운경매

G마켓의 '사업자 판매회원'으로 입점하려면 회원가입 후 세무서에서 도매업 혹은 소매업 사업자 등록을 한 뒤 통신판매신고(관할구청)을 한 뒤 서류를 팩스, 우편으로 발송하면 된다.

개인 사업자	사업자등록증 사본 1부	
	개인 인감증명서 사본 1부	최근 3개월 내
	통신판매신고 증 사본 1부	관할 시, 구 경제과 신청
법인 사업자	사업자등록증 사본 1부	
	법인 인감증명서 사본 1부	
	통신판매신고 증 사본 1부	
	법인등기부등본 사본 1부	

- G마켓 서류 신청 후 24시간 이내 승인 여부가 결정된다.
- G마켓 상품관리 프로그램인 ESM Plus's 사용하여 판매 상품 리스팅
- G마켓 셀러 교육은 월 1회 시행되며 사업자는 신청 후 무료로 교육을 받을 수 있다.

2) 소셜커머스(쿠팡)에서 판매하기

[출처 : 바이두]

쿠팡은 반값 할인, 90% 할인 폭을 셀러가 결정해 쿠팡에 제시한다. 소셜커머스의 반값 판매방식은 일정 기한이나 정해진 개수를 대량 판매하는 방식으로 입점 신청자는 사업자 등록을 한 사업자가 수입한 물품을 다량확보 판매할 수 있어야 한다. 단. 판매수수료는 소셜커머스 측에서 제품 배송을 대행하기 때문에 인터넷 오픈 마켓보다 높은 편이다.

[소셜커머스 판매절차]

판매 절차 흐름	업주 (수입업자)	판매계획서 작성	인터넷에서 입점문의 신청	업체에서 입점 승낙	정식 계약서 작성
업주 준비 사항	일만 개 판매 결정	물량 준비	판매 제품 정보 자세히 제공(할인율 제공)	업체 MD미팅	전자계약서 작성

업주 제품사진 촬영 후 제공	반값인 1만원 판매	완판 후 판매 대금 정산	업주 수익	상품을 고객에게 발송
판매 사진 리스팅	완판 시 총매출 발생	카드수수료, 업체 수수료 정산		

온/오프라인 마케팅하기

오픈 마켓에서 물건 파는 방법 중 경력자는 1~20개 소수 아이템만으로도 충분하다. 시즌별 전략판매, 손익분기점 파악에 능숙하며 광고비를 집중하여 상위 3% 안에서 승부를 내며 한 제품당 하루 수십~수백 개 이상 판매가 가능하다.

초보자일 경우 처음에는 다양한 제품을 확보한 후 등록해야 한다, 최소 몇백 개의 아이템을 진열한다는 생각으로 물건을 등록해야 한다. 모든 제품에서 이익을 낸다고 생각하기 보다는 구색을 갖춰나가다 보면 이것저것 판매될 것이다.

초보자는 광고비가 없으며 있어도 효율적으로 사용하기 어렵다. 등록된 많은 제품에서 하루 10~50개 정도가 판매가 될 수 있는데, 초보자는 자본금이 거의 전무하거나 최소자본금으로 시작하여야 한다. 보통 이익을 낼 때까지는 많은 시간이 필요하기 때문에 자신의 본업이 있는 상태에서 준비하는 것이 좋다. 퇴근 후 하루 5시간 이상 투자하여 제품을 등록하고 오픈 마켓 시장을 이해해 나가야 한다.

처음 3~6개월 동안에는 주말이나 퇴근 후 사진 촬영/쇼핑몰용 이미지를 직접 제작하여야 하며 다른 이(가족, 친구 등)의 도움을 받아 배송 및 고객 응대 전화 처리를 하면서 지속적인 상품 수 증가와 지속적인 판로 증가를 위한 마케팅을 해야 한다. 그 외 아래의 계정을 활용하여 자신의 제품을 홍보해 나가야 한다.

1) 블로그 판매 : 주로 관심사에 따라 모이며 입소문이나 좋은 인식이 형성되면 홍보 효과가 크며 타깃 마케팅으로 일반 광고보다 파급 효과가 크다.

2) 카페를 이용한 판매 : 회원 수가 많은 카페 중 특정 목적 카페(엄마들의 카페 등)를 이용하여 공동구매를 유도하여 판매하는 경우

3) 도매몰을 이용한 판매 : 도매꾹, 도매몰 등의 사이트에 자신의 제품을 도매가격으로 판매하여 잔여 재고를 일괄 넘기는 판매

4) 자신의 몰을 이용한 판매(메이크샵, 카페24 등) : 자신의 카페을 만들어 꾸준히 회원을 모집하고 모집된 회원을 대상으로 판매

5) 나만의 유통 채널을 이용한 판매 (각종 유통망 정보)

6) 밴드를 이용한 판매 (수익은 적지만 비용도 적다) : 온라인 밴드를

대상으로 자신의 제품을 홍보하고 온라인으로 주문 및 배송

7) 각종 업체 제휴를 이용한 판매 (각종 업체 수수료) : 제휴 업체와 결합하여 타사의 제품 판매 시 자사의 제품을 함께 판매

8) 중고나라를 이용한 판매 : 중고나라 사이트를 통해 저렴한 가격 으로 판매

오프라인 마케팅은 상품의 판매 동향을 파악하기 위한 파일럿 상품을 이용한 판매, 노점, 깔세를 이용한 판매, 협동조합을 이용한 판매, 손해를 감수하고 손절매를 이용한 판매 등 오프라인 업체를 방문하여 더 많은 거래처를 확보하는 것이 중요하다. 남대문시장, 화곡동시장, 동대문시장 등과 거리에서 물건을 파는 사람들까지 거래처를 확보해야 한다. 또한, 온라인에서 이윤을 남기고 오프라인에는 창고 임대료를 내지 않는다는 생각으로 넘겨야 재고가 남지 않는다.

유통업은 더 많은 제품을 더 많은 곳에 유통하여 더 많은 매출을 늘려가는 업종이다. 처음부터 너무 많은 욕심을 내서도 안 된다. 원래 유통업은 창고를 마련하고, 제품을 수입(사입)하고 사진도 찍고, 포토샵도 하고, 광고도 하고, 포장/배송도 해야 한다. 초기에 이러한 여력이 안 된다면 제휴업체와 협업을 통해 최대한 많은 제품을 유통할 수 있도록 하며 차근차근 성장해 나가야 한다.

최소 1~2년 동안 내공을 쌓으면서, 내 아이템을 하나씩 서서히 늘려가고 광고비도 조금씩 규모를 키워가며 체계를 잡아가야 한다. 초기에는 매출이 적어서 포기하고 싶어지는 유혹에 빠지기 쉽기 때문에 처음 3~6개월은 두 개의 일을 한다는 생각으로 각오하고 시작해

야 한다. 항상 새로운 사업은 최소 몇 년이 걸린다는 것을 알고 시작하는 것이 중요하다.

중국의 도매시장은 성별로 넓은 지역으로 분산되어 있다. 특히 이우시장은 한국인 무역업자가 가장 많이 방문하는 지역으로 무역업을 준비하는 사람은 반드시 방문하는 지역이다. 개인적으로 방문하거나 중국 이우무역참관단에 가입하여 가면 된다. 그러나 반드시 판매처(국내, 국외)를 단 10만 원이라도 판매할 수 있는 곳으로 준비하여 중국 현지를 방문해야 한다. 구입보다는 판매가 우선이라는 것이 무역업자가 가져야 할 마음가짐이다.

온라인 시장은 치열한 경쟁 시장으로 단 1원의 가격 차이가 나도 판매가 안 되는 경우가 있지만, 다른 경쟁업체가 가지고 있지 않은 독점 상품일 경우는 가격 제한 폭이 없다. 기존 판매되는 제품의 경우는 경쟁제품의 최저가 검색 방법은 댓글과 팔린 개수를 이용하여 추측할 수 있다. 신상품의 경우 소셜커머스를 이용하여 제품을 대량으로 판매할 수 있는데 오픈 마켓, 소셜의 MD 미팅을 통해 목표가를 설정(수수료 조율)하여 기획하는 방법이 좋다.

기획전은 최소 10~20곳 책정하여 기획상품으로 진행하며 기획전 이후 판매 동향을 보고 2차 재수입 여부를 결정하는데, 이후는 경쟁사가 진입하는 경우이기 때문에 마진율을 대폭 낮춰서 지속 판매를 진행하거나 재고 처리를 통해 제품 판매를 종료하는 것이 좋다. 특히 부가가치세, 수수료, 배송정책(무료배송), 로스율을 고려하여 가격 책정을 하여야 하는 점을 잊지 말아야 한다.

수입단가 산정과 순수이윤 산출하기

중국 현지를 방문하여 원하는 제품을 발견하였을 경우에는 최소 주문량과 박스당 수량 및 수입 소요기간을 확인하는 것이 우선이다. 가격은 마지막에 확인 후 협상을 하는 것이 전문 업자로서의 인식을 심어주어 좋은 가격을 받을 수 있다.

1) 중국 현지 단가 산정표

NO	제품명	이미지	제품 규격	주문 BOX	박스당 수량	최소 주문량	단가	총 CBM	납기일
1	블록 장난감		대	2	48	96	12.5원	0.16	
2	목베개			3	130	390	9.0원	0.9	7
3	차량 시거잭			5	500	2500	2.85원	0.4	

수입단가가 정해지면 환율로 환산하고 표준과세(대략 8%)를 적용하고 운송비 및 부가세를 합산하여 수입원가를 산정하여야 한다. 특

히 운송비를 감안하면 최소 물량을 확보하는 것이 물건의 수입단가를 낮추는데 중요한 요소이다.

2) 선풍기 수입원가 산정표

선풍기	구매가 (중국위안)	환율	환산	관세(8% 기준)	운송비	세전 합계	부가세 (10%)	수입 원가
1호	7	169	1,149	92	200	1,441	144	1,585
2호	8	169	1,352	108	200	1,660	166	1,826
3호	13	169	2,197	176	200	2,573	257	2,830

중국 수입가에 환율을 적용하여 구매원가를 정하고 물류비와 통관비를 합산하여 순수원가를 산정한 후 배송비와 박스포장비를 합산하여 총 원가를 산정한다. 총 원가가 정해지면 경쟁상품과 비교하여 단가를 산정하며, 경쟁상품이 없는 경우는 3배 정도의 마진을 합산하여 판매가를 정하면 된다.

최소 BEP에 해당하는 판매 수량을 정한 뒤 나머지 잔량은 땡처리하거나 재주문 서비스 상품으로 제공할지를 정하고 재고 수량이 남지 않도록 하는 것이 중요하다.

3) LED 빈티지 포토 단가 산정 및 순수이윤 산출하기

현재 수입업자가 없는 가격이 형성되지 않은 제품은 소셜커머스 등을 통해 반값 할인, 90% 할인 등이 가능한 제품으로 MD 미팅을 통해 적정가격을 제시, 협의 후 판매한다.

사이즈	중국 수입가	구매원가 (165기준)	원가+물류+통관비 (A+400/465/507)	배송비	박스비	총원가
25*30	10	1,650	2,050	2500	260	4,810
20*30	12	1,980	2,445	2500	260	5,205
28*35	13	2,145	2,652	2500	260	5,412

사이즈	총원가	판매가	수수료 전 이익	수수료 (16%)	순수 마진	수익률
25*30	4,810	19,900	15,090	2587	12503	약 259%
20*30	5,205	25,900	20,695	3367	17328	약 332%
28*35	5,412	29,900	24,488	3887	20601	약 380%

사이즈	수입원가	수량	총구매가	BEP	남은 수량
25*30	2,050	450	922,500	74	376
20*30	2,445	450	1,100,250	63	387
28*35	2,652	450	1,193,400	58	392

사이즈	매출	배송비	박스비	수수료 (13%)	구매 원가	순이익
25*30	8,955,000	1,125,000	117,000	1,164,150	922,500	5,626,350
20*30	11,655,000	1,125,000	117,000	1,515,150	1,100,250	7,797,600
28*35	13,455,000	1,125,000	117,000	1,749,150	1,193,400	9,270,450
합계	34,065,000	3,375,000	351,000	4,428,450	3,216,150	22,694,400

로스율	5%	1,134,720
마진 합계		21,559,680
판매기간	2~3개월	

[환율: 165위안기준(2016.9.22)]

CHAPTER 6

중국 온라인 시장
이해 및 입점하기

중국 온라인 시장 이해하기

중국의 전자상거래 시장은 세계 최대시장으로 6.9억 명의 인터넷 가입자와 13억 명의 모바일 가입자를 보유함으로써 전자상거래 시장은 급속하게 성장 중이다. 2014년 현재 중국의 온라인 쇼핑 시장 규모는 미국 3,057억 달러보다 40% 큰 4,263억 달러이며 한국 331억 달러보다 13배 큰 규모(출처: eMarketer, 2015)로 특히 다른 국가의 전자상거래 시장의 성장률이 대부분 10%대를 보인것과 다르게 중국은 35%의 성장률을 보이고 있어 주요국과의 격차가 더욱 확대될 전망이다.

[출처 : 바이두]

구분	중국	미국	영국	일본	독일	프랑스	한국	캐나다	러시아
시장규모(10억 달러)	426.3	305.7	82	70.8	63.4	38.4	33.1	24.6	17.5
증가율(%)	35	15.7	16.5	14	22.1	12.1	13	17	16

[출처 : eMarketer, 2015]

중국의 전자상거래 시장은

1) 샤오미 등의 저렴한 모바일의 보급으로 인한 모바일 사용자의 증가 확대

2) 국가 주도의 통신산업 발전

3) 국가경제발전과 개인소득 및 소비 증가에 힘입어 중국의 전자 상거래 시장은 지속 성장할 것이다.

[중국의 온라인 쇼핑 시장 규모 및 증가율(2011~2018년)]

구분	2011	2012	2013	2014	2015(e)	2016(e)	2017(e)	2018(e)
쇼핑 규모(억 위안)	7845	11871	18925	27898	39550	51600	62950	73000
증가율(%)	70.2	51.3	59.4	49.7	40.5	30.5	22.0	16.0

[출처 : iResearch, 국가통계국]

특히 중국은 소매시장에서도 전자상거래의 비중이 급속하게 확대되고 택배 시장의 지속적인 투자와 성장으로 온라인 구매의 편리성과 함께 전자상거래 소매 판매액이 꾸준히 증가하고 있다. 중국의

소비자들은 모바일을 활용한 소비에 익숙해져 있으며 저렴한 가격과 결제 방식의 편리성, 모바일 결제 혹은 수령 후 지불 방식으로 이용자들을 위한 서비스가 증가되고 있는 상황이다.

[중국의 온라인 쇼핑의 거래액 및 소비재 판매액에서 차지하는 비중]

구분	2011	2012	2013	2014	2015(e)	2016(e)	2017(e)
쇼핑 규모 (억 위안)	7845	11870	18924	27898	39500	51600	62950
증가율(%)	70.2	5.6	8.0	10.7	11.0	11.5	12.4

[출처 : iResearch, 중국 국가통계국]

더불어 중국 국제전자상거래를 이용한 수입(직구)이 급속도로 확대되고 있는데 이는 한중韓中 간의 운송 기간이 짧고 가성비가 뛰어나다는 판단하에 젊은층, 특히 20~30대 여성 소비자들의 해외직구가 늘고 있다.

[중국 국제전자상거래 규모]

구분	2008	2009	2010	2011	2012	2013	2014	2015
수입액 (억 위안)	41.7	70.1	107.4	268.2	460.1	806.2	1289.9	2068.8
증가율		68	53	150	72	75	60	60

[출처 : 판다코리아 위클리리포트 VOL53. (2016.4) www.analysys]

[국제 전자상거래 수입 중 B2C의 비중]

구분	2008	2009	2010	2011	2012	2013	2014	2015
B2C	13.8	14.4	14.5	17.3	22.5	26.9	27.1	31.3
B2B	86.2	85.6	85.5	82.7	77.5	73.1	72.9	68.7

[출처 : 판다코리아 위클리리포트 VOL53. (2016.4) www.analysys]

중국 내 전자상거래 시장 중 알리바바 계열인 티몰Tmall의 시장 점유
율은 59.3%로 절대적인 비중을 차지하는 가운데 징둥JD.COM 20.2%,
쑤닝 3.1%, 아마존 1.5%, 이하오디엔yhd.com 1.4% 등이 1위~5위를 차
지하고 있다.

플랫폼 명	주요 거래품목	시장 점유율(2014)
Tmall	종합	59.3
JD.COM	종합	20.2
Sunning	종합	3.1
Amazone.com	종합	1.5
Yhd.com	식품	1.4
Vip.com	화장품, 의류	2.8
Dangdang	도서	1.3
GOME	가전제품	1.7

[출처 : 中国電子商務研究中心, 2014年度中国商務市場數据監測報告(2015.4))]

중국 온라인 시장 입점하기

중국 내 전자상거래 시장 중 알리바바사는 B2B 사이트인 알리바바, B2C 사이트인 티몰, C2C 사이트인 타오바오를 가지고 있다. 그중 타오바오는 여권만 있으면 입점할 수 있고, 판매수수료 무료, 다양한 무료 마케팅, 상점 중심의 플랫폼 시장은 외국인이 판매자에게 가장 용이한 구조이다.

타오바오의 창업자 마윈은

첫째, 판매수수료 무료 정책을 실시하여 중국인과 전 세계의 판매자들을 끌어들이는 정책으로 세계 모든 상품을 타오바오에서 매매가 가능케 했다.

둘째는 판매자 양성을 위해 각종 무료 마케팅을 실시하여 초보 판매자에게 자신의 상점을 노출시키고 판매가 늘어날 수 있도록 돕는 제도를 이용한다는 것이다. 초보 단계에서 최고급 단계인 황관 단계까지 다양한 마케팅으로 판매자로 하여금 지속적인 성장을 함께 한다는 인식을 갖게 해준다.

세번째로 상점 중심의 플랫폼이다. 상품 위주의 노출이 아닌 상점 위주의 운영을 할 수 있어 자신의 쇼핑몰을 기획, 실행함으로서 독립 사이트를 운영할 수 있도록 하며, 자신의 고객을 단골고객으로 확보할 수 있게 하여 고객 충성도를 높여 갈 수 있도록 플랫폼이 만들어져 있다.

타오바오는 중국인들의 신뢰를 얻기 위해 신용관리 제도를 운영하는데 이중 가장 유명한 것이 즈푸바오支付宝와 티엔니우天牛라는 제도이다. 판매자와 구매자 간의 신뢰를 중심으로 알리바바가 결제 금액을 책임진다는 즈푸바오제도, 궁금한 것은 언제든지 물어볼 수 있게 만든 메신저인 티엔니우天牛가 있다.

1) 타오바오의 즈푸바오는 결제, 이체, 인출 등의 대금 정산이 이루어지는 결제 시스템으로 개인의 신분증(여권)을 이용하여 타오바오로부터 인증을 거치고 나면 핸드폰 등으로 모든 대금의 지불, 결제가 이루어진다.

2) 상담시스템인 티엔니우天牛는 구매자들과 판매자 간의 메신저로 구매자가 쇼핑하다가 궁금한 사항을 자체 메신저를 사용하여 질문하면 판매자는 질문에 대한 답을 해주고 자주 묻는 질문

은 자동응답 기능을 활용하여 답변할 수 있게 해준다. 중국어가 능숙하지 않은 판매자는 예상 질문과 답변을 저장하였다가 사용하면 편리하게 사용할 수 있다. 그 외 소비자 안심보장보험이라고 하는 것이 있는데 이는 판매자가 상점을 개설하면 최소 1천 위안(한화 18만 원)정도를 예치시켜 놓을 수 있는 제도로써 판매자를 안심시켜 주는 타오바오가 최소한의 보증금을 받은 제도라고 보면 된다.

기타 타오바오의 판매자 신용등급 제도는 판매를 할 때마다 -1점, 0점, +1점을 점수를 부여하는 제도로 초보에서 황관까지 20여 개의 판매자 등급 제도를 운영하고 있다. 소비자는 판매자의 신용등급을 보고 물건을 구매하기도 한다.

3
타오바오 입점하기

타오바오의 판매대금은 중국 화폐인 런민비로 지급되는데 런민비 은행거래를 위해서는 판매자는 중국 현지 은행 계좌를 개설하여, 타오바오 상점 개설할 때 판매대금을 받을 수 있도록 연동시켜야 한다.

은행 계좌를 개설하기 위해서는 한국과 마찬가지로 신분증(여권)과 연락처 그리고 타오바오 상점 개설 보증금 1천 위안을 준비하여 중국 은행인 중국공상은행 등에 직접 가서 개설하면 된다. 중국어가 능숙하지 않은 한국인은 현지 한국인이나 중국 현지 유학생(대학생)의 도움을 받아 개설할 수 있다.

1) 여권&비자

여권은 유효기간 6개월 이상, 비자의 경우 L단수비자(관광비자) 30일, 90일을 발급받아 가면 된다.

2) 현금 1000위안(한화 18만 원)

소비자 안심 보장보험료 1000위안과 최소 운영자금 1500위안 정도 입금시켜 놓으면 기타 수수료를 감안하여 운영할 수 있다.

3) 중국 핸드폰 유심칩

한국의 SK, KT 등과 같이 중국 연통, 중국 이동에서 신분증(여권)과 현금 100위안 정도 지급하면 유심칩을 구입할 수 있다. 중국은 통신 요금제도가 선불제로 선입금 후 사용하고 잔액이 없으면 통화, 문자 등이 종료된다. 해외 로밍일 경우는 500위안~1000위안의 보증금을 걸어야 한다.

4) 즈푸바오支付宝 등록이 가능한 은행

중국공상은행中国工商银行, 중국은행中国银行, 중국교통은행中国交通银行에서 통장을 개설하고 은행 카드, 인터넷 뱅킹 USB 등을 받으면 된다.

타오바오는 C2C(개인과 개인) 개인 셀러만이 타오바오 상점을 개설할 수 있고, 여권 하나만으로 쉽게 가능하다, 여권을 가지고 개인 상점을 개설할 경우에는 个人开店을 클릭하면 된다.

은행 계좌 개설이 완료되면 타오바오 판매자 등록을 위해 타오바오 회원가입을 하고(www.taobao.com) 판매자 아이디와 비밀번호를 받게 되는데 타오바오 가입이 완료되면 즈푸바오支付宝 아이디는 자동으로 생성된다.

다음으로 타오바오는 판매자 확인을 위해 두 가지 확인을 거치는데 판매대금을 정산하기 위한 계좌 실명 확인과 즈푸바오와 타오바오 소유자가 같은지 확인하는 절차를 거친다. 여권상의 이름과 여권번호가 은행 계좌와 일치하는지 확인하고 즈푸바오와 은행 계좌를 연동해 판매대금을 정산받을 수 있도록 계좌를 신청하면 6시간 정도 후 인증 확인이 이루어진다.

타오바오를 운영하는 판매자는 유학생처럼 중국의 전자상거래를 배우고 용돈을 벌기 위해 하는 사람, 한국에서 쇼핑몰을 운영하다가 중국의 쇼핑몰을 같이 운영하는 사람, 중국 쇼핑몰에 올인하여 판매수익을 올리는 사람들이 있는데 초보자는 최소 자금으로 최소 이윤을 본다는 생각으로 6개월 정도 학습하는 것을 권장한다. 그렇지만 하루 최소 5~6시간은 타오바오에서 시간을 보내는 것이 필요하다.

C2C(개인과 개인)의 쇼핑몰인 타오바오를 통해 전자상거래에 대한 경험과 자본을 축적한다면 중국 현지 사업자 등록 혹은 합자를 통해 B2C(기업과 개인) 쇼핑몰인 Tmall로 점진적 영토를 확장해 나가는 것도 추천한다.

중국 온라인 마케팅하기

한중 FTA(자유무역협정)가 2015년 12월부터 발효되기 시작한 후 소비재의 중국 수출이 늘어나고 있으며 한국의 대중국 수출 중 절반 정도가 가공 후에 재수출되고 있어 중국 소비자를 겨냥한 내수가 확대되고 있다.

한국 내 기존의 잘나가던 제품을 중국으로 가져가서 수출하던 전략에서 중국 고객에게 맞는 맞춤형 제품을 출시하거나 전략으로 중국 바이어들의 한국 내 방문 후 원하는 브랜드와 제품을 만들어 수출하는 등 중소기업 전략이 바뀌고 있다.

중국의 소비 트렌드가 빠르게 변화하고 있다. 그중 도시 생활의 높은 집값과 생활비 및 젊은 세대의 가치관 변화로 결혼 시기가 늦어지거나 결혼 계획이 없는 인구가 늘어남에 따라 1인 가구 또한 증가되고 있는데, 세계 2위 내수 시장을 보유하고 있는 중국의 가구 수는 전 세계의 20%인 4억5천만(2015년) 가구이다. 그중 1인 가구는 약 16%인 7,442만 가구로 지속적으로 증가하고 있으며 2025년쯤 1억 가구를 돌파할 전망이다.(출처 : 중국국가통계국)

1인 가구 소비지출 규모는 다인 가구보다 높고 개인 중심의 소비성향을 보인다. 이들은 간편 효율, 소형, 맞춤형 서비스, 개인 중심 소비, 생활밀착형 쇼핑 채널 선호 등의 트렌드를 가지고 있다. 평소에는 편의점 등에서 간단히 식사를 해결하고 개인을 가치를 돋보이게 하는 데에 중점을 두고, 문화생활이나 건강을 위해서는 높은 소비를 선호하고 있다.

중국의 대도시에 거주하는 1인 가구의 경우 20~30대의 구매력이 높은데 빠링허우(80后 出生), 지우링허우(90后 出生)들이 주도하는 개인 중심적 소비 성향은 화장품, 액세서리, 이·미용 서비스를 중심으로 시장이 확대되고 있다.

현재 젊은 소비자들은 역직구나 중국 내 온라인 쇼핑몰을 통하여 한국 제품을 구입한다. 그중 한국 상품을 취급하는 중국 온라인은 알리바바 계열인 타오바오淘宝, Tmall과 징둥상청京东商城 등이 있고 한국 독립몰로는 판다코리아, 한국관, G마켓 중국관, 에이컴메이트 등이 중국 온라인 시장에서 한국 상품을 취급하고 있다.

1) 중국 소비자의 구매 프로세스

중국의 소비자는 물건을 구매할 때 확인하고 또 확인한다. 지인에게 추천받고 인터넷으로 비교 검색하고 검색된 것을 지식인 등에 물어보고, 구매업체의 신용도를 세밀히 비교한 후 판매자와의 채팅방을 통해서 가격 흥정을 하고 흥정이 끝나면 할인쿠폰 등을 찾고 공동구매 사이트를 통해서 물건을 구입한다.

2) 중국 온/오프라인 마케팅 방법

당사의 제품을 홍보 및 선전하기 위해 중국의 판매자는 방문을 통

순서	소비자 행동	내용
1	인지	인터넷 인지, 오프라인 인지, 지인 추천
2	검색	타오바오(淘宝), 티엔마오(天猫), 징둥(京东) 가격 및 후기 검색 비교
3	신뢰	바이두(百度), 신뢰성 검색 (바이두 백과, 지식인 등)
4	업체	타오바오(淘宝), 티엔마오(天猫), 징둥(京东) 업체 신용도 및 후기 세밀히 검색
5	채팅	채팅창, 가격 흥정 및 궁금증 해결 후 구매결정
6	배송	배송, 위챗으로 스캔할 수 있도록 할인쿠폰 및 특전 제시
7	위챗Wechat	재구매를 위한 유도, 공동 구매 할인 이벤트 및 지속적 콘텐츠 제고, 고객유지 활동
8	재구매	웨이신(微信) 구매 관계 형성, 단골고객 확보

[위챗(Wechat) : 중국 최대 인터넷 기업인 텐센트가 서비스하는 모바일 메신저]

해 고객을 찾고, 전시회 및 박람회를 이용하며, 온라인으로 웨이신, 웨이보, 공중하오를 이용하고, 파워블로거를 통한 공동판매를 제안하고, 소셜을 통해 제품의 동영상을 노출하며, 제품에 대한 개발 과정 동영상을 배포하는 마케팅 방법을 활용한다.

순서	매체	내용
1	방문	중국 거래처, 전시회, 오프라인 직영매장, 일반 고객, 관심 고객
2	커뮤니티	웨이신(微信), 웨이보(微博), 공중하오(公众号)
3	이커머스 (e-commerce)	타오바오(淘宝), 티엔마오(天猫), 징둥(京东)
4	업체	1号店, Alibaba

순서	매체	내용
5	왕훙网红 파워블로거	홈쇼핑, 옥외 광고
6	소셜노출	优酷, 百度, 腾信, mango tv
7	배포	바이럴 콘텐츠 개발, 텍스트, 동영상

*微博 : 중국의 트위터로 인터넷 포털인 신랑(新浪)의 소셜네트워크서비스이다.
*公众号 : 개인이나 기업이 웨쳇(Wechat) 공중(公衆)플랫폼에서 신청하는 공식 계정

1. 중국 티몰Tmall 와 징둥상청京东商城

중국 온라인 쇼핑몰 내 한국 제품 전용 판매코너(한국관)를 운영하는 방식으로 대표적인 기업은 T-mall, 징둥상청京东商城이다.

최근 Tmall은 한국 제품을 판매하는 전용관인 '한국관'을 개설하였고 한국 업체에 중국 시장 진입 플랫폼을 제공하고 있으며, 중국 소비자는 이를 통해 100종 이상의 한국 브랜드 제품을 구매할 수 있게 되었다. 특히 알리바바의 결제수단인 알리페이 시스템이 도입되면서 온라인을 통해 기존 결제수단보다 빠르고 편리하게 결제할 수 있는 장점이 있다.

징둥상청京东商城은 2015년 3월 한국 테마관을 개설하였으며 한국 휴대전화, IT 및 디지털 상품, 의류 및 액세서리 등을 판매하고 있다. 2014년 한국 휴대전화 380만 대, IT 디지털 상품 302만 대, 화장품 200만 개가 징둥 플랫폼을 통해 중국 소비자에게 판매되었으며, 한국에 대형 창고를 만들고 원스톱 물류 방식을 이용해 한국 상품들을 대량으로 중국에 들여올 계획이다.

[T-mall 한국관 홈페이지]

[징둥 한국관 홈페이지]

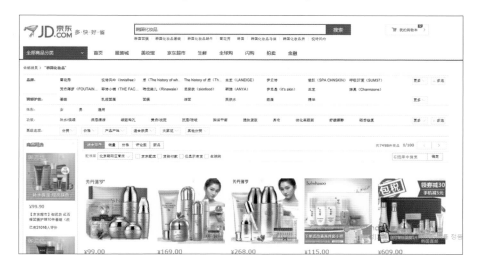

2. 한국 독립몰 판다코리아

판다코리아는 저렴한 가격으로 한국 정품을 직접 믿고 살 수 있는 B2B와 B2C가 결합된 온라인 쇼핑몰로 한국 중소기업의 건강한 수출 인큐베이팅 플랫폼 구축을 표방하고 있으며, 중소기업을 대신해 한류 콘텐츠로 상품을 홍보하는 사업모델을 적용하고 있다.

중국 시장에 보다 효과적으로 진출하기 위해 온/오프라인 사업을 병행하고 있으며, 한국 (명동, 동대문, 제주 등)과 중국 (난징, 상하이, 웨이하이, 청두, 선양 등)에서 오프라인 가맹점 사업도 진행하고 있다. 최근 급성장하고 있는 중국의 국제전자상거래에 보다 효율적으로 진출하고자 웨이하이시와 협력을 맺고 빠른 물류와 통관을 실현하고 있다.

[판다코리아 홈페이지] http://www.pandakorea.com/shop/index.php

3. 한국 독립몰 G마켓 중국관

지마켓은 2003년 서울에서 설립되었으며, 2013년 10월 중국관 G마켓을 설립하여 운영 중이다. 2015년 10월 중국 소비자가 뽑은 브랜드 대상에 선정되었으며 지마켓 글로벌을 통해 물건을 팔고 싶은 경우, 셀러를 위한 번역서비스 해외 마케팅 등을 제공하고 있으며 독자적인 G마켓 물류센터를 통한 배송 시스템을 구축하여 운용 중이다.

[G마켓 홈페이지]

4. 한국 독립몰 에이컴메이트

에이컴메이트는 중국 내 한국 상품의 최대 온라인 유통 채널로 온라인을 통한 글로벌 유통 채널을 보유하고 있다. 중국 시장 진출에 대해서는 한국 기반 해외 판매 방식과 중국 법인을 통한 판매 방식을 운영하고 있다. 한국 기반 해외 판매 방식의 경우 중국의 직구족을 위한 패션몰을 운영하고 있으며, 현재 90여 개의 국내 유명 여성의류 쇼핑몰의 판매 운영 대행을 하고 있다.

중국 법인을 통한 판매 방식의 경우 텐마오 또는 기타 B2C 쇼핑몰 입점 후 중국 운영을 대행하고 있으며, 2014년 에이컴메이트를 통해 중국인이 가장 많이 찾은 한국 쇼핑몰로는 난닝구, 스타일 난다, 니폰주야, 체리코코 등이 있다.

[에이컴메이트 홈페이지] http://www.accommate.com/index.html

http://www.accommate.com/service_tmall.html

4. 왕훙网红

중국 SNS에서 활동하면서 많은 팔로우를 거느린 사람을 말하며 왕루어홍런网络红人의 약칭으로 '인터넷에서 인기 있는 사람' 을 의미한다. 이들은 SNS를 통해 대중과 접촉하며 오락, 쇼핑, 여행, 요리, 패션, 게임 등 다양한 분야에서 실시간 온라인 방송을 통해 제품을 직접 체험하는 영상 콘텐츠를 제작해 제공하며, 많은 팔로워를 거느리고 있어 제품의 마케팅 수단으로도 활용되고 있다.

개인 판매자들은 중국 전자상거래 사이트와 한국 독립몰 사이트를 통해 비교 분석하고 뜨거운 중국 온라인 시장을 벤칭마킹해야 한다. 또한 한국에서 스마트한 비즈니스 모델을 만들고 중국의 자본과 결합하여 중국 시장을 대상으로 마케팅하고, 동아시아까지 확대해 가는 성공적인 비즈니스 모델을 만들어 팔아야 한다.

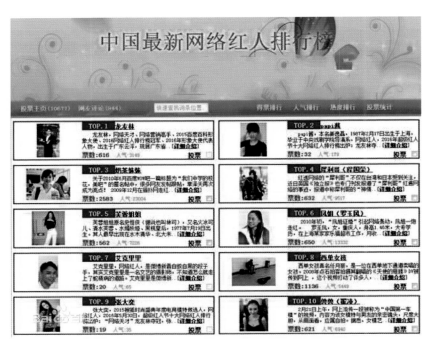

[2015년 광군제 쇼핑 시즌 중국 역직구(수출) 주요 10대 품목]

순위	품목명	금액(천 달러)	비중(%)	단가(달러)
1	기초 화장품	3697	50.2	27.5
2	헤어 제품	911	12.4	14.0
3	바디용품	622	8.4	15.9
4	색조 제품	363	4.9	23.4
5	립 제품	305	4.1	13.4
6	위생용 패드	228	3.1	31.2
7	샴푸	169	2.3	18.3
8	여성 정장	162	2.2	60.2
9	프로젝터(휴대용)	103	1.4	175.6
10	건강보조식품	101	1.4	30.3

[출처 : 관세청 2015.12.10]

한중 FTA를 알면 아이템이 보인다

2015년 12월 발효된 한중 FTA는 상품, 서비스, 투자, 규범, 경제 협력 등 22챕터로 중국의 FTA 중 가장 포괄적 FTA 추진이며, 한국으로서는 중국 내수 시장을 대상으로 판매할 수 있는 시장이 열리고 있는 것을 의미한다.

특히 공산품 중 생활가전, 패션 기능성 의류, 생활용품 등 일부 소비재에 대한 중국 측 관세 철폐를 확보한 상태이다.

① 식료품 : 커피 조제품, 비스킷, 음료, 인스턴트 면(라면), 혼합 조미료 등

② 전자기기 : 전기밥솥, 세탁기(500L 이하), 냉장고(10Kg 이하), 에어컨, 진공청소기 등 중소형 생활가전

③ 의류 : 기능성 의류(아웃도어), 유아복, 기타 정장류 캐주얼 의류

④ 생활용품 : 콘택트렌즈, 주방용 유리제품 등 생활용품 시장 대부분 개방

⑤ 의료기기 : 치과용기기 등 의료기기 제품은 중국인이 선호하고 한국의 제품이 우위에 있는 제품이 많아 개인 수출 품목으로 가능성이 높다.

[2015년 12월 발효된 22챕터]

상품(6)	서비스, 투자(5)	규범 및 협력(6)	총칙(5)
상품자유화율	서비스	지재권	최초 규정 및 정의
원산지	통신	경쟁	예외
통관 및 무역원활화	금융	투명성	분쟁해결: 비관세조치
무역규제	자연인의 이동	환경	중개절차
SPS	투자	전자상거래	제도
TBT		경제협력	최종 규정

기타 무역 규범 및 비관세 장벽을 보면

① 비관세 장벽은 재중 주재원 최초 2년 이상 체류 기간(당초 1년) 및 복수비자 발급과 비관세 조치 관련 중개mediation절차 도입이 있다.

② 원산지는 $700 이내 원산지 증명서 제출 의무 면제, 특혜관세 사후 신청 규정이 있다.

③ 통관에 있어서는 상품 반출 관련 전자적 서류 제출, 48시간 내 통관, 부두 직통 관제 명시, 특송 화물에 대한 별도절차(간소화), 관

세법령의 일관성 있는 이행 보장 등이 있다.

④ 무역규제에 있어서 양자 세이프가드 제도 및 남용방지 조항 마련, 반덤핑 조사 개시 전 통지 시점(7일 전) 규정, 제로잉 관행 부존재를 확인한다.

⑤ SPS는 WTO/SPS 협정 적용 재확인하였으며 지역화 조항은 불포함되었다.

⑥ TBT는 국제공인성적서 상호수용 촉진(전기용품), 시험성적서 상호수용 협상 개시(전기용품, 자동차 부품), 허가신청 절차 시 내국민 대우 부여(화장품, 의약품)가 되었다. 그러나 중국은 기술장벽 TBT 및 위생검역SPS, 반덤핑, 수량 제한 등 다양한 비관세 장벽을 유지하며 특히 중국의 대세계 비관세 조치는 주로 위생 및 검역SPS, 기술장벽TBT을 중심으로 확대하고 있으며 반덤핑 조치는 감소하고 있다.

[한중 FTA의 비관세 및 무역규범 합의 주요 내용]

분야	주요 합의 사항
비관세 조치	*비관세 조치의 투명성 보장, 조치의 발표와 실시 간에 합리적 유예기간 설정 *이행요건 충족을 전제로 한 수입허가 금지 *식품과 화장품 시험소 지정을 통한 시험결과의 상호인정에 관한 논의 추진 *비관세 조치 작업반 설치(상품무역위원회 산하)
TBT	*기술 적합성 평가 시 국제표준 등 적용 *상대국 기술기준의 상호 수용, 상대국의 기술 적합성 평가 결과의 수용 →전기용품 국제공인성적서 상호수용 촉진, 자동차 부품 시험성적서 상호 수용, 화장품 의약품 허가신청 절차 내국민 대우 부여 등을 통해 시험 인증 관련 구조적 애로 해소 기여 *기술규정 제·개정 시 의견제시 기간(60일) 명시 *소비자 제품의 안전 보호 강화

분야	주요 합의 사항
TBT	*시험인증기관 상호 진출 촉진 *라벨링 요건의 최소화 노력, 비영구적 또는 탈착 가능한 라벨 수용 노력 *기술규정 및 적합성 평가를 이유로 세관에서 억류하는 경우 신속히 통보 *기술장벽 위원회 설치
SPS	*WTO/SPS 협정 적용 재확인 *위생검역 역량강화를 위한 기술 협력 *협정 이행을 위한 위원회 설치, 상호 접촉선 지정(한국 농상부, 중국 질량감독 　검험검역총국)
무역규제	*국내산업 보호를 위한 양자 세이프가드 제도 설치 *발동, 재발동 제한 등 남용 방지 위한 장치 마련 *반덤핑 조사개시 전 통지 시점 명확화, 가격 약속 협의, 제로잉 미사용 관행 　확인 등 WTO 규정 도입 *무역 구제 위원회 설치
분쟁해결	*비관세 조치 관련 분쟁에 대한 중개Mediation제도를 도입하여 분쟁해결의 신 　속성과 효율성을 제고

[출처 : 대외경제정책연구원]

□ **FTA란 무엇인가**

FTA는 국가 또는 경제공동체 간에 맺는 협정으로 관세 및 무역장벽을 서로 낮추거나 없앰으로써 협정 당사국끼리만 혜택을 함께 누리는 배타적 무역 특혜 협정이다.

오늘날의 FTA는 상품 무역뿐 아니라 투자, 상호 인정, 경제협력, 무역구제조치, 지식재산권, 정부조달 등 포괄적인 방향으로 체결되고 있다.

지역 통합의 형태로 보면

 1) 특혜관세협정(Preferential Tariff Agreement: PTA)

 2)자유무역협정 (Free Trade Agreement; FTA)

 회원국간 무역자유화를 위해 관세를 포함하여 각종 무역제한조치

 철폐(예: NAFTA)

 3) 관세동맹Customs Union

 회원국 간 역내무역 자유화 외에도 역외국에 대해 공동관세율을 적

 용하여 대외적인 관세까지도 역내국들이 공동보조를 취함 (예: 남

 미공동시장MERCOSUR)

 4) 공동시장Common Market 상품, 사람, 자본, 서비스 등 4대 생산

 요소의 자유이동

 관세동맹 수준의 무역정책 외에도 회원국 간 노동, 자본 등 생산요

 소의 자유로운 이동 가능(예: 구주공동체EC, 중앙아메리카 공동시

 장CACM)

 5) 경제통화동맹(Economic & Monetary Union: EMU)

 6) 경제통합Complete Economic Integration

□ **FTA의 직간접적 효과**

 1) 무역 전환 및 무역 창출 효과

 2) 중소기업의 기회 : 국내산 원부자재 활용 증대

 3) 시장규모 확대 – 규모의 경제 이익 달성

 4) 소비자 후생증대 : 수입물가 안정 및 선택폭 확대

 5) 고용확대와 경제 성장 촉진

 6) 산업구조 조정 촉진 : 경쟁력 향상

[출처 : 한국무역협회, 자료정리]

CHAPTER 7

중국을 이해하는 키워드 8

중국 현황

"**나**는 중국 전문가다"라고 말하는 사람의 90%는 정말 중국을 모르는 사람일 수 있다. 단 "나는 중국 사천성 전문가다"라고 하는 사람은 50%는 아는 사람일 수 있다. 중국은 우리의 기준으로 생각하고 알기에는 너무나 복잡하고 큰 나라임에 틀림없다.

중국은 한국인이 학교에서 배운 지식과 사회생활을 통해 얻은 각종 상식으로 이해하기는 어려운 국가이다. 중국을 처음 접하는 사람이나 중국을 잘 이해한다고 생각하는 사람들이 정말로 중국을 이해하기 위해서는 중국을 다양한 면에서 이해하려는 노력이 필요하다. 우리가 무역을 하기 위해 필요한 기본적인 중국을 이해하기 위해서

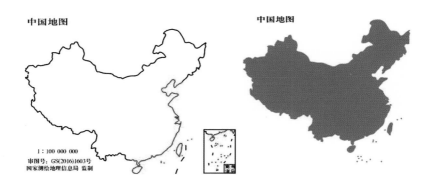

는 중국 지역 환경, 문화 및 해당 지역 상관습에 대한 이해가 필요하며, 중국의 중앙정부 및 지방정부에 대한 이해도 필요하다.

1	首都 수도	北京 베이징
2	面积 면적	9,596,960㎢ 世界 4位 면적 9,596,960㎢ / 세계 4위(CIA 기준)
3	言语 언어	汉语한어
4	人口 인구	13亿8271万 (중국 통계연감 2016 기준)
5	货币 화폐	元(CNY)
6	民族 민족	汉族 以外 55个少数民族

특히 중국 중앙정부가 매년 양회兩会을 통해 발표하는 운영 원칙을 이해하고 추진하려는 산업과 규제하는 산업을 알아야 하며, 특히 외국계 기업들은 외국계 기업에 대한 중국 정부의 규제 및 혜택을 알아야 한다.

지역 환경에서는 그 지역의 인구, 경제 수준, 주요 추진사업, 기후여건, 교통환경 등은 어떤지 알아야 하며, 문화 환경에 있어 의식주, 여가생활, 지역 특색은 무엇인지를 조사하고 지역 구성원에 대해 한족 위주인지, 소수민족 거주지역인지에 따른 소비 행동을 알고 이해해야 한다.

특히 중국은 넓은 나라인 만큼 지방정부의 비즈니스 문화는 완전히 다르다는 것을 이해해야 하며, 인터넷을 통하여 자신이 관심있는 지역에 대한 자료를 취합하고 학습하려는 노력이 필요하다.

그럼 먼저 중국에 대한 개요에 대해서 알아보자. 중국은 55개의

소수민족과 한족(한족 92%)으로 구성되어 있으며 23개의 성과 4개의 직할시(베이징, 상하이, 톈진, 충칭) 5개의 소수민족 자치구(네이멍구, 시짱, 신장, 닝샤, 광시) 2개의 특별행정구역(홍콩, 마카오)로 구성되어 있다.

[중국 소수민족 현황]

	中文名称	한글명	분포지역	인구
1	壮族	장족	광시(广西)·윈난(云南)과 광둥(广东)	16,926,381
2	满族	만주족	헤이룽장(黑龙江)·랴오닝(辽宁)·지린(吉林)·허베이(河北)·베이징(北京)과 네이멍구(内蒙古)	10,387,958
3	回族	회족	서북 지구·허난(河南)성·허베이(河北)성·산둥(山东)성·윈난(云南)성·안후이(安徽)성·랴오닝(辽宁)성·베이징(北京)·톈진(天津)	10,586,087
4	苗族	묘족	구이저우(州)성을 중심으로 윈난(云南)·광시(广西)·광둥(广东)·후난(湖南)·후베이(湖北)·충칭(重庆)	9,426,007
5	维吾尔族	위구르족	신장(新疆)	10,069,346

	中文名称	한글명	분포지역	인구
6	土家族	토가족	후난(湖南)성·후베이(湖北)성과 충칭(重庆)	8,353,912
7	彝族	이족	쓰촨(四川)·윈난(云南)·구이저우(贵州)·광시(广西)	8,714,393
8	蒙古族	몽고족	内蒙古(네이멍구)·吉林(지린)·黑龙江(헤이룽장)·辽宁(랴오닝)·宁夏(닝샤)·新疆(신장)·甘肃(간쑤)·青海(칭하이)	5,981,840
9	藏族	티베트족	시짱(西藏)·칭하이(青海)·간쑤(甘肃)·쓰촨(四川)·윈난(云南)	6,282,187
10	布依族	포의족	구이저우(贵州)	2,870,034
11	侗族	동족	구이저우(贵州)·광시(广西)·후난(湖南)	2,879,974
12	瑶族	요족	광시(广西)·후난(湖南)·윈난(云南)·광둥(广东)	2,796,003
13	朝鲜族	조선족	둥베이[东北] 지방의 랴오닝[辽宁]·지린[吉林]·헤이룽장[黑龙江]	1,830,929
14	白族	백족	윈난(云南)	1,933,510
15	哈尼族	합니족,하니족	윈난(云南)	1,660,932
16	哈萨克族	카자흐족. 합살극족	신장(新疆)·간쑤(甘)성·칭하이(青海)	1,462,588
17	黎族	여족	하이난다오(海南)·산둥(山东)	1,463,064
18	傣族	태족	윈난(云南)	1,261,311
19	畲族	사족	저장(浙江)성·푸젠(福建)	708,651
20	傈僳族	율속족	윈난(云南)성·쓰촨(四川)	702,839
21	仡佬族	흘로족	구이저우(贵州)	550,746
22	东乡族	동향족	간쑤(甘肃)	621,500
23	高山族	고산족	타이완(台湾)	494,107
24	拉祜族	납호족	윈난(云南)	485,966
25	水族	수족	구이저우(贵州)	411,847

	中文名称	한글명	분포지역	인구
26	伍族	와족	윈난(云南)	429,709
27	纳西族	나시족,납서족	윈난(云南)성과 쓰촨(四川)	326,295
28	羌族	강족	쓰촨(四川)	309,576
29	土族	토족	칭하이(青海)성과 간쑤(甘肃)	289,565
30	仫佬族	무로족	광시(广西)	216,257
31	锡伯族	시보족	신장(新疆)·랴오닝(辽宁)·헤이룽장(黑龙江)	190,481
32	柯尔克孜族	키르기즈족	신장(新疆)	186,708
33	达斡尔族	다우르족	네이멍구(内蒙古)·헤이룽장(黑龙江)·신장(新疆)	131,992
34	景颇族	경파족	윈난(云南)	147,828
35	毛南族	모남족	광시(广西)	101,192
36	撒拉族	살라족	칭하이(青海)성과 간쑤(甘肃)	130,607
37	布朗族	부랑족	윈난(云南)	119,639
38	塔吉克族	타지크족	신장(新疆)	51,069
39	阿昌族	아창족	윈난(云南)	39,555
40	普米族	푸미족	윈난(云南)성과 쓰촨(四川)	42,861
41	鄂温克族	오원커족	네이멍구(内蒙古)와 헤이룽장(黑龙江)	30,875
42	怒族	누족	윈난(云南)	37,523
43	京族	경족	광시(广西)	28,199
44	基诺族	기낙족	윈난(云南)	23,143
45	德昂族	덕앙족	윈난(云南)	20,556
46	保安族	보안족	간쑤(甘肃)	20,074

	中文名称	한글명	분포지역	인구
47	俄罗斯族	러시아족	신장(新疆)	15,393
48	裕固族	유고족	간쑤(甘肃)	14,378
49	乌兹别克族	우즈베크족	신장(新疆)	10,569
50	门巴族	문파족	시짱(西藏)	10,561
51	鄂伦春族	오르죤족	네이멍구(内蒙古)와 헤이룽장(黑龙江)	8,659
52	独龙族	독룡족	윈난(云南)	6,930
53	塔塔尔族	타타르족	신장(新疆)	3,556
54	赫哲族	헉철족	헤이룽장(黑龙江)	5,354
55	珞巴族	낙파족	시짱(西藏)	3,682

[출처 : 바이두 인구 2010년 중국 제6차전국인구조사기준]

중국의 도시들은 정치, 행정 구역상 등급, 도시화 비율, 인구수, 경제 수준 등이 복합적으로 반영되어 1~6선으로 분류되고, 중국 비즈니스를 위해서는 2~3선 도시로 진출해야 한다. 이 도시 분류는 부동산 시장에서 사용하기 시작한 것으로, 도시의 종합 경쟁력을 나타내는 지표로 사용되기도 한다.

구분	도시명
1선 도시 (5곳)	北京、上海、广州、深圳, 天津
2선 도시 (36곳)	苏州、宁波、泉州、合肥、太原、扬州、大庆、淮安、南宁、桂林、包头、呼和浩特、昆明、哈尔滨、温州、珠海、贵阳、佛山、中山、嘉兴、郑州、常州、南昌、东莞、威海、镇江、临沂、惠州、长春、烟台、石家庄、南通、徐州、洛阳、潍坊、咸阳

구분	도시명
3선 도시 (120곳)	乌鲁木齐(新疆自治区首府) 贵阳(贵州省会) 海口(海南省会) 兰州(甘肃省会) 银川(宁夏自治区首府) 西宁(青海省会) 呼和浩特(内蒙古首府) 泉州(福建经济第一强市) 包头(内蒙古第一大城市, 经济第二强市) 南通(江苏经济强市) 大庆(黑龙江经济强市) 徐州(江苏经济强市) 潍坊(山东经济强市) 常州(江苏经济强市) 鄂尔多斯(内蒙古经济第一强市) 绍兴(浙江经济强市) 济宁(山东经济强市) 盐城(江苏经济强市) 邯郸(河北经济第三强市) 临沂(山东经济强市) 洛阳(河南经济强市、古都) 东营(山东经济强市) 扬州(江苏经济强市) 台州(浙江经济强市) 嘉兴(浙江经济强市) 沧州(河北经济强市) 榆林(陕西经济第二强市) 泰州(江苏经济强市) 镇江(江苏经济强市) 昆山(全国百强县第一名) 江阴(全国百强县第二名) 张家港(全国百强县第三名) 义乌(浙江经济强市县级市) 金华(浙江经济强市) 保定(河北经济强市) 吉林(吉林经济第二强市) 鞍山(辽宁经济第三强市) 泰安(山东经济强市) 宜昌(湖北经济第二强市) 襄阳(湖北经济第三强市) 中山(广东经济强市) 惠州(广东经济强市) 南阳(河南经济强市) 威海(山东经济强市) 德州(山东经济强市) 岳阳(湖南经济第二强市) 聊城(山东经济强市) 常德(湖南经济强市) 漳州(福建经济第四强市) 滨州(山东经济强市) 茂名(广东经济强市) 淮安(江苏经济强市) 江门(广东经济强市) 芜湖(安徽经济第二强市) 湛江(广东经济强市) 廊坊(河北经济强市) 菏泽(山东经济强市) 柳州(广西经济第二强市) 宝鸡(陕西第二大城市、经济第四强市) 珠海(特区、广东经济第十强市) 黄石(湖北经济第三强市) 九江(江西经济第二强市) 绵阳(四川第二大城市) 等
4선 도시	1, 2, 3선 외 도시

[출처 : 바이두 인구 2010년 중국 제6차전국인구조사기준]

"중국 전문가는 없다. 단 그 지역 전문가만 있을 뿐이다."라는 말처럼 중국은 하나의 성城이 유럽의 국가와 비슷하며 인구와 민족, 언어(방언), 소비습관, 식습관 등이 많이 다르다.

중국을 이해한다는 것은 지역, 도시를 이해하는 것이다. 즉 지역, 도시의 기후, 소비특징, 음식, 방언, 민족 등을 이해하는 것부터 시작

하는 것이다.

1선 도시인 베이징北京, 상하이上海, 광저우广州, 선전深圳과 2선 도시인 청두成都, 선양沈阳을 중심으로 특징을 살펴보자

베이징北京은 중국을 대표하는 도시로 문화·역사·정치의 중심지이다. 베이징 시민들은 상대적으로 체면을 중시하고 다양한 소비문화가 존재하며 정부 기관, 국영기업들, 다국적 기업의 본사가 많아서 타 도시에 비해 접대용 소비가 많고, 외국 유학생이 많아 다양한 소비가 이루어지고 있다. '사람은 나면 서울로 보내라'는 말처럼 중국인들도 우리와 다르지는 않은 것 같다. 외국인은 특히 중국을 이해하려는 유학생은 중국의 수도인 베이징에서 공부하는 것이 중국을 이해하는 데 많은 도움이 될 것이다.

中文名称 중문명칭	北京	气候条件 기후조건	北温带季风气候 북온대계절풍기후
外文名称 영문명칭	Beijing 베이징	著名景点 명승지	天安门广场、故宫、颐和园、八达岭长城、明十三陵等
别名 다른 이름	燕京、北平 연경, 북평	机场 공항	北京首都国际机场、北京南苑机场、北京新机场（在建，名称待定）현재 2개공항, 1개 진행 중
行政区类别 행정구역	首都、直辖市 수도, 직할시	火车站 기차역	北京站、北京西站、北京南站、北京北站等
所属地区 지역	中国华北 중국 북부	车牌代码 차량번호판	京A-京Q
下辖地区 지역구	16个区	行政代码 행정번호	110000
政府驻地 행정관청지	东城区正义路2号	地区生产总值 생산총액	24899.3亿元（2016年）[
电话区号 전화번호	(+86) 010	人均生产总值 인당총생산액	11.459万元（2016年）
邮政区码 우편번호	100000	高等学府 대학기관	北京大学、清华大学、对外经贸大学 等 150이상의 대학
地理位置 지리위치	华北平原西北边缘	市树,市花 시목,시화	国槐、月季
面积 면적	1641万平方千米	现任领导 시장 등	市委书记郭金龙；市长蔡奇
人口 인구	2172.9万人（2016年）	方言 방언	北京话

[출처 : 바이두]

상하이上海는 중국을 대표하는 경제 도시이며 금융 중심지이다. 상하이는 소비자들의 소비 행태가 꼼꼼하고 브랜드 및 원산지에 대해 민감하며 선호하는 경향이 뚜렷한 편이기 때문에 타 도시에 비해 여성의 구매결정권이 강하며, 서구 쇼핑 문화에 익숙하다. 외국 문물에 대한 거부감이 적어서 외국인들이 사업하기에는 적합한 도시로 추천된다.

선전深圳은 개혁개방 이후 외지인의 유입으로 형성된 이민 도시이며 주강 삼각주의 대표적 경제특구로 계획도시답게 다양성과 타문화에 대한 포용력이 높으며 경제특구로 구매력이 매우 높으며 실용적인 상품, 브랜드를 선호하는 경향이 있다. 전자제품 등 한국 내 쇼핑몰의 IT제품, 공산품의 수입은 선전을 통해 이루어지는 경우가 많아 광저우, 선전은 전자제품 수입업자들이 많이 찾는 곳이다.

청두成都는 쓰촨성의 성도로 소득 수준 대비 소비가 높은 도시이다. 낙천적인 기질과 유흥 문화가 발달하였고 저녁 퇴근 후 야식을

中文名称 중문명칭	广州	气候条件 기후조건	亚热带季风气候 아열대기후
外文名称 영문명칭	Guangzhou, Canton, Kwangchow	著名景点 명승지	花城广场、广州塔、黄埔军校、陈家祠、长隆旅游度假区、沙面等
别名 다른 이름	穗、花城、羊城、五羊城等	机场 공항	广州白云国际机场
行政区类别 행정구역별	地级市	火车站 기차역	广州站、广州东站、广州南站等
所属地区 소속지역	华南地区 화남지역	车牌代码 차량번호판	粤A
下辖地区 지역구	16个市辖区	市花 시화	木棉花
政府驻地 행정주소지	越秀区府前路1号	市鸟 시새	画眉鸟
电话区号 전화번호	(+86) 020	地区生产总值 지역총생산	19610.94亿元(2016年)
邮政区码 우편번호	510000	高等学府 주요대학	中大、华南理工、暨大、华师大等
地理位置 지리 위치	广东省中南部 , 珠三角北部	市委书记 市长 시서기, 시장	任学锋 , 温国辉
面积 면적	7434平方公里	行政代码 행정번호	440100
人口 인구	1404.35万人(2016年)	方言 방언	粤语-广府片-广州话 , 客家话 광동화등

즐기며 여행을 매우 좋아하는 경향이 있다. 베이징현대 자동차 등이 진출하였으며 한국에 대한 좋은 이미지로 한국으로의 유학생이 많고 한류에 대한 선호도가 높은 도시 중의 하나이다.

선양沈阳은 랴오닝성의 성도로 중국의 중공업 중심지이며, 도매시장이 크게 형성되어 있고 소비성향이 높고 도매시장과 사치품 시장이 발달하였으며 한국 제품에 대한 수용도가 높은 지역이다. 한국 중소기업 등이 산둥성과 더불어 가장 많이 진출한 도시로 인력 수급과 인프라가 잘 갖추어진 도시이다.

2 중국 무역 발전사

중국은 1978년 덩샤오핑鄧小平이 개혁 개방을 선포함으로써 기존의 집단노동 방식을 없애고 농민에게 토지 경작권을 부여하였으며, 국영기업, 집단소유제 기업이 대부분을 이루던 경제 구조에서 민영기업, 개인기업을 허용하였다. 또한 해안 도시 개방(다롄, 톈진, 칭다오 등 중국 연안 14개 도시 개방), 경제특구 지정(선전深圳, 주하이珠海, 산터우汕头, 샤먼厦门) 등 대외 개방을 통해 외국 자본과 기술을 도입하기 시작하였으며, 기업의 설립과 폐지를 할 수 있는 회사법을 제정 실시하였다. 그리고 국유기업 노동자에 대한 고용계약제 도입으로 국가 체제를 기존의 폐쇄적인 구조에서 벗어나 개혁, 개방을 통해 세계 경제의 일원으로 참여하면서 시장 경제의 구조를 만들어가기 시작했다.

1) 토지 경작권

사회주의 국가인 중국의 토지는 국가 소유로서 소유, 매매, 증여 등이 불가능하므로 국가로부터 '토지 사용권'을 무상으로 배분받거나 임대해서 사용하는 제도이다. 중국은 1983년 농민에게 15년간 임대해주는 방식으로 토지 경작권을 부여함으로써 농업 생산성을 크게 향상시키고 농촌 경제를 활성화시키기 시작하였다.

2) 회사법 제정

중국은 국영기업, 집단기업의 체제만 유지해오다가 1993년 회사의 설립 및 조직, 지분, 합병, 주식 발행 및 양도 이사회, 감사 등의 주식회사(유한회사)를 만들어 운영할 수 있는 기본 회사법을 제정하였으며, 2005년 회사법 재개정을 통해 주식회사(有限公司)의 설립 요건을 완화하면서 1인 유한회사 설립이 가능하게 만드는 등 민영기업의 활동에 더 활성화될 수 있도록 하였다.

3) 보험법, 증권법 제정

중국은 1995년 보험업에 대한 정부의 관리, 감독 법규를 담고 있는 보험법, 보험 계약법, 보험 특별법 등을 제정하여 보험 계약자 간의 권리와 의무 관계에 대해 규정하는 법을 제정하고 외국 기업과의 합작을 허용하면서 중국 보험시장을 활성화시키기 시작하였다. 또한 1998년 증권법을 제정하여 증권회사, 증권거래소 관리법을 제정

하고 주식발행, 주식거래, 상장기업 인수 등을 할 수 있는 관리규정
을 제정 공표하였다.

4) 국유자산관리위원회

중국은 2003년 중국의 국유기업을 총괄하기 위하여 국유자산관리
위원회를 설립하였다. 시노펙(정유회사, 에너지 기업), 차이나모바일(이
동통신 기업), 바오스틸(철강 기업) 등은 비금융권 국가기업을 관리하기
위해 만들어진 기관이다. 금융권 국유기업은 재정부와 지방재정청이
관리 감독한다.

[년도 별 경제 발전사]

년도		주요 정책
1978	*중국개혁,개방 *한 자녀 정책실시	중국 개혁, 개방 정책 실시 -1978년 개최된 11기 3중전회(중국공산당 제11기 중앙위원회 제 　3차 전체 회의)에서 개혁. 개방 노선 발표
1979	*미중수교	미중수교 -1979년 1월 1일 중국과 미국이 정식으로 외교 관계 수립 미중수교를 통해 중화인민공화국이 중국 내 유일한 합법 정부임을 인정받고, 중국은 대만과 외교 관계를 단절함.
1980	*경제특구 지정	경제특구 지정 -선전(深圳), 주하이(珠海), 산터우(汕头), 샤먼(厦门)
1983	*토지 도급제 시행	토지 도급제 시행 -농민에게 토지를 15년간 임대
1984	* 중국 IMF 가입 * 임차제 도입	중국 IMF 가입 -다롄, 톈진, 칭다오 등 중국 연안 14개 도시 개방 주식제 개혁 시험 실시 중국 임차제 도입 -국유기업을 빌린 경영자가 수익의 일부를 국가에 지불하는 방식

년도		주요 정책
1985	*경제개방지역 지정	경제개방지역 지정 -장삼각주, 주하이삼각주, 로하이만 지역, 산동반도, 라오동반도 등 연해 경제 개방구 지정
1986	*홍콩 증권거래소 공시 개장	홍콩 증권거래소 공시 개장 -장쑤성, 쉬저우를 중심으로 안후이성, 산둥성, 허난성을 준해경제특구로 지정
1988	*하이난 섬 *토지 도급제 개정	하이난 섬 -하이난 섬을 경제특구로 추가 지정 토지 도급제 개정 -토지 임대 기간을 30년으로 연장
1989	*톈안먼 사태(天安 门)	톈안먼 사태 발발
1990	*상하이 증권거래 소	상하이 증권거래소 개장 -상하이 푸둥 경제특구 지정 -상하이 증권거래소 개장
1991	*선전 증권거래소	선전 증권거래소 정식 개장
1992	*덩샤오핑의 남순 강화 *증권감독관리위원 회(증감회) 설립 *국유기업회사법 시행 * 한중 수교	덩샤오핑의 남순 강화 -덩사오핑이 우창, 선전, 주하이, 상하이 등을 순시하면서 사회주의 노선을 견지하고 개혁, 개방을 확대할 것을 주장한 담화. 남순 강화는 중국이 사회주의 시장경제의 기반을 다지고 향후 중국식 경제 발전을 이루는 이정표 역할을 함. 국유기업회사법 시행 -국유기업을 주식회사화 혹은 유한회사 형태로 전환함으로써 국유기업의 '법적 형태를 회사로 바꿈. 외국인 투자 전용 B주 시장 개설 채권선물시장 개장 -1992년 채권선물시장을 개장했으나 1995년 가격 조작문제로 3년 만에 거래 중단
1993	*회사법	중국 [회사법] 발표
1994	*인터넷	인터넷 도입
1995	*보험법	[보험법] 제정 -보험업에 대한 정부의 관리, 감독 법규를 담고 있는 [보험업법] 보험 계약자 간의 권리와 의무 관계에 대해 규정하고 있는 [보험계약법], 그리고 [보험특별법] 등의 법규를 제정 채권선물시장 거래 중단

년도		주요 정책
1997	*홍콩 반환	홍콩 반환 대내외 위기 극복을 위한 경제 정책 확정 - '안정 속 성장'을 표방한 당정연석중앙공작회의에서 경제 성장률 8% 하향 조정. 농촌 경제 발전, 대외 개방 확대, 국유기업 개혁 등의 경제 정책을 확정
1998	*증권법	[증권법] 개정 -주식 발행, 주식 거래, 상장기업 인수, 증권거래소 및 증권회사 관리 등을 주요 내용으로 함.
1999	* 마카오 반환 * 주택시장 개혁	마카오 반환 상품방(商品房) 위주의 주택 시장 체제 개혁 ① 商品房 : 부동산 개발 업체가 판매 목적으로 세운 건물로 매매와 임대가 가능 ② 社会保障房; 상품방과 대립되는 개념으로 정부가 복지 정책의 일환으로 소득 중하위권 가정에 제공하기 위해 짓는 주택. 한국의 공공 주택에 해당함
2000		GDP 1조 달러 돌파(세계 7위)
2001	*WTO 가입	WTO 가입 -국유기업의 민영화 가속도, 환율제도 개편, 관세 인하, 금융시장 개방 외자 유치와 해외 투자 확대, 아시아권 국가와 FTA 체결 등 경제 개방 폭 확대 10.5규획 발표 -2001~2005년에 시행된 '제10차 국민 경제 및 사회 발전 5개년 계획'은 지속적인 고도 경제 성장 유지, 서부 대개발 전략 추진, 국유기업 등 각종 개혁 추진, 인구 문제, 실업 문제, 빈부 격차 등 사회 문제 해결 기반 마련, 대외 개방 확대 등을 주요 골자로 함
2002	*QFII(외국인 기관투자자 적격제도) 도입	외국인 기관투자자 적격 제도(QFII) 도입 -일정 자격 조건을 통과한 외국 기관투자자에게 A주 시장에 직접 투자할 수 있는 자격을 부여하는 제도
2003	*국자위 설립	중국 국유자산관리위원회(국자위) 설립
2004		중소판(중소기업 전용 증시) 설립
2005	*관리변동환율제 시행	관리변동환율제 시행 비유통주 해제 -중국은 1990년 주식시장 개설 당시 외국 자본의 중국 기업 잠식을 우려해 국유기업 주식 중 30%(유통주)만 유통시키고 나머지 70%(비유통주)는 매매하지 못 하도록 규정함 [회사법], [증권법] 전면 개정 -위안화 변동 폭 상한 0.3%로 확대

년도	주요 정책
2006	*QDII (국제 적격 기관투자자 제도) *금융선물거래소	국내 적격 기관투자자 제도(QDII) 도입 -일정 자격 조건을 통과한 중국 기관투자자들에게 해외시장에 직접 투자할 수 있는 자격을 부여하는 제도 금융선물거래소 설립
2007	*관리변동환율제 변경	위안화 변동 폭 상한 0.5%로
2008	*베이징 올림픽	베이징 올림픽 개최
2009	*차스닥 설립	차스닥 설립(중국의 나스닥, 창업판이라고 불림)
2010	*주가지수 선물거래	주가지수 선물거래 개시 GDP 5.9조 달러(세계 2위)
2011	*RQFII(위안화 적격 외국인 기관투자자) 제도 도입	1인당 GDP 5,000달러 돌파 위안화 적격 외국인 기관투자자(RQFII) 제도 도입 -일정 자격 조건을 통과한 외국 기관투자자들에게 역외에서 모집하거나 환전한 위안화를 가지고 중국 A주 시장에 투자할 수 있는 자격 부여
2012	*관리변동환율제 시행	위안화 변동폭 상한 1%로 확대 -중국은 2005년 7월 고정환율제를 폐지하고 관리변동환율제를 시행함. 이같은 환율 체제 아래서 투자자들은 매일 공시되는 위안화 기준가 범위 내에서 (현재 상한 1%) 자유롭게 거래할 수 있음.
2013	*대출금리 전면 자유화 *상하이 자유무역구 출범	시진핑, 리커창 체제 출범 대출금리 전면 자유화 상하이 자유무역구 출범 -2013년 9월 정식 출범한 상하이 자유무역구는 와이가오차오보세구, 와이가오차오 보세물류원구, 양산보세항구, 푸동공항종합보세구 등 4개 지역으로 구성 금융을 비롯한 서비스 분야의 과감한 개방과 제한적 위안화 자유태환 및 금리 자유화를 시행하며 '중국 제2의 개혁, 개방 시험대'로 불림.

[출처 : 중국업계지도 어바웃어북, 중국 바이두]

공산당

중국의 비즈니스 환경을 이해하기 위해서는 중국의 공산당을 이해하는 것이 필수적이다. 중국은 공산당이 국가를 세우고 군대를 창설하고 기업을 설립한 나라이다. 당이 국가의 모든 조직을 장악하고 관리하며, 정부나 군대도 당의 철학이나 공산당 사상을 실행하는 기구일 뿐이다. 공산당이 어떤 계획을 가지고 있는지, 어떤 실행 방향으로 가려고 하는지가 중요하다.

그러면 중국 공산당의 설립에 대해 알아보자. 중국에서 공산당이 설립된 시기는 1921년이며 상하이에서 천두슈, 마오쩌둥 등이 비밀리에 만나 결성했으며, 그 공산당이 오랜 혁명 과정을 거쳐 1949년 10월 1일에 세운 나라가 바로 중화인민공화국이다.

중국 공산당은 '인민의 민주 독재' 상태이지만 2002년 11월, 제16대 중국 공산당전국대표대회에서 장쩌민 주석이 기업가와 자유 직업에 종사하는 인민들이 당의 의사결정에 어느 정도 목소리를 낼 수 있도록 하여 정협에 가입해서 활동하게 되었으며 2008년 농촌 경제 성장을 위한 토지 경작권의 매매 허용(토지 유동화 정책), 개인 주택의 매매(토지 제외)가 이루어졌고, 통화와 재정정책 규제완화, 경기 부양

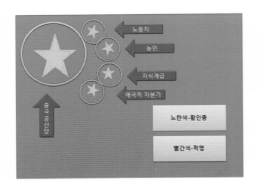

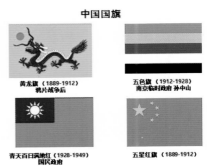

中国国旗

黄龙旗 （1889-1912）
鸦片战争后

五色旗 （1912-1928）
南京临时政府 孙中山

青天白日满地红 （1928-1949）
国民政府

五星红旗 （1889-1912）

을 위한 거시 경제정책 등을 마련하였다.

□ 중화민국

- 1920년 8월: 중화민국 상하이에서 코민테른 지도로 중국 공산당 창당.

- 1920년 10월: 베이징에 공산당 조직 설립.

- 1920년 10~11월: 후난성에 공산당 조직 설립.

- 1921년 7월 1일: 제1차 공산당 당대회 개최.

- 1922년 7월: 레닌의 코민테른(공산주의 제3 인터내셔널) 정식 가입.

- 1924년~1927년: 제1차 국공 합작.

- 1927년: 국공 합작 결렬, 국공 내전.

- 1931년: 중화소비에트공화국 설립.

- 1934년: 장정.

- 1937년~1945년: 제2차 국공 합작으로 중일 전쟁에 중국 국민당과 참전.

- 1946년: 제2차 국공 내전 시작.

- 1949년 1월: 베이징 점령.

- 1949년 4월: 중화민국의 수도 난징 점령하고 집권당이 됨.

- 1949년 10월: 중화인민공화국 건국.

- 1950년 10월: 한국 전쟁에 개입하기 위해 중공군을 파견하여 조선인민군 편에 참전.

- 1950년~1951년: 마오이즘 사상개조 운동과 인민민주독재의 시행, 반혁명 분자 재판 운동.

- 1951년~1952년: 삼반오반 운동.

- 1955년~1958년: 반우파 운동.

- 1958년: 대약진 운동 시작.

- 1966년~1976년: 문화대혁명.

- 1976년~1977년: 마오쩌둥의 사망과 화궈펑의 상속.

- 1978년: 덩샤오핑의 개혁개방과 4대 현대화.

- 1989년: 톈안먼 사건 발발.

- 1992년: 남순강화와 중국 특색의 사회주의

[출처 : 바이두, 네이버 참조]

　　중국 공산당은 2014년 기준으로 86,700,000명의 당원을 거느릴 정도로 세계에서 가장 큰 정당이다. 중국은 대학생이 공산당 당원이 되는 경우가 많은데, 실제 사례로 베이징 대학 학생들은 1991년에는 5%, 2009년에는 10%가 공산당 당원으로 입당하였다.

　　대학생이 공산당 당원으로 입당하는 이유는 공산주의자일 뿐 아니라 공산당 당원이 됨으로써 좋은 일자리를 구할 수 있기 때문이다.

　　1978년 덩샤오핑 서기장의 개혁개방 정책과 현대화 이후 상대적으로 자본주의화가 진행되고 있는 현재 상황, 특히 경제적인 영역에서 중국 공산당 이외의 기업과 조직의 공식적인 영향력이 증가하고 있지만, 그럼에도 불구하고 중국 공산당 및 그 산하 위원회가 모든 중요한 정부 기구들을 장악하고 있고 이들에 대해 정치적인 지침을 내리고 있으므로 비당원들이 중국 공산당의 규율에 도전하는 자치 기구를 만들지는 못한다.

중국의 공산당은 군, 행정, 입법, 사법기관 등의 국가기구 위에 있다. 5년마다 열리는 중국 공산당전국대표대회에서는 당원 대표 2,200여 명이 선출되고, 이 중에서 중앙위원, 후보위원, 당 중앙기율 검사위원회 위원, 중국의 최고 지도부인 정치국 상무위원이 선출되는데 총리를 수장으로 하는 국무원은 한국의 행정부에, 전국인민대표대회는 한국의 의회에 해당되고 이 모든 기관들은 공산당이 관리한다.

중국 공산당의 조직은 문화대혁명 기간 동안에 파괴되었다가 덩샤오핑 시대 이후 재건되었다. 이론적으로 중국의 최고 기구는 적어도 5년에 한 번 열리는 중국 공산당전국대표대회中國共産黨全國代表大會인데, 5년마다 한 번씩 중국 공산당은 전국대표대회를 열어서 첫째는 당 헌장의 변경을 추인하고, 둘째는 중앙정치국 상임위원을 선출한다. 그러고 나면 중앙정치국 상임위원회는 이어서 중앙정치국 위원을 선출한다.

[출처 : 바이두]

■ 중국 정치국 상무위원 (시진핑 2기)

시진핑계(시자쥔 习家军) 시주석이 청년 시절 하방(下放 지식인을 노동현장으로 보냄) 했던 지역인 산시성 출신과 시 주석이 푸젠성, 저장성, 상하이시에서 일할 때 부하로 근무한 이들이다.

새로 선출된 정치국 25명중 14명이 시진핑의 사람들

정치국원 25인   (상무위원 7인 제외)

한글명	중문명	현직책
딩쉐샹	丁薛祥	중앙판공청부주임
왕천	王晨	전인대 상무위원회 부위원장
류허	刘鹤	중앙재경영도소조판공실주임
쉐치량	許其亮	중앙군사위부주석
쑨춘란	孫春蘭	중앙통일전선부부장
리시	李希	랴오닝성서기
리창	李强	장쑤성서기
리훙중	李鴻忠	톈진시서기
양제츠	杨洁篪	외교담당국무위원
양사오두	楊曉渡	중앙기율검사위원회부서기 겸 감찰부장
장유샤	張又俠	중앙군사위부주석
천시	陳希	중앙조직부부부장
천취안궈	陳全國	신장자치구서기
천민얼	陳敏爾	충칭시서기
후춘화	胡春華	광동성서기
궈성쿤	郭聲琨	공안부장
황쿤밍	黃坤明	중앙선전부부부장
차이치	蔡奇	베이징서기

[출처 : 바이두]

공산당의 상례는 68세가 넘어가면 상임위 직을 내놓아야 한다. 현 상임위 7명 중 5명이 68세를 넘는다. 현재 정치국 상무위원 서열은 시진핑-리커창-장더장-위정성-류윈산-왕치산-장가오리 순이다. 이들 중 시진핑 주석과 리커창 총리를 제외하고 모두 68세를 넘었다. 이들을 대신해 '젊은 피'를 집어넣어야 한다. 이들이 바로 차기 대권 레이스에 참여할 이들이다.

당 권력의 핵심은 중앙정치국 상임위원회이다. 중앙정치국 위원과 마찬가지로, 상임위원회 위원을 선출하는 과정은 전국대회와 함께 비공개로 이루어지며 당의 공식 기관지인 인민일보를 통해 새로운 권력 구조에 대한 내용이 간접적으로 발표된다.

□ 시진핑

시진핑习近平

出生 : 1953年6月

所属 : 정치인, 국가주석, 중앙군사위원회 주석

家族 : 배우자 펑리위안, 딸

学历 : 청화대학 법학 박사

经历 : 2013.3 ~ 공산당 중앙군사위원회 주석

　　　 2013.3 ~ 중국 국가주석

시진핑 주석은 태자당이다. 아버지 시중쉰은 부총리를 지낸 영도 중의 영도다. 하지만 시 주석도 공산당 가입을 위해 3번 도전해야만 했다. 1978년 공산당원이 된 후 첫 직책은 우리나라의 시골 이장급인 허베이성 정딩현 부서기다. 이때부터 행정능력 검증에 들어간다. 현에서 능력을 인정받으면 지급 지자체로, 성급으로, 핵심 성급으로. 마지막으로 베이징에 입성한다.

1/1,300,000,000의 경쟁력을 뚫고 2013년 국가주석이 될 때까지 39년이 걸

렸다. 행정능력으로만 따지자면 시 주석을 능가할 사람이 없었겠는가? 몰락한 보시라이만 해도 차기 지도자 1순위였다. 다롄, 충칭 등 맡은 도시마다 괄목할 만한 성과를 냈다. 지금 2인자인 리커창도 마찬가지다. 하지만 시 주석은 출신 성분과 행정능력에 천운까지 타고난 사람이다.

중화인민공화국을 이끌어가는 정치 권력 중 지금까지 설명한 것 이외에 두 가지 주요 기관이 더 존재한다. 그 중 하나는 형식적인 중화인민공화국 국무원이며, 나머지 하나는 중국 인민해방군이다.

중국의 공산당은 군, 행정, 입법, 사법기관 등의 국가기관 위에 존재한다. 5년마다 열리는 중국 공산당전국대표대회에서는 당원 대표 2,200여 명이 선출되고 이 중에서 중앙위원, 후보위원, 당 중앙기율검사 위원회 위원, 중국의 최고 지도부인 정치국 상무위원이 선발된다.

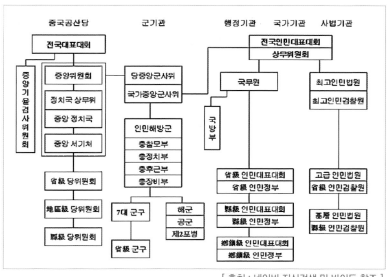

[출처 : 네이버 지식검색 및 바이두 참조]

■ 중국 공산당 역대 지도자

▶중앙위원회 총서기
- 천두슈(진독수陳獨秀) (1921년~1927년)
- 샹중파(향충발向忠發) (1928년~1931년)
- 보구(박고博古) (1931년~1935년)
- 장원톈(장문천張聞天) (1935년~1943년)

▶중앙위원회 주석
- 1대: 마오쩌둥(모택동毛澤東) (1945년~1976년)
- 2대: 화궈펑(화국봉華國鋒) (1976년~1981년)
- 3대: 후야오방(호요방胡耀邦) (1981년~1982년)

▶중앙위원회 총서기
- 5대: 덩샤오핑(등소평)
- 6대: 자오쯔양
- 7대: 장쩌민(강택민江澤民) (1989년~2002년)
- 8대: 후진타오(호금도胡锦涛) (2002년~2012년)
- 9대: 시진핑(습근평习近平) (2012년~)

[중국의 역대 국가주석의 임기]

주석	직위	기간(시작)	기간(종료)	주석	부주석
1	国家主席	1954	1959	毛滞东	朱德
2	国家主席	1959	1965	劉小奇	宋慶齡 / 董必武
3	国家主席	1965	1975	劉小奇	宋慶齡 / 董必武
4	없음	1975	1978		
5	主席	1978	1983		
6	国家主席	1983	1988	李先念	鳥蘭夫
7	国家主席	1988	1993	楊尚昆	王震
8	国家主席	1993	1998	江澤民	榮毅仁
9	国家主席	1998	2003	江澤民	胡锦涛
10	国家主席	2003	2008	胡锦涛	曾慶红
11	国家主席	2008	2013	胡锦涛	习近平
12	国家主席	2013	2018	习近平	李源潮
13	国家主席	2018	2023		

중국의 정책이 정해지고 발표되는 중요한 회의가 바로 양회이며, 이 양회를 통해 중국의 대외 정책과 국내 산업의 규제 및 비규제 등이 정해지는데, 이는 중국에서 사업을 하는 사람들이 관심을 가져야 하는 회의이다.

중국의 양회는 매년 3월에 인민대회당에서 개최되며 최고 정책 자문기구인 전국인민정치협상회의(정협)와 함께 두 개의 중요한 회의라는 의미에서 양회兩會로 불리고 있다. 총리가 정부업무보고를 통해 올해의 경제성장 목표 및 주요 정책 등을 제시하며, 중국 정부의

성장률 목표와 시진핑 정부의 개혁 방향을 가늠해 볼 수 있다는 점에서 중요한 의의가 있다.

[전인대와 정협 비교]

구분	전국인민대표회의	전국인민정치협상회의
대표	장더쟝 (국가 서열 3위)	위정성 (국가 서열 4위)
성격	국가 최고권력기관(의회)	국가 정책 자문기구
구성	성, 자치구, 직할시와 특별행정구 (홍콩, 마카오), 군부 등에서 선출	공산당을 비롯한 중국 내 정당 및 정치단체, 직능단체 대표로 구성
인원	2,987명 (2,965명 참석)	2,227명 (2,153명 참석)
회기	3월 5일~3월 15일	3월 3일~3월 13일
기능	정부 업무 보고, 법률제정, 예산 심의, 국가 주석/부주석 선출 등	국정 방침 토의 전인대에 제출할 결의안 심의

2018년 양회의 핵심 키워드는 안정적 고성장, 신성장동력 확충, 성장의 질 제고 등을 통한 중국 경제 발전의 지속에 있으며, 이를 실천하기 위한 정부 정책 과제로 정부 개혁, 혁신강화, 경제개혁, 농촌진흥, 지역개발, 소비 확대 및 투자 촉진, 개방 확대, 민생 개선 등을 제시하였다.

핵심 키워드	중점 방향	세부 실행
안정적 고성장	안정적 중고속 성장(6.5%) 적극재정/온건 통화 정책	취업율 적정 성장율 6.5% 제시(리커창) 물가상승률 3% 도시 신규취업 1,100만 명 실업률 4.5% 이내 억제 수출입 온건 개선 국제수지 균형
신성장동력 확충	성장동력 발굴	신성장(신흥)산업 육성 및 전통산업의 첨단화, 스마트화 추진 인터넷 플러스, 지능 플러스 통한 빅데이터, 인공지능(AI), 의료 양로 교육 문화 체육 등 첨단화 정보화 추진 혁신형 창업 추진
성장의 질 제고	지역 개발 및 신형 도시화 대외개발 확대	새로운 성장 지역과 성장 벨트, 지역별 특성을 지닌 도시군 육성 정책 추진 일대일로 지속 추진 의료, 교육, 양로 신에너지자동차 개발 확대

[2018년 9대 정책 과제]

	정부 정책 과제	실행 계획
1	공급측 개혁	신성장 동력 확충 및 제고와 비효율 기업 퇴출
2	혁신 강화	혁신시스템 구축 및 창업 육성
3	경제개혁	국유 자산 및 국유기업 개혁과 민영기업 발전 재산권 제도와 요소 시장의 시장화 배치 재정 세수체제 금융체제 개혁 추진
4	3대 중점과제	특별 집중 관리 과제로 리스크 예방, 빈곤 구제, 오염 예방 관리
5	농촌진흥	농업 현대화 및 전문화 인터넷 기반 농업 토지 임대 체제, 용지보호, 곡물 수매 개선
6	지역개발	지역별 특성화 발전 지향의 지역발전 전략 제시 슝안 신구 건설, 창장경제벨트, 홍콩-광동-마카오 대만구 개발 추진
7	소비 확대 및 투자 촉진	의료, 양로, 교육, 문화, 여행 소비 확대 철도, 도로, 수리 인프라 투자 확대
8	개방 확대	대외 개방 확대 및 무역 고도화, 편리화
9	민생 개선	취업, 창업, 소득 증대 등 지속성장 기반 강화

[출처 : 리커창 정부사업 보고 정리]

▷ 중국에도 정당이 있을까?

国民党革命委员会、中国民主同盟、中国民主促进会、中国民主建国会、中国农工民主党、中国致公党、九三学社、台湾民主自治同盟8个民主党派等

중국의 집권 정당은 중국 공산당이다. 이외 정당은 중국 공산당을 지지하는 당으로 민주당파 정당(애국통일전선)으로 중국 민주동맹, 중국 민주촉진회, 중국 민주건국회와 중국 국민당혁명위원회, 중국 농공민주당, 중국 치공당구삼 학사, 타이완 민주자치동맹 등이 있다고 한다.

홍콩의 정당으로는 주요 친중파 정당으로 민주건항협진련맹, 경제동력, 홍콩 경제민주련맹, 항구로공사단련회, 홍콩 공회련합회, 자유당 신세기론단, 신민당이 있으며 주요 민주파 정당으로는 사오행동, 공민당, 민주당, 전선, 홍콩 민주민생협진회, 홍콩 지공회련맹, 홍콩 교육단업인원협회, 공당, 사민련, 가방공우복무처, 신민주동맹, 인민력량선민력량 등이 있다.

마카오의 정당으로는 민중건오연맹, 사회공의가 있다.

그 외 민간조직으로 중국 민주당, 중국 헌정협진회, 중국 공당, 사회주의개방당, 중국 자유연맹이 있으며, 마오쩌둥주의 관련해서 마오쩌둥주의 공산당, 중국 공산당(마오쩌둥주의 등이 있고 중국 국민당 관련해서 중국 범란연맹, 중국 국민당 전신당원이 있으며 기타로는 중국 사회주의 노동자당, 국가 사회주의 노동자 공통당, 자유국가당, 중국 민주핵심당, 중국 인민운동당, 중국 사회민주당이 있다.

홍콩의 정당은 홍콩 지역에서, 마카오의 정당은 마카오 지역에서만 영향을 행사할 수 있으며 중국 공산당 이외의 정당은 실제로 존재하고 있지만 정부로부터 인정받지 못했거나 사실상 정치 모임에 가까운 단체들이라고 한다.

비즈니스 문화, 꽌시

중국은 한 나라지만, 중국 경제를 움직이는 원리는 중국식 자본
주의와 사회주의 민주주의 원리로, 서로 다른 아니 어쩌면 서
로 배치되는 체제가 공존하고 있는 나라이다. 중국은 국가가 나서서
1978년 개혁개방과 함께 자본주의 원리를 받아들였고 지방정부는
지역 자본주의를 개인은 개인 자본주의를 받아들였다.

중국 경제는 국유기업과 민영기업으로 분리되어 있는데 국가기업
은 중앙과 지방정부의 국유기업이 포진해 있고, 민영기업은 민영기
업과 외국투자기업으로 구성되어 있다. 국유기업은 생산성이 떨어진
다고 지탄을 받지만, 부가가치와 생산 규모로 볼 때 중국 경제(금융

포함)의 거의 절반을 차지하는 중요한 부분이며, 에너지, 금융, 통신, 방위 등 굵직굵직한 산업은 이들 국유기업이 장악하고 있다.

중국 정부는 국가 발전계획을 수립하고 필요한 자원을 획득하기 위해 국유기업을 통한 글로벌 시장 진출을 추진한다. 중국의 조선, 석유 업체는 이미 M&A와 자원개발의 세계 TOP 업체로 성장했으며. 남미, 호주, 아프리카, 유럽 등 세계 곳곳의 M&A 시장과 자원이 풍부한 곳에는 여지없이 중국 국유기업이 나서고 있다. M&A와 각종 입찰에서 서구 기업과 한국, 일본 등의 기업들은 중국 국유기업의 자본력에 밀려 경영 위기를 겪고 있다.

중국 내수 시장은 무한 자유시장경제의 원리가 존재한다.
① 학교 앞 학용품점이 어느 날 사라지기 시작했는데 이는 사람들이 인터넷을 통해서 더 저렴한 학용품을 구입하기 시작하면서 학교 앞 학용품점은 퇴출 위기를 맞고 있다.
② 택시 업계도 어느 날 2012년 알리바바 출신의 청웨이가 샤오커지小科技라는 작은 회사를 창업해 단 3개월 만에 택시 예약 앱인 디디다처滴滴打车를 개발하면서 택시 업계 무한경쟁의 시대가 되고 있다.
③ 은행은 토요일과 일요일 서비스 업무를 위해 시간 조정을 하고 있지만 주말에도 은행 업무를 볼 수 있다.

이처럼 중국 기업들은 내수 시장에서 살아남기 위해 안간힘을 쓰고 있는 상황이다.

중국에서 신기술이나 새로운 서비스가 나타나면 구기술이나 서비스는 경쟁에서 밀려 자연스럽게 퇴출된다. 정부는 공산당 체제를 위협하지 않는 한 민간기업이 자유롭게 경쟁할 수 있게 크게 제지하지 않으며, 특정 이권단체(택시 업계, 노동조합 등) 등 기존 업계의 로비는 통하지 않으며 오로지 살아남기 위한 경쟁만 있다. 인터넷 모바일, IT 등에서 일어나는 현상 중 특히 '대중창업 만중창신'이라는 깃발 아래 중국 전역에서 신생 기업이 쏟아지고 가격파괴 전쟁이 벌어지고 있으며 중국 정부와 IT 기업들이 주도하여 제4차 산업혁명을 위해 나서고 있다. 중국 내수 시장은 철저한 13억 : 1의 치열한 경쟁에서 살아남는 자만이 존재한다.

중국에서 비즈니스를 하는 사람들은 계약보다는 '꽌시'가 중요하다고 말한다. '시장을 법과 규정만으로 읽을 수 없는 곳이 바로 중국'이라는 속성을 간파한 것이다. 꽌시는 학연, 지연, 혈연을 중심으로 이루어 지는데 특히 지방정부, 지방으로 갈수록 더욱 두드러지게 나타난다. 중앙정부의 입김이 통하지 않는 곳도 많다고 한다.

그럼 외국인이 중국 시장에 지연, 혈연으로 발을 들일 수가 있을까?

없다고 보는 것이 맞다. 단, 그나마 학연을 통해서 중국인과 꽌시를 맺을 수 있다. 중국 내 최고경영자 과정, MBA(경영학석사) 과정, 박사 과정, 혹은 자녀가 학부(본과)에 입학해서 중국 친구들을 만드는 것 정도이다. 가장 좋은 것은 중국 부인, 중국 남편을 얻는 것이 중국 사업에 가장 좋은 방법이라고 하지만 이는 문화적 차이를 극복

할 자신감과 중국 내에서만 살겠다는 신념이 아니면 받아들이기 힘들 것이다.

중국 내수의 비즈니스 현장에서는 계약보다는 꽌시가 위력을 발휘하고, 경쟁보다는 끼리끼리 문화가 더 짙다. 물론 산업이 발전함에 따라 사회는 꽌시보다는 계약이 중심이 되어 갈 것이다. 중국의 현 정부가 추진하는 것도 투명하고 공정한 사회를 추구하고 있으니 외국 기업도 중국 내 시장 경제에서 더욱 나아질 것이지만 이는 시간이 필요하다.

중국 비즈니스를 함에 있어서 몇 번 가본 경험으로, 중국인 친구가 저녁에 술 한잔하면서 해준 말로, 중국 현지의 동포인 조선족을 통해서 들은 말로 혹은 중국 현지의 한인사회를 통해 얻은 정보로 결정을 하는 것은 위험한 일이라고 보면 된다. 한국 시장에서 분석하고 전략을 짤 때도 그러지는 않는다. 정보를 얻는 것도 좋지만 얻은 정보를 가지고 분석하고 최종 판단하는 것은 역시 본인이 아닐까 생각한다. 중국 또한 한국의 시장에서 접근하듯 다양한 정보를 바탕으로 분석하고 전략을 세우고 더불어 중국이라는 특수한 시장이라는 점을 감안해야 정확한 분석과 전략이 나올 수 있다.

중국이라는 나라는 큰 시장이다. 많은 선배들이 25년간 무작정 들어와서 이쑤시개 하나라도 팔면 되겠지 하는 생각으로 시작한 중국이지만, 지금 중국은 많은 것이 변했고 변하고 있는 중이다. 모든 사업이 마찬가지지만 살얼음판을 걷듯 조심하고 조심해야 중국으로의 진입이 가능하고 위기도 피할 수 있으며 위기에서도 새롭게 나타나는 기회를 잡을 수 있다.

중국을 상대로 비즈니스를 하면서 힘든 것은 일의 진행이 느리다는 것과 정확한 답이 나오지 않는 것이다. '이메일을 보내면 회신이 안 온다. 전화하면 검토 중이라고만 하며 만나서 이야기하면 다른 말만 하고 답을 달라고 하면 민망할 정도로 얼굴만 쳐다본다.' 이런 경우는 중국 담당자 입장에서 보면 잘 모르거나 상사의 관심이 없으므로 비지니즈가 진행되기 어렵거나 안 된다고 보면 된다. 중국은 공산당 지배의 계급사회이다. 필요하면 당신을 찾아올 것이고 찾아오면 일이 진행될 것이다. 그들이 원하는 것이 무엇인지 조사하는 것이 일의 우선이다.

한국인들은 조직 문화에서 빨리빨리 보고하고 답을 내고 실행하는 것에 익숙하다. 특히 주재원으로 온 사람들은 한국에 있는 상사나 본사에게 매일 진행 상황을 보고해야 하는데 답이 없는 중국 비즈니스 상황이 지속되면 자신의 능력을 의심받거나 책임자로서의 위치 보존이 힘들다.

이해를 못하는 한국의 본사, 상사들과 같이 일을 하는 것은 시간 낭비다. '전장에서 장군은 왕의 명령을 받지 않는다'는 말이 있다. 간섭하고 보고받으려는 한국의 기업문화는 중국 주재원들을 그냥 바보로 만드는 경우가 많으며, 이러한 상황에서 주재원들은 좋은 결과를 만들기가 힘들다고 보면 된다.

중국의 비즈니스 문화 중 하나는 매우 느린 것이라고 할 수 있는데 단 중국 국가나 기업이 추진하는 신아이템, 수익성이 높은 사업 등은 바로 이루어지는 것이 중국 비즈니스 문화다. 먼저 중국 기업이 추진하는 사업은 어떤 것이 있는지, 향후 추진하고 싶은 사업은 어떤 것이 있는지를 먼저 알아야 한다. 그리고 그들이 원하는 것을 만들어 줄 수 있다면 중국 비즈니스는 80% 성공하는 것이다.

중국 비즈니스 문화 중 하나는 '평상시 자주 만나서 식사와 차를 함께하고 부탁할 일은 조용히 전화로 하거나 짧게 만나서 부탁을 해야 한다.' 라고 한다. 모든 것이 그런 것은 아니지만 중국은 개인주의 사회이다. 자신에게 도움이 될 것인지 아닌지가 우선시 된다. 개인적으로 식사를 대접해 주거나 나에게 도움이 될 것 같은 사람인지를 보는 개인주의가 강한 사람들이 많다. 평소에 식사와 차를 대접해 주면서 그 자리에서 필요한 정보를 얻으면 된다. '많이 대접해 주었으니 나중에 일 생기면 해결해 주겠지' 라는 그런 경우는 별로 없다.

꽌시도 중요하지만, 자신의 능력만큼 중요한 것은 없다. 평소에 중국어, 중국 문화, 중국 역사를 부지런히 공부하여 자신의 실력으로 직접 만들어 가다 보면 진정한 중국 전문가가 될 것이다.

창업 시장과 4차 산업혁명

중국은 현재 '대중창업 만인혁신大众创业 万众创新을 통해 거대한 혁신 플랫폼과 창업 강국으로 만들고 있다. 북경의 중관춘, 상하이 창업센터 등에서 사업 아이디어, 창업, 펀딩, 인허가, 출구 전략 등을 통해 모든 것이 한곳에서 이루어지고 있으며 중국의 혁신을 이끌어가는 두 주역은 정부와 IT 기업인 바이두, 알리바바, 텐센트 등이다.

이들은 베이징, 상하이, 광동지역을 바탕으로 혁신 창업을 이끌어가는 대표 혁신기업들로서 검색, 전자상거래, 게임 및 SNS의 사업

모델을 바탕으로 시작하여 지금은 O2O(Online to Offline)와 IoT(사물인터넷) 부문에서 혁신을 추구하고 있다.

이 대표 기업들의 성공은 수많은 신생 기업을 탄생시키고 있으며 젊은이들을 창업의 용광로로 불러 모으고 있다. 이들은 아이디어 하나로 투자자를 모으고, 거대한 시장을 통해 1000만, 2000만 명의 사용자를 모으고 있으며, 1~2년이면 주식시장에 상장하여 결과를 만들어 내고 있다.

2015년 1~4월까지 매일 1만 개 기업이 사업자 등록을 내고 창업의 붐을 일으키고 있으며 현재 경제 활성화와 청년 취업난 해소를 위해 정부가 주도하고 IT 기업들이 앞장서고 있는 상황이다. "중국에서는 제조가 아니라 지식과 정보다"라는 말에 맞게 IT 창업이 활

[출처 : 바이두 이미지 정리]

성화되어 있으며 IT 창업을 통한 신생 부자들이 지속적으로 탄생하고 있는 상황이다.

1. 4차 산업혁명

모바일 인구 6억 명(모바일 결제액 2016년 2000조 원), 정부의 과감한 규제 완화(빅데이터 개방 등)를 통하여 중국은 4차 산업혁명의 주도국이 되기 위한 노력을 하고 있다.

규제 개혁에 있어서 중국의 리커창 총리는 "경제 성장의 새로운 동력으로 공유경제를 신뢰해야 한다"며 "인터넷을 활용한 공유경제가 과잉생산을 흡수하고 다양한 신사업 모델을 통해 고용을 창출하는 수단이 되고 있다"고 강조했다. 그는 중국 최대 모바일 메신저 위챗을 예로 들면서 "과거 기준으로 규제했다면 현재의 위챗은 없었을 것"이라며 "새로운 비즈니스 모델에 서둘러 규제를 도입해 위축시

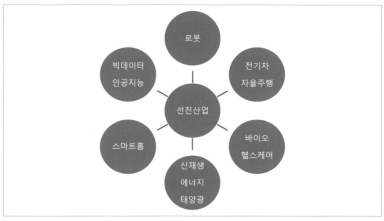

[출처 : 한국 유진투자증권]

키기보다 포용력을 갖고 신중하게 접근해야 한다"고 주문했다.

　중국은 4차 산업혁명 시대에 따른 정부의 과감한 규제 개방, IT 대기업의 창업 시장 자금확대, 기술지원을 통해 지속적인 열풍이 불고 있으며 중국의 거대한 시장과 맞물리면서 대기업들이 탄생하고 있다.

　중국 정부가 주도하는 4차 산업혁명은 사물인터넷IoT, 클라우드 컴퓨팅, 인공지능AI, 빅데이터, 3D 프린팅, 생명공학 등 첨단정보통신 기술을 활용하여 모든 사물들의 지능화intelligent, 초연결hyper-connection을 지향한다.

　중국은 6.9억 명의 네트워크 연결자, 6.9억 명의 네트워크 비연결자 등 중국은 13.8억 명의 시장을 보유하고 있다. 중국은 공산주의 국가이며 공유의 배경을 깔고 가는 국가이다. 이해관계자 집단, 정당의 싸움으로 신제도에 대한 진행 속도가 늦어지는 경우는 거의 없다. 공산당도 체제를 위협하지 않는다면 상관하지 않는다.

　서방은 국가 안보, 산업 비밀, 개인정보 보호의 틀 속에 갇혀 과감한 빅데이터 개방을 못하지만 중국 정부는 정보산업의 새로운 영역, 빅데이터를 민간에게 개방하고 중국의 생산 능력을 향상시키고 세계 최고가 되기 위해 정부도 지원하고 있다.

2. 중국, 부의 코드는 지식과 정보이다.

　중국 부의 코드는 제조가 아니라 지식과 정보다. 〈포브스〉가 선정한 중국의 2015년 10대 부자의 출신 업종을 보면 7명이 IT 업종으로 알리바바의 마윈(2위), 텐센트의 마화텅(3위), 샤오미의 레이(4위),

바이두의 리위앤홍(6위), 메이디의 허샹젠(7위), 징둥닷컴의 류창둥(9위), 네이즈의 딩레이(10위) 등이 있다. 10대 부자의 전체 재산 164조 원의 64%가 IT 업종 부자들의 재산이다. 지금 중국은 정보산업 출신이 판치는 자본가의 시대이다.

"가장 척박한 환경에서 시작된 첨단 산업은 가장 큰 시장에서 그 꽃을 피운다."

인터넷 혁명의 시작은 척박한 땅인 미국 서부였지만 그 꽃은 인터넷과 휴대폰 가입자가 가장 많은 중국에서 꽃이 필 가능성이 높고, 첨단 산업의 속성으로 보면 중국에서 세계 최대의 자본가 출신의 부자가 등장할 가능성이 높다고 한다.

중국의 창업 시장은 정부 정책, 자금, 시장이 맞물리면서 그 열풍이 거세게 일고 있다. 큰 전쟁이 큰 영웅을 만들고, 큰 시장이 큰 기업을 만든다. 중국의 거대한 정보 인프라가 거대한 기업을 탄생시키고 있다.

[출처 : 바이두]

공유경제와 소비자 시대

지금 중국은 공유경제 시대에 있고 유통과 소비가 제조를 이끌어가며, 사람과 사람, 기업, 자본을 연결하면서 공유경제 시대에 맞는 세계 최대의 가입자를 가진 플랫폼을 만들어 가고 있다.

이제 중국은 세계가 사용하던 물건을 들여오는 시대에서 스스로 필요한 것을 찾을 정도로 구매의 플랫폼이 형성되었다.

1억 명 이상의 가입자를 가진 중국의 모바일 플랫폼이 끊임없이 생겨나고 있으며 개인 블로그 가입자가 1000만 명을 팔로워를 이끌

[출처 : 바이두]

며 소비를 주도하고 있는 상황이다.

또한, 중국은 투쟁의 시대, 제조의 시대에서 소비의 시대로 가고 있다. 마오쩌둥의 시대는 투쟁의 시대였다. 공산주의 사상을 전파하고 공산당을 만들고, 국가를 만들고, 정치·경제·사회·문화에 이르기까지 투쟁으로 일관한 마오쩌둥의 시대는 투쟁을 통해 중국 백성을 지배했으며 대약진 운동과 문화대혁명을 통해 투쟁의 시대를 살았다고 할 수 있다.

1978년 개혁 개방을 주장한 덩샤오핑과 장쩌민, 후진타오는 제조의 시대를 만들었으며 제조업을 통해 중국을 세계의 공장으로 돌아가게 하였다. 제조의 시대를 통해 중국은 세계 제2의 경제 대국으로 탄생하였다.

2012년 시진핑, 리커창이 등장하며 중국은 공급과잉, 국유체제가

중국 공유경제의 효과는?

중국 공유경제 시장 규모 3조 4520억 위안(약 570조 원) (출처 : 중국국가정보센터 2017)

서비스 이용자 2016년 기준 6억 명 추정

공유경제 플랫폼 종사 2016년 취업 인구 585만 명

공유경제 서비스 종사자 6000만 명 이상 추정

디디추싱(중국의 우버) 창출한 일자리만 1750만 개

* 공유경제란 : 2008년 미국 하버드 법대 교수 로렌스 레식교수가 처음으로 제시하였으며 제품을 여럿이 공유해 나눠 쓰기란 뜻에서 유래하였다.

[출처 : 한국무역협회 성도지부]

공유자전거 오포(ofo)

공유자전거 모바이크(mobike)

차량 공유서비스 滴滴打车

BIG DATE

医疗手机

독점하던 부를 민간 부분으로 이양하면서 정부는 개혁을 통해 국유의 부를 백성에게 돌아가게 하였고 소비를 촉진시켜 서비스업을 육성하고, 소비시장을 키워나가면서 내수 위주의 소비시대를 만들어 가고 있다.

특히 공유경제 중 교통 서비스인 공유자전거는 현재 베이징 공유자전거 전문업체 6곳, 총 700만 대, 가입자 수 500만 명의 시민이 하루 평균 공유자전거를 5.1회 사용하고 있다고 북경시가 발표하였다.

기타 차량 공유 서비스인 디디추싱은 기업가치 500억 달러(56조 원), 400개 도시 1일 1100만 명이 이용하고 있다. 지식·기술, 공유 서비스 시장은 2017년 610억 위안의 매출을 기록하였고, 공공 의료 서비스로는 모바일 메신저를 통한 일대일 진료 시장이 생겨나고 있는 상황이다.

인재육성, 천인계획

"중국에서 일하는 외국인 전문가로서 중국 정부가 과학연구를 중요시하는 정도에 대해 깊은 인상을 받았다. 2015년 중국 과학원 외국인 원사에 당선된 것과 2016년 상하이시 백옥란상을 수상한 것에 대해 매우 영광스럽게 생각한다. 중국 사회경제는 과거 몇십 년의 발전 과정에서 중국 정치경제 제도의 우월성을 보여주었다." 스웨덴 왕립공학아카데미IVA 원사인 Anders Lindquist 상하이 교통대학 석좌교수는 인민일보와의 인터뷰에서 이렇게 말했다.

〈아시아엔=인민일보 리닝李寧 기자〉

중국은 2011년 8월 '천인계획' 고위급 외국인 전문가 프로젝트를 가동하여 현재까지 381명의 외국인 최고 인재가 중국에서 일하고 있다.

천인계획은 외국인 전문가를 초빙하여 국가 과학발전에 이바지할 수 있도록 하는 제도로 외국인 전문가에게 1인당 100만 위안의 보조금을 일시불로 지급하고, 과학 연구비와 급여를 지급하며 입국 체류, 프로젝트 신청, 과학연구자원 및 재산권 보호 등의 다양한 분야를 지원하고 있다.

RECRUITMENT
PROGRAM OF GLOBAL EXPERT

    2014년 5월, 시진핑 주석은 상하이 외국인 전문가 좌담회 자리에서 "중국에서 발전할 뜻을 가진 외국인 인재들이 와서 살 수 있도록 해주어야 하고, 적재적소에 잘 배치해야 하며, 이동이 가능하도록 해야 한다"라고 말했다. 또한 2016년 정부 업무보고에서는 "더욱 적극적이고 더욱 개방적이며, 더욱 효과적인 인재 유치정책을 시행해야 한다"고 한층 더 명확히 밝혔다.

    '중국 현대화 건설에서 걸출한 공헌을 한 외국인 전문가를 표창하기 위해 중국 정부는 1991년 중국 정부 우정상을 마련했다. 이는 중국 정부가 외국인 전문가에게 수여하는 최고 높은 수준의 상이다. 2017년 현재까지 70개 국의 외국인 전문가 1499명이 이 상을 수상하는 영예를 안았다. 2016년에는 18개국의 외국인 전문가 50명이 중국 정부 우정상을 수상했다.

    이처럼 개방과 다양성을 인정하며 다양한 인종과 국가의 인재를 불러 모아야만 나라도 기업도 발전할 수 있다. 기업뿐만 아니라 국가도 국제사회 경쟁에서 도태되면 퇴출 될 수밖에 없다. 다양한 인종과 다양한 국가의 인재를 불러 모으고 그들이 한국에서 제2의 고향으로 살아갈 수 있도록 해주어야만 우리도 생존할 수 있지 않을까 생각해 본다. '우리끼리 있는 것 가지고 잘살면 되지!' 하는 안일한 생각은 결국 우리의 후손에게 빈곤과 상실만을 전해줄 수밖에 없지 않나 생각된다.

시진핑 정부의 미래 정책과 일대일로

1. 시진핑 정부의 미래 정책

시진핑은 정부 권한 축소 등 개혁의 심화를 진행하면서 정부 투자 항목 인가범위를 대폭 줄이고 인가권을 하급기관에 이양하고 민간 투자의 시장진출 조건을 대폭 완화하였다.

회사商事 제도 개혁을 통해 기업 등록절차를 한층 더 간소화하고 삼증합일(三證合一 : 사업영업증, 사업체번호증, 세무등기증을 하나로)을 실현하였다.

정부의 가격책정 종류와 항목을 대폭 줄이고 경쟁 조건을 갖춘 상품과 서비스의 가격을 원칙상 모두 자율화하였으며 의약품, 송배전 가격, 자원성 제품의 가격결정권을 시장으로 이관하였다. 또한 조건을 갖춘 민간자본이 중소형 은행 등을 창설하도록 적극적으로 권장하였으며 국영기업의 혼합소유제 개혁을 실시하여, 전력, 가스 분야의 개혁을 지속하고 있다.

안정적 경제성장을 위한 소비시장 확대 노력으로 관료 사회의 예산 낭비성 3공소비(三公消費 : 공무접대비, 공무 출국비, 공무차량 비용 등)

를 억제하고 대중 소비를 장려하고 있다.

▶양로 소비(헬스케어), 정보통신 소비, 관광 소비, 녹색(친환경) 소비, 주거 소비, 교육/문화/체육 소비 등 서비스 소비를 확대하였으며 3망(방송·통신·인터넷) 융합을 전면 추진, 광섬유 네트워크 건설을 가속화하고 있다. 또한 물류·택배 배송망 강화, 온/오프라인 소비 연계 등 새로운 소비환경을 개선하였으며, 소비재 품질 안전검사를 강화하고 위조품에 대한 엄격한 처벌 등 소비자의 합법적인 권익을 보호할 계획이다.

▶시장개방 확대 및 위안화 국제화 추진, 외국인 투자산업지도 목록을 전면 개방해 서비스업과 일반 제조업 개방을 중점으로 확대하고 외국인 투자제한품목을 절반으로 축소할 계획이며 외국인 자본의 국내 진입 시 내국민 대우 부여와 투자금지목록 관리모델 도입을 적극적으로 모색할 계획이라고 한다.

▶위안화 환율에 대한 유연성을 강화하고 위안화 자본계정의 태환업무를 점차 실현하며 국제 사용을 확대하며 심천~홍콩 증시 간 교차거래인 '선강통'을 시행할 계획이다.(2019년 현재 시행 중)

▶호구제 개혁 등 민생 안정을 위해 호적제도 개혁을 서둘러 실시하고 호적 이전 규제를 완화하여 농민공 자녀가 도시에서 의무교육을 받도록 하는 정책을 구체화할 것이다.

▶현재 중국 도시지역에서 생활하는 농민공은 2억 7,400만 명으로 추산되지만 이들은 호구제도에 따라 임금 차별은 물론 교육, 의료, 복지 혜택을 누리지 못하고 있다.

중국 정부는 호구제 개혁을 통해 일정한 조건을 충족하면 도시지역 농민공에게 거주증을 발급받을 수 있게 하고 거주증 소지자는 해당 도시에서 사회보장과 의무교육 등 기초 공공서비스를 받을 수 있게 할 계획이다.

▶환경오염 방지를 위해 노력하며 이산화탄소 배출량을 3.1% 이상 줄이고 대기오염방지행동계획 시행을 강화하도록 신에너지 자동차를 보급하고 2005년 말 이전 영업용 차량을 전부 폐차할 계획이다.

중점 도시에서는 '국가 5단계' 기준에 맞는 차량용 휘발유와 디젤유를 전면 공급하고 1천만 묘(畝; 666.67m2) 규모 경작지의 삼림·초원화 및 9천만 묘畝 삼림을 조성할 계획이다.

▶산업구조 고도화를 통한 제조강국으로 도약할 계획으로 「중국제조 2025」계획을 통한 산업구조 고도화로 제조 대국에서 제조 강국으로 도약할 계획이다.

중국은 향후 30년 내 제조 강국으로 도약한다는 계획을 수립하고 있으며 「중국 제조 2025」는 그 첫 번째 단계로 2025년까지 혁신·스마트·산업기반 강화·녹색 발전의 원칙 아래 제조업 강국으로 도약하겠다는 계획이다. 이를 위한 3대 과제로 '중국 제조에서 중국 창조로', '중국 속도에서 중국 품질로', '중국 제품에서 중국 브랜드로' 등을 선정할 계획이다.

▶첨단장비, 정보 네트워크, 집적회로, 신에너지, 신소재, 바이오, 항공 엔진, 가스터빈 등 신흥 산업을 주도 산업으로 육성하며 '인터넷 플러스' 행동계획을 제정하여 모바일 인터넷, 클라우드 컴퓨팅, 빅데이터, 사물인터넷 등을 현대 제조업과 결합할 계획이다.

2. 일대일로 정책

'일대일로', 중국식 세계화 전략을 추구하다

일대일로는 중앙아시아와 유럽을 잇는 육상 실크로드와 동남아시아와 유럽, 아프리카를 연결하는 해상 실크로드를 뜻하는 말로 2012년 11월 시진핑은 중국 국가 박물관에서 처음으로 언급하였고, 2013년 9~10월 중앙아시아 및 동남아시아 순방에서 처음 제시한 전략이다.

일대일로는 중국을 중심으로 육·해상 실크로드 주변의 60여 개국을 포함한 거대 경제권이 구성되며 고속 철도망을 통해 중앙아시아, 유럽, 아프리카를 연결하고 대규모 물류 허브 건설, 에너지 기반시설 연결, 참여국 간의 투자 보증 및 통화 스와프 확대 등의 금융 일체화를 목표로 하는 블록 네트워크를 건설하는 것이다.

정치적인 의미에서 중국은 동쪽에서 밀고 들어오는 미국을 피해 아시아, 아프리카, 유럽 국가와 연합하여 미국을 대항한다는 의미와 경제적인 측면에서 자국 내의 포화 상태에 놓인 과잉 생산을 해소하

고, 도로, 철도 건설을 통한 지역 간 균형발전을 이룩하며, 중국이 보유한 외환보유액을 동남아, 서남아, 아프리카 동부, 유럽을 통해 인프라 투자를 해주고 그 인프라를 통해 자국에 필요한 자원을 확보 및 운반하는 역할을 통해 공급과잉을 효과적으로 활용한다는 계획 이다.

일대일로에 참여하는 각 정부 간의 교류와 협력 강화로 도로, 철도 등 교통망과 통신망, 에너지 운송 및 저장을 공유하며 자유무역 확대, 투자 및 무역 장벽 제거를 통한 무역 확대와 국제무역 자금으로 위안화 국제화 활용 등을 통해 중국이 주도하는 세계 경제, 정치 개편을 위한 전략이 바로 일대일로이다.

한국 또한 일대일로를 통해 중앙아시와 유럽, 러시아, 아프리카로

가는 열차에 우리의 제품을 옮겨 실을 수 있도록 할 수 있다. 중앙아시아로 수출되는 의류와 화장품, 각종 한국산 제품을 일대일로의 출발역에 실어서 도착지에 갈 수 있게 하는 것이 우리의 전략이 되어야 한다.

2017년 일대일로는 북극까지 확장한 전 세계 해양 협력 통로의 건설이라고 할 수 있다. 일대일로에 참가하는 국가와 공동이익을 나누고 전방위 협력을 통하여 중국 중심의 세계 국가를 건설한다는 것이 그 계획이다. 각국은 자국의 경제발전과 중국의 일대일로 연계를 통해 지속성장을 추진해가기를 희망하고 있다. 독일은 중국과 산업정책 청사진을 함께 그리며 해외 동반 진출을 추진하는 전략으로, 영국은 위안화 국제화를 활용해 글로벌 금융센터의 지위 강화를 노리며, 러시아는 중국의 공개적 지지 선언과 참여를 희망하고 있다. 단 일본은 동남아시아와 중앙아시아에서의 중국과의 경쟁을 피할 수 없는 입장에서 견제와 참여에 소극적인 상황이다.

각국의 경제성장을 위한 중국과의 협력은 기존의 외교정책을 바꾸어 가고 있으며 이를 견제하려는 미국, 일본과의 힘겨루기는 지속될 것으로 보인다.

CHAPTER 8

중국의 주요 산업 현황 및
협력 방안

IT(인터넷) 기업편

중국 정부는 IT산업 육성을 통한 국가 경쟁력 강화와 글로벌 강국 진입을 통한 중국식 4차 산업혁명을 주도함으로써 국가 업그레이드 전략을 진행하고 있으며 이는 BAT(바이두, 알리바바, 텐센트)를 비롯한 중국의 대표적인 ICT(Information and Communications Technologies정보통신기술) 기업들이 앞장서서 진행하고 있다.

IT산업은 중국의 경제성장을 이끄는 주력 산업이자 미래 최고의 성장 산업으로 자리매김해 나가고 있으며 중국은 2018년까지 인터넷을 비롯한 ICT와 경제, 사회 각 분야를 융합하고 이를 통해 신성장동력을 창출하는 [인터넷 플러스] 전략을 수립하였다(2015. 7).

□ **인터넷 플러스 정책이란?**

인터넷 플러스 정책은 ICT(정보통신기술)와 전통 산업의 융합을 통해 산업구조 전환 및 업그레이드, 산업플랫폼 확장을 이행하여 2025년까지 신경제 생태계를 구축하는 것을 목표로 하며 네트워크 인프라에 210조 원을 투자하여 인터넷 속도를 높이고 타 산업과의 융합을 통해 일자리 창출과 경기 부양을 달성하고 전자상거래, 핀테크, 산업 인터넷 등의 발전을 통해 글로벌 시장을 개척해 나가려 하고 있다.

현재 중국의 IT 기업 중 텐센트, 바이두, 알리바바 등 중국 기업은 세계 10대 인터넷 기업으로 급부상했으며 온라인 및 전자상거래 기업들의 사업 전개 과정 중 생성한 대용량 데이터를 활용하여 거시경제 예측, 부동산 가격 예측, 인터넷 쇼핑 패턴 통계 등 다양한 방식으로 사업을 다각화하고 있으며 2020년 중국 전자상거래 시장은 미국, 일본, 영국 3국 시장을 합한 것보다 커질 것으로 전망되고 있다.

[전 세계 인터넷 기업 순위 (2017년)]

순위	국가	기업	2017년 시장가치(십억 달러)
1	미국	Apple	801
2	미국	Google	680
3	미국	Amazon.com	476
4	미국	Facebookt	441
5	중국	Tencent	335
6	중국	Allbaba.com	314
7	미국	Priceline	92
8	미국	Uber	70
9	미국	Netflix	70
10	중국	Baidu	66
11	미국	Salesforce	65
12	미국	Paupal	61
13	중국	Ant Financial	60
14	중국	JD.com	58

순위	국가	기업	2017년 시장가치(십억 달러)
15	중국	Didi Kuaidi	50
16	미국	Yahoo!	49
17	중국	Xiaomi	46
18	미국	eBay	38
19	미국	Airbnb	31
20	일본	Yahoo!japan	26
		Total	3827

[출처 : CNNIC]

중국의 웹사이트는 335만 개(출처 : 2015. 1 第35次中國互聯網發展情況
統計報告), 중국의 네티즌 규모는 6.49억, 인터넷 보급률은 47.9%, 모
바일 네티즌 규모는 5.57억 명, 도시 인터넷 보급율 62.8%를 달성
하였으며 그 중에서 모바일 앱 1위는 Wechat(텐센트), 종합 검색엔
진 1위는 Baidu.com(바이두), 전자상거래 1위는 world.taobao.com(타
오바오), 공동구매는 meituan.com(메이투안왕), 인터넷 결제 1위는
alipay.com(즈푸바오)이다.

[중국 웹사이트 순위]

순위	웹사이트		기업 명
1위	Baidu.com	검색	바이두 기업
2위	Taobao.com	오픈 마켓	알리바바그룹
3위	QQ.com	메신저	텐센트
4위	360.cn	인터넷 보안	360기업
5위	**Sina.com.cn**	포털 사이트	新浪
6위	Weibo.com	중국판 트위터	新浪 SNS
7위	Sohu.com	포털 사이트	搜狐
8위	Sogou.com	검색	搜狗
9위	Tmall.com	오픈 마켓	알리바바그룹
10위	Ifeng.com	검색	凤凰网

[출처 : Chinarank.org.cn.]

1. 중국의 인터넷 기업 분석

1) 텐센트(Tencent, 腾讯) 인터넷 서비스 기업

시가총액(950억 달러, 2013년) 기준으로 구글과 아마존에 이어 전세계에서 세 번째로 규모가 큰 인터넷 기업이다. 1988년에 설립된 텐센트는 메신저, 온라인 게임으로 시작해 전자상거래, 포털, 모바일 등 인터넷 전반에 걸쳐 사업 영역을 확장하였으며 대표적인 서비스로는 중국 인터넷 메신저 시장의 80%를 차지하는 QQ,, 중국판 트위터인 텐센트 웨이보, 중국판 페이스북인 큐존 등을 운영하고 있으며

[출처 : 바이두 정리 https://www.tencent.com/zh-cn/company.html]

2012년에는 한국의 카카오에 720억 원을 투자해 2대 주주가 되었다.

텐센트 매출 구성은 게임을 비롯한 인터넷 부가서비스 부문으로 2012년에만 319억 위안의 매출을 창출, 전년 대비 38.9% 성장했다 (자료 텐센트 매뉴얼 리포트).

■ 텐센트 발전 과정

1998. 11	马化腾, 张志东, 许晨晔, 陈一丹, 曾李青 설립
1999. 2	QQ 서비스 출시
1999. 11	QQ 가입자 100만 돌파
2000. 6	모바일 QQ 출시
2002. 3	QQ 가입자 1억 달성
2003. 8	QQ 게임 서비스 출시
2004. 6	홍콩 증시상장
2004. 12	QQ 게임 동시 접속자 100만 달성
2009. 2	QQ 공간(空间) 월 사용자 2억 달성
2010. 3	QQ 동시 접속자 1억 달성(세계 최초)
2011. 1	Wechat 서비스 출시
2014. 2	大众点评 20% 지분 투자

2014. 3	$2.14억 달러 투자 징둥(京东)지분 15% 인수
2014. 3	$5억 달러 투자 CJ Games 28% 인수
2014. 4	QQ 동시 접속자 2억 달성
2014. 12	$7억 달러 투자 滴滴打车
2014. 12	매출 789.32亿元 순익 238.1亿元

주요 주주主要股东

-텅신과 기타 창업인(腾讯及其创始人), 남아프리카 기업(MIH TC Holdings Limited (Ian Charles Stone), ABSA Bank, 마화텅(马化腾).

[**주가 현황** 腾讯控股(0700.hk) 货币单位:港币]

现价	买入	最高	上日收市	52周最高	成交量
268.60 ↑**4.61(1.75%)**	268	268.8	264	271.4	9.75万
	卖出	最低	开市	52周最低	成交额
	268	265.2	266	155.3	26.05亿
市值	市盈率	交易单位			
25,399.66亿	55.02	100			
上日股票报价	收市价	最高	最低	成交量	
2017.5.18	264.	271.4	257	54.04万	

[综合全面收益表]

人民币百万元(特别说明除外)经审核

	2016	2015
年度 盈利	41,447	29,108
其他全面收益(除税 额):		
其后可能重新分类至损益的项目		
分占联营公司其他全 面收益	863	329
可供出售金融资产公 允价值变动 收益净额	2,929	12,586
处置可供出售金融资 产后转至损益	(1,176)	(11)
外币折算差额	4,198	1,975
其他公允价值收益	600	
其后可能不 重新分 至 盆的 目		
其他公允价值(亏损)／收益	(244)	736
年度全面收益总额	48,617	44,723
下列人士应占		
本公司权益持有人	48,194	44,416
非控制性权益	423	307

2) 바이두 (검색 엔진)

파란 곰 발바닥을 로고로 쓰는 바이두는 중국 최대 인터넷 검색 사이트이자 구글, 야후와 함께 세계 3대 검색 엔진 중 하나로 baidu(바이두)의 중국 내 검색 엔진 시장 점유율은 1위이다.

[출처 : baidu http://tieba.baidu.com/f?kw=%E7%99%BE%E5%BA%A6&ie=utf-8]

■ 바이두 발전 과정

2016년 매출 645억 위안, 영업이익 100억 위안, 당기 순이익 116억 위안 달성.

2016년	4월 baidu(바이두) 백과사전 10주년
2015년	5월 전체 매출액 중 모바일 매출 50% 달성
2014년	5월 미국 캘리포니아 R&D센터 설립
2013년	8월 인력채용업체 人人网 160만 달러 투자 59% 지분 소유
2011년	7월 3억 6백만 달러 Qunar.com 투자 받음
2010년	2월 온라인 비디오 플랫폼 설립
2005년	8월 나스닥 상장
2000년	1월 리옌총 바이두 창업

BIDU (Class A Ordinary Shares)

Exchange	NASDAQ GS (US Dollar)
Price	$182.43
Change (%)	- 3.62 (1.95%)
Volume	4,685,695
Today's Open	$182.68
Previous Close	$186.05
Intraday High	$183.62
Intraday Low	$181.29
52 Week High	$197.80
52 Week Low	$155.28

[Data as of May 18, 2017 4:15 p.m. ET]

3) 알리바바 (전자상거래)

알리바바의 수익 구조는 B2C, C2C, 공동구매, 신용거래, 웹사이트 분석, 무역 등 전자상거래와 관련된 모든 서비스를 통해 수익을 산출하고 있으며 지분 구조는 야후 24%, 소프트 뱅크 36.7% 마윈 7.4%, 기타 31.9%이다.

[출처 : 바이두]

■ 알리바바 발전 과정

1999. 9	18명이 60위안으로창업 B2B 도매시장 "1688" 출시
1999. 10	$500만 달러 투자 유치
2000. 1	$2000만 달러 투자 유치
2001. 12	가입자 100만 명 돌파
2003. 5	淘宝 Taobao (C2C) 출시
2004. 2	$8200만 달러 투자 유치
2004. 7	阿里旺旺 messenger 출시
2004. 12	支付宝 Alipay 출시
2005. 10	Yahoo 중국 대리 운영
2007. 11	홍콩 증시 상장
2008. 4	淘宝商城 (B2C) 출시
2010. 8	淘宝 APP 출시
2012. 1	淘宝商城을 天猫로 개명
2012. 6	홍콩 증시 탈퇴
2014. 9	NYSE 상장 "BABA" (SB 23%, Yahoo 12%, 马云 7.8%)
2015. 2Q	淘宝4270 +天猫2460亿(한화125조 원)
2014.9.19	NYSE 상장 당일 상장일 종가 97달러 시가총액 2700억 달러 ▶마윈: 210억 달러(한화 23조 원)

GAAP to Adjusted/Non-GAAP Measures Reconciliation

	For the Three Months Ended		
	Dec 31, 2015	Dec 31 2016	
Adjusted EBITDA	(RMB MM)	(RMB MM)	(US$MM)
Income from operations	12,434	20,664	2,976
Add: Share-based compensation expense	4,370	3,744	539
Add: Depreciation and amortization of property and equipment and land use rights	1,039	1,352	195
Add: Amortization of intangible assets	813	1,261	182
Add: Impairment of goodwill	455	--	--
Adjusted EBITDA	19,111	27,021	3,892
Adjusted EBITDA margin	55%	51%	
Non-GAAP net income			
Net income	12,456	17,157	2,471
Add: Share-based compensation expense	4,370	3,744	539
Add: Amortization of intangible assets	813	1,261	182
Add: Impairment of goodwill and investments	1,611	1,476	213
Less: Gain on deemed disposals/disposals/ revaluation of investments and others	(2,959)	(1,161)	(168)
Add: Amortization of excess value receivable arising from the restructuring of commercial arrangements with Ant Financial	67	67	10
Adjusted for tax effects on non-GAAP adjustments	217	(53)	(8)
Non-GAAP net income	16,575	22,491	3,239
Non-GAAP Free cash flow			
Net cash provided by operating activities	26,230	37,416	5,389
Less: Purchase of property, equipment and intangible assets (excluding land use rights and construction in progress)	(2,365)	(3,246)	(468)
Add: Changes in loan receivables, net and others	(146)	(48)	(6)
Non-GAAP free cash flow	23,719	34,122	4,915

16

[알리바바그룹의 자회사 구조]

순위	회사명	주요 활동 범위
1	Alibaba	세계 최대 B2C 사이트
2	Taobao	아시아 최대 B2C, C2C 사이트
3	Alipay	중국 최대 온라인 지불 결제 기업
4	Tmall	구매자 4억 명, 판매상 5만 명을 보유한 B2C 사이트
5	OneTouch.cn	상품 수출입 대행 사이트
6	Koubei	중국 최대 생활정보 사이트
7	Yahoo! China	중국 야후 (2005년 8월 인수)
8	Juhuasuan	소셜커머스 사이트
9	Aliyun	알리바바가 투자한 IT 업체
10	CNZZ	웹사이트 분석기관
11	Etao	온라인 상품 가격 비교 사이트
12	Net.cn	도메인 등록 서비스, 온라인 마케팅 등의 서비스를 제공하는 IT 업체

2. 한중 IT 기업 협력 방안

한국과 중국은 Win-Win전략으로 양국의 보완적 협력을 통해 더 큰 성과를 만들어 낼 수 있으며 다양한 산업 부문의 융합이 가능할 것이다.

구체적인 예시로 보면, 한국은 중국의 제조역량을 활용하고 중국은 한국의 창의적 기획과 첨단기술을 활용하고 양국의 비교우위를 통한 글로벌 구조를 만들어 갈 수 있다.

중국의 하드웨어, IoT(Internet of Things 사물인터넷) 제작 시스템 활용과 한국 프로그램 연구개발 인력, CAD, 설계 인력의 양국 간의 협업을 통해 글로벌 시장 (동남아, 남미 등)으로 사업영역을 확대할 수 있다.

중국의 3~5선 도시(중국 내륙 지역 도시)에 대한 지역별 상품 개발 및 마케팅 전략을 현지 중국 기업들과 합자투자를 통한 신시장 개척을 할 수 있다.

이번 사드 영향으로 인한 중국관련 한국의 중소기업, 대기업, 수출업체들은 많은 부분에서 중국에 대한 다양한 시각을 가지게 되었으며 중국을 이해하는 데 있어서도 산업별 분석, 기업 분석을 통해 더욱 깊게 연구하고 이해할 필요가 있다는 것을 알게 되었을 것이다.

중국 역시 한국의 중요성과 글로벌 국가로 나아가기 위해서는 한국과 협력하는 것이 더욱 중요하다는 것을 상당 부분 감지한 것으로 보여진다. 이러한 역경과 변화를 통해 양국 간이 지속적으로 건강하게 발전할 수 있었으면 하는 바람이다.

자동차, 전기차 기업편

중국의 자동차 시장은 중국 정부의 보호와 지원으로 고속 성장해 왔으며 2016년에는 2800만 대를 생산하며 세계 1위의 생산량을 달성하였다(출처: 中国汽车工业协会网站). 더불어 중국 정부의 일대일로一带一路 정책과 공격적인 투자에 힘입어 중동, 동남아시아, 러시아, 중앙아시아, 아프리카 등의 수출시장을 확대하고 있다.

■ 중국의 자동차 시장 현황

중국의 자동차 생산량은 2016년 연간 28,118,794대 (승용차 24,420,744대, 상용차 3,698,050대)을 생산하였고 28,028,175대를 판매하였으며 전년 대비 승용차는 9.09%, 상용차는 12.14% 성장하였다.

중국의 10대 자동차 기업의 생산량은 24,760,087대로 중국 전체 생산량(28,118,794)의 88%를 차지하고 있으며, 上汽 集团, 东风集团, 一汽集团, 长安集团, 北汽集团 등 5대 기업이 70.52%를 차지하고 있다.

[2016년 자동차 생산 현황]

(단위: 대 %)

차량 유형	생산량		판매량	
	1~12월	전년 대비	1~12월	전년 대비
승용차	24.420,744	13.6	24,376,902	9.09
상용차	3,698,050	25.7	3,651,273	12.14
총계	28,118,794	1.73	28,028,175	9.47

*상용차: 사업에 사용되는 자동차 (트럭, 덤프트럭, 밴, 지게차, 버스, 택시 등)

[출처 : 中国汽车工业协会 http://www.caam.org.cn/]

[2016년 중국 10대 자동차 기업]

(단위: 대, %)

	기업명	2016년	시장 점유율	전년 대비	2015년
1	上汽集团	6,47,555	23.09	11.03	5,863,497
2	东风集团	4,276,717	15.26	4.17	3,872,502
3	一汽集团	3,105,662	11.08	-19.11	2,843,774
4	长安集团	3,063,403	10.93	14.16	2,776,523
5	北汽集团	2,846,743	10.16	10.13	2,475,838
6	广汽集团	1,649,232	5.88	-6.08	1,303,108
7	长城气团	1,074,471	3.83	57.26	856,067
8	浙江吉利	799,398	2.85	73.69	852,693
9	华晨汽车	774,398	2.76	-33.50	587,943
10	奇瑞汽车	698,508	2.49	36.98	561,853

[출처 : 中国汽车工业协会]

[https://wenku.baidu.com/view/37606ef3cf2f0066f5335a8102d276a2002960dc.html)]

1.上汽集团	2. 东风集团	3.一汽集团	4.长安集团	5.北汽集团
6.广汽集团	7.长城集团	8.浙江吉利	9.华晨汽车	10.奇瑞汽车

[중국의 자동차 브랜드(로컬, 합자, 수입)]

1. 上汽集团

정식 명칭 : 上海汽车集团股份有限公司

미국 포춘 선정 '세계 500대 기업" 60위 차지(2016년 7월20일) / 중국 500대 기업 중 11위.

公司名称 회사명칭	上海汽车集团股份有限公司	公司性质 회사형태	上市 公司 상장회사
外文名称 영문명칭	SAIC Motor Corporation Limited (SAIC Motor)	年营业额 연매출액	1066.84亿美元(2015年)
总部地点 본사위치	上海	员工数 직원 수	92,780人(2015年)
经营范围 경영범위	整车、零部件的研发生产销售,汽车服务贸易业务,汽车金融业务	公司简称 회사약칭	上汽集团
世界五百强 세계500대	第46位(2016年)	官网 홈페이지	http://www.saicmotor.com/

2. 东风集团

东风创立于1969年,中国汽车品牌,主要生产中重卡、SUV、中客等大型汽车

中文名 회사명(중문)	东风	所属公司 소속회사	东风汽车公司
外文名称 영문명칭	1969年	国 别 국가별	中国

3. 一汽集团

국산 브랜드 홍치红旗 관용차로 부활

公司名称 회사명칭	中国第一汽车集团公司	员工数 직원 수	132,083人(2015年)
外文名称 영문명칭	China FAW Group Corporation	注册资本 자본금	59.5247亿人民币
总部地点 본사위치	吉林省 长春市 길림성 장춘시	上市市场 상장지역	深圳证券交易所
成立时间 설립시기	1956年(丙申年)	世界500强 세계500대	第130位(2015年)
经营范围 경영범위	汽车 자동차	汽车销量 차량판매량	308.61万辆(2014年)
公司性质 회사형태	股份制 주식회사	官 网 홈페이지	http://www.faw.com./
年营业额 연매출액	628.52亿美元(2015年)	旗下品牌 브랜드	解放,奔腾,红旗

[출처 : 바이두]

4. 长安集团

중국 충칭시의 대표적인 자동차 기업, 국유 기업

公司名称 회사명칭	中国长安汽车集团股份有限公司	公司口号	长安行天下
外文名称 영문명칭	China Changan Automobile Group	年营业额 년간 매출	1354亿元人民币(2009年)

总部地点 본사위치	中国北京市海淀区车道沟十号院	员工数 직원 수	9.3万人(2009年)
成立时间 설립시기	2005年 12月	下属企业 관계사	长安汽车 哈飞汽车 东安动力
经营范围 경영범위	整车 零部件 动力总成 汽车贸易	原　名 회사원명	中国南方工业汽车股份有限公司
公司性质 회사형태	国有特大型企业	简　称 약칭	中国长安 CCAG

5. 北汽集团

2016년 세계 500대 기업 중 160위, 중국 내 36위, 북경 소재

公司名称 회사명칭	北汽集团	年营业额 년간 매출	549.33亿美元(2015年)
总部地点 본사위치	北京	员工数 직원 수	126,000人(2015年)
成立时间 설립시기	2000年 9月	世界500强 세계500대	**第160位(2016年)** 160위
经营范围 경영범위	汽车服务	公司性质 회사형태	国企
官　网 홈페이지	http://www.baicgroup.com.cn/		

■ 중국 자동차의 미래 (전기자동차)

중국은 자동차 연간 생산량, 판매량 세계 1위를 넘어 전기차 시장에서 글로벌 우위에 서기 위해 새로운 전략을 만들어가고 있다. 중국의 전기자동차 수준은 기존 자동차 시장의 생산량 및 판매량의 약 1.8%에 불과하며, 현재 100만 대 정도를 보유하고 있고 2015년 40.9만 대를 판매, 2016년 51만 대 생산 50만 대 판매로 2015년 대비 50% 이상 성장했다.

중국 정부는 친환경 자동차를 장려하고 가솔린 자동차에서는 선진국(미국, 독일 등)에 뒤진 자동차 시장을 전기자동차를 통해 자동차 시장을 선점하기 위한 정책을 시행하고 있으며, 이를 위해 중국 내 자동차 시장의 새로운 규정으로 2017년 '신에너지 생산 기업 및 제품 진입 관리규정'과 '제13차 5개년 계획, 국가 전략적 신흥 산업 발전기획' 등을 통해 전기자동차 산업을 선점하기 위한 규제와 규정을 만들어 가고 있다.

중국 정부는 '친환경 자동차 의무 판매제' 라는 규정을 만들어서 2017년부터 가솔린 자동차의 총 생산 대수의 일정 비율만큼 의무적으로 전기차를 생산하지 않으면 일반 자동차의 생산 대수를 줄이는 정책을 신설하여 전기자동차 생산을 독려하고 있다.

현재 중국의 전기차 시장 점유율은 BYD (26.7%), Beijing (11.2%), Zotye (9.8%), Zhidou (5.4%) 등이다. 2016년 기준 중국 전기차 시장에서 1만 대 이상을 판매하는 기업은 BYD, BAIC北京吉普, ZOTYE众泰,

Geely吉利汽车 등이며 특히 Geely吉利汽车가 볼보의 통합 플랫폼을 통해 전기차 시장을 선점하기 위해 노력하고 있다.

미국 업체인 테슬라가 중국시장에서 꾸준히 시장을 확대하고 있으며 2016년 상하이에 90억 달러(한화 10조 원)의 전기차 생산시설을 투자하여 중국 내 전기차 시장 선점을 독점하기 위한 전략을 펼치고 있다.

[중국 전기차 시장 점유율 (2016년)]

순위	회사명	점유율	비고
1	BYD(比亚迪)	26.7%	
2	BAIC(北京吉普)	11.2%	
3	ZOTYE(众泰)	9.8%	
4	Zhidou(知豆)	5.4%	
5	JAC(江淮汽车)	4.9%	
6	Chery(奇瑞)	4.6%	
7	Emgrand	4.6%	
8	JMC(江铃汽车)	4.2%	
9	Tesla(特斯拉)	1.7%	

[출처 : 삼성증권]

[글로벌 전기차 시장 점유율(2016)]

순위	회사명	점유율	비고
1	BYD(比亚迪)	13.2%	China
2	Tesla	9.9%	美国
3	VW Group	8.2%	德国
4	BMW Group	7.6%	德国
5	Nissan	7.3%	日本
6	Etc.	53.8%	

[출처 : 삼성증권]

1. BYD(比亚迪)

세계 최대 전기자동차 업체

중국 BYD 회장 왕촨푸, 1995년 휴대폰용 배터리 창업, 2003년 자동차용 배터리 전기차 생산, 2009년 전기차 F3 출시.

公司名称 회사명칭	比亚迪股份有限公司 비야디주식회사	员工数 직원 수	164,177
外文名称 영문명칭	BYD	创始人 창업자	王传福
总部地点 본사위치	中国深圳坪山区比亚迪路 3009号	生产基地 생산기지	6个
成立时间 설립시기	1995年	经营范围 경영범위	IT、汽车、新能源 IT, 자동차, 신에너지
公司性质 회사구분	民营企业 민영기업		
年营业额 년간 실적	1039.75亿元(2016年) 1039.75억 위안(2016년)	官　网 홈페이지	http://www.byd.cn/

2. Tesla(特斯拉)

[출처 : 네이버]

테슬라 모터스는 2003년에 미국에서 설립된 전기자동차 전문 기업이다. CEO 일론 머스크는 현재 테슬라 CEO와 우주 여행 스타트업 스페이스X CEO이다.

公司名称 회사명칭	特斯拉 테슬라	公司性质 회사성격	外资企业 외자기업
外文名称 영문명칭	Tesla Inc..	公司口号	加速世界向可持续能源的 转变
总部地点 본사위치	美国加利福尼亚州硅 미국 캘리포니아	年营业额 년간 매출	70亿美元 (2016年) **70억 달러(2016년)**
成立时间 설립시기	2003年	企业CEO 기업CEO	埃隆·马斯克 일론 머스크
经营范围 경영범위	高性能纯电动汽车 **고성능 전기차**	官　网 홈페이지	https://www.tesla.cn/

■ 한중 자동차 시장의 교류 및 발전 방안

전기차 시장은 중국 정부의 집중적 지원과 일반 국민소득의 증가에 따른 자동차 구매 증가의 영향으로 인해 전기차 시장은 점점 커지고 있으며, 중국 정부의 '친환경차 의무 판매제'의 시행으로 전세계 전기차 시장은 더욱 발전할 것이다. 특히 쓰촨성 청두와 충칭을 중심으로 중국 서부지역에서 전기차 분야의 발전이 확대되면서며 중국 내 한국 기업의 전기차 부품업체와 자동차 기업들은 중국 서부지역에서 다시 한 번 기회가 마련될 것으로 생각된다. .

또한 한국 내의 전기차 부품 수출업체(배터리 소재, 부품업체 등)들의 한중 무역 증가도 지속될 것이며 중국 기업들이 필요로 하는 부품, 제품 (2차전지, 양극활물질) 소재, 친환경 신에너지 소재 등의 우수한 한국 기업들은 한중 동반성장을 할 수 있는 많은 기회가 찾아올 것으로 보인다.

휴대폰, 스마트폰 기업편

■ 스마트폰 기업

　중국의 스마트폰 시장은 시장 규모가 큰 만큼 경쟁도 치열하고 신규 기업들이 끊임없이 순위를 바꾸어 가고 있는 상황이다.

　2016년 중국 내 스마트폰 판매 1위 화웨이华为 18.1%, 2위 OPPO 13.8%, 3위 vivo 12.3% 순으로 차지하고 있다.

[2016년 중국 내 스마트폰 시장 점유율]

년도	2016년	2012년
1위	화웨이(华为)	삼성
2위	OPPO	레노버
3위	vivo	화웨이
4위	苹果(애플)	애플
5위	小米	쿨패드

[출처 : 바이두 정리]

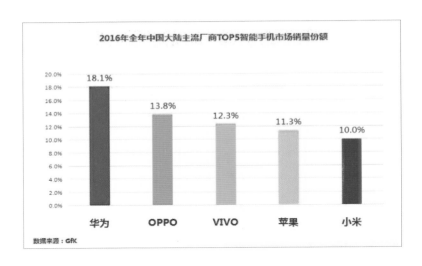

세계 휴대폰 시장 점유율을 보면 2016년 3/4분기 1위 삼성 19.2%, 2위 애플 11.5%, 3위 화웨이 8.7%, 4위 OPPO 6.7% 순으로 차지하고 있다.

[2016년 세계 스마트폰 점유율]

년도	2016년	2012년
1위	삼성	삼성
2위	애플	애플
3위	화웨이(华为)	노키아
4위	OPPO	HTC
5위	步步高通信设备	RIM

[출처 : 바이두 정리]

전 세계 스마트폰 시장은 삼성, 애플, 화웨이, OPPO, LG, VIVO가 61.3%를 점유하고 있으며 그중 중국의 3사 화웨이, OPPO, VIVO가 세계 휴대폰 시장에서 1, 2위를 바짝 추격하고 있고 OPPO, VIVO는 전년 대비 20% 성장하고 있다(출처 : 네이버).

1. 화웨이华为

http://www.huawei.com/en/

화웨이는 1987년 런정페이任正非와 칼 존슨이 설립한 회사로 1990 년대 초 자본금 2.4만 위안(한화 4백만 원), 직원 6명의 소규모 회사에서 2015년부터 전 세계 스마트폰 시장에서 삼성전자, 애플에 이어 상위 3위를 차지하는 글로벌 기업이다.

화웨이는 화웨이 홀딩스(우리사주조합)가 주식을 98%, 런정페이任正非 회장이 1.4% 보유하고 있으며 회사 내 주요 의사결정권은 회장이 갖고 경영을 이끌고 있다.

2016년 말 17만 명의 임직원과 전 세계에 7만여 명의 연구 인력을 운영하고 있으며, 화웨이는 자회사 하이실리콘을 통해 자체적으로 쿼드코어를 만들어 탑재한 스마트폰을 출시하는 기술우위 경영을 하고 있다. 화웨이의 유럽, 중동, 아프리카 지역 매출 비중은 35.2%, 중국 시장 비중 33.4% (출처 WND)로 세계 시장에서의 매출 비중이 높다.

公司名称	公司名称华为技术有限公司	员工数	170,000人(2015年)
外文名称	HUAWEI TECHNOLOGIES CO., LTD.	总　裁	任正非
总部地点	中国广东省深圳市龙岗区坂田街道华为基地	董事长	孙亚芳
成立时间	1987年(丁卯年)	宣传语	华为,不仅仅是世界500强
经营范围	无线电,微电子,通讯,路由,交换等	所获荣誉	世界500强129位(2016年)
公司性质	民营企业	著名产品	智能手机 终端路由器 交换机
公司口号	丰富人们的沟通与生活	官　网	http://www.huawei.com/
年营业额	628.55亿美元(2015年)	愿　景	共建更美好的全联接世界

[출처 : 바이두 정리]

2015年营收表（按业务分布）

人民币百万元	2015年	2014年	同比变动
运营商业务	232,307	191,381	21.40%
企业业务	27,609	19,201	43.80%
消费者业务	129,128	74,688	72.90%
其他	5,965	2,927	103.80%
合计	395,009	288,197	37.10%

2. OPPO

http://www.oppo.com/en/index.html

OPPO는 중국 젊은이들이 선호하는 스마트폰 브랜드로 스마트폰 카메라의 성능이 뛰어나다. 2004년 광동에서 설립되었으며 천명영陈明永 회장이 회사을 이끌고 있다.

公司名称	广东欧珀移动通信有限公司	公司性质	有限责任公司
外文名称	OPPO	行政总裁	陈明永
总部地点	中华人民共和国东莞市	公司愿景	成为更健康、更长久的企业
成立时间	2014年	公司使命	让不凡的心尽享至美科技
经营范围	电子产品及移动互联网	代言人物	迪丽热巴、陈伟霆、杨幂、李易峰
		品牌理念	至美

3. VIVO

http://www.vivo.com.cn/?source=vivo_baidu_brand

VIVO 브랜드는 젊은이들이 선호하는 중국 브랜드로 오락, 디자인, 음질 부문에서 우수하며 2014년 국제화를 시작으로 인도, 태국, 말레이시아, 미얀마, 인도네시아 등으로 수출하며 성장하고 있는 스마트폰 업체이다.

中文名称	vivo	所属公司	维沃移动通信有限公司
英文名称	vivo	所属行业	消费类电子产品
创立时间	2009年	总部地点	中国广东
创始人	沈炜 段永平	产品系列	Xplay, X, Y

4. 중국 휴대폰 시장과 한국의 대응

중국 내 휴대폰 시장은 넓은 시장과 끊임없는 창업 열기로 춘추전국시대를 방불케 하는 전쟁터이다. 한국 기업 삼성, LG가 중국 내 스마트폰 시장에서 지속적으로 점유율이 떨어지고 있는 방면, 중국 기업 화웨이, OPPO, VIVO 등은 지속적인 성장과 급격한 성장을 하고 있다.

중국 시장은 한국 기업뿐만 아니라 중국 기업 (ZTE, HTC, 小米 등) 조차 소비자의 트랜드를 따라가거나 리드하지 못하면 급락을 면치 못하는 무한경쟁 시장이다.

2016년 12월 중국의 인터넷 이용자는 7.31억 명이며, 모바일 이용자는 6.95억 명으로 3년 연속 10%씩 성장하고 있다. 모바일 이용자들은 끊임없이 새로운 변화와 새로운 패턴을 요구하고 있으며 모바일 시장에서 살아남고 성장하기 위해서는 모바일 이용자가 원하는 것을 제공해야 한다. 모바일 시장이 원하는 제품과 서비스를 제공해야 성장할 수 있고, 모바일 시장이 필요로 하는 부분을 충족시켜줄 수 있을 때 살아남을 수 있다. 살아남아야 기회도 온다.

금융, 증권 기업편

■ 중국의 금융 시스템

　중국의 금융 시스템은 중국의 국무원 산하의 중국인민은행(中国人民银行), 중국은행감독관리위원회(中国银行監督管理委员会), 증권감독관리위원회(中国证券監督管理委员会), 보험감독관리위원회(中国保险監督管理委员会)가 감독관리기관으로 통제, 감독관리한다.

[중국의 금융 시스템]

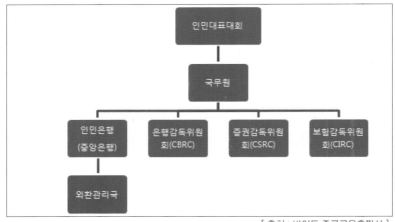

1) 중국은행감독위원회(약칭 中国银监会, 银监会, 英文 China Bang Regulatory Commission CBRC)는 2003년 4월25일 설립되었고, 국무원 직속기구로 은행, 금융자산관리공사, 신탁자산공사 기타 예금금융기관을 관리감독기구이다.

중문명	중국은행감독위원회	조직	국무원 직속
영문명	China Bang Regulatory Commission	위치	北京市西城区金融大街甲15号
약칭	中国银监会（CBRC）	현주석	郭树清
성립시기	2003년 4월 25일	홈페이지	www.cbrc.gov.cn/index.html

내부조직은 사무청, 정책법규부, 은행감독1부. 은행감독2부, 은행감독3부, 비은행기구감독부, 합작금융기구감독부, 통계부, 재무회계부, 국제부, 감찰국, 인사부, 선전공작부, 대중공작부, 감사회공작부 등이 있다.

2) 중국 증권감독위원회(中国证券监督管理委员会)는 국무원 직속기구로 국무원의 권한과 법률, 법규에 의거 전국 증권선물시장을 관리·감독하며 시장 질서를 보호하고 유지한다.

중문명	中国证券监督管理委员会	현책임자	刘士余
영문명	China Securities Regulatory Commission	홈페이지	www.csrc.gov.cn/pub/newsite/
약칭	中国证监会（CSRC）	성립시기	1992년 10월
조직성격	국무원직속기관	현주소	北京市西城区金融街33号

내부조직은 증권발행심사위원회, 행정처벌위원회, 사무청, 발행감독부, 창업판발행감독부, 비상장공공회사감독부, 시장감독부, 기관감독부, 위험처리사무처, 기금감독부, 선물감독관리1부, 선물감독관리2부, 법률부, 행정처벌위원회사무처, 회계부, 국제합작부, 인사교육부 등이 있다.

3) 중국보험감독위원회는(中国保险监督管理委员会)는 1998년 11월 18일 설립된 국무원 직속기구이다. 국무원의 권한과 법률, 법규에 의거 전국 보험시장관리감독 및 운영하는 기구이다.

중문명	中国保险监督管理委员会	약칭	中国保监会
영문명	China insurance Regulatory Commission CIRC	현책임자	暂缺
성립시기	1998년 11월 18일	소속	국무원직속기구

내부조직은 사무청, 발전개혁부, 정책연구실, 재무회계부, 보험소비자권익보호국, 재산보험감독부, 신체보험감독부, 국제부, 법규부, 통계정보부, 인사교육부, 감찰부, 선전부 등이 있다.

4) 중앙회금공사(中央汇金公司)

중앙회금공사는(中央汇金公司)는 국무원의 인가로 설립된 국유투자지주회사로 은행, 증권, 보험회사들을 자회사로 두고있으며 4대 국유 대형 상업은행(공상은행, 농업은행, 중국은행, 건설은행)의 지분을 보유하면서 지주회사 역할을 하고 있다.

국가 중점 금융기업의 지분투자와 관리가 주요 업무이며 상업적

인 경영활동이나 금융기업의 일상적인 활동을 하지 않는다.

회사명칭	中央汇金投资有限责任公司	경영범위	商业银行、证券公司、保险公司
영문명칭	Central Huijin Investment Ltd.	회사성격	국유독자기업
회사위치	北京市东城区新保利大厦 16层	자본금	3724.65亿元
성립시기	2013년 12월 16일	법인대표	丁学东

证券名称	持股比例	预计2016年派息(亿元)
工商银行	34.71%	291
建设银行	57.31%	391
农业银行	40.03%	217
中国银行	64.02%	333
光大银行	41.24%	36
新华保险	31.34%	2
申万宏源	61.67%	19
合计		1289

[출처 : 바이두 참조]

■ 중국의 은행

중국의 은행은 정부 주도의 구조를 가지고 만들어진 산업으로 그

중 공상은행, 건설은행, 중국은행, 농업은행은 정부의 지분율이 50%

를 넘는 국영 상업은행으로서 전 세계 은행 순위에서 1, 2, 3위를 차

지하는 글로벌 은행들이다. 중국의 10대 은행은 총 3000여 개의 은

행이 포진해 있는 중국 은행산업에서 차지하는 비중은 시장 점유율

50%을 넘어서고 있다.

순위	은행명	자산총액	순이익	시가총액
1	중국공산은행(工商银行)	222,097	2,777	17,014
2	중국건설은행(建设银行)	183,494	2,288	14,081
3	중국은행(中国银行)	168,155	1,794	11,823
4	중국농업은행(农业银行)	177,913	1,807	11,246
5	중국교통은행(交通银行)	71,553	668	5,184
6	중국초상은행(招商银行)	54,749	580	3,474
7	중국중신은행(中信银行)	51,222	417	3,161
8	중국민생은행(民生银行)	45,206	470	3,068
9	중국흥업은행(兴业银行)	52,988	506	2,890
10	중국푸파은행(浦发银行)	50,440	509	2,881

[자산총액 기준 2016년, 억 위안]

■ 중국의 은행 수익 구조

　중국의 은행 업계는 정부로부터 일정한 마진폭(3%)의 예대 금리를 보장받고 있기 때문에 이자 수입 비중은 높은 편이며, 향후 금리 자유화 개혁이 진행되면 이자 수입 비중이 차츰 낮아질 전망이다.

[중국 은행업 수익 구조]

수익 항목	비율
전체 수익	100%
이자 수익	64.9%
수수료	13.7%
투자 수익	19.8%
기타 수익	1.6%

[자료: 중국 은행감독위원회]

■ 중국의 은행 현황

1) 공상은행中国工商银行(INDUSTRIAL AND COMMERCIAL BANK OF CHINA, 简称ICBC , 工行)

중국 공상은행은 1984년 1월 1일 설립된 국유상업은행으로 중국 내 최대 규모의 은행이다. 중앙회금공사 35.4%, 재정부 35.3%, 전국사회보장기금 3.9% 골드만삭스 2.5%, 노무라증권 1.4%, JP모건 1.2% 등의 지분으로 구성되어 있으며, 자회사로 공산CS자산운용, 공상은행리스, 충칭공상농촌은행, 저장공상농촌은행, 해외지점 33개국에 분포하고 있다.

회사명칭	中国工商银行	년영업액	1672.27亿美元(2015年)
영문명칭	Industrial and Commer-cial Bank of China	직원 수	466346人(2015年)
본점위치	北京复兴门内大街55号	세계500대 기업	第22位(2017年)
설립시기	1984年 1月 1日	홈페이지	http://www.icbc.com.cn/
회사형태	中央企业, 大型国有商业银行	대표행장	谷澍

2) 건설은행中国建设银行(China Construction Bank, 简称 CCB, 建行)

중국의 건설은행은 1954년 10월 1일 설립된 국유상업은행이며 중앙회금공사 57.2%, 테마섹 7.2%, 국가전력망 1.2%, 바오시틸 0.9% 등으로 지분구조로 구성되었으며 부동산, 건설 관련 대출 비중이 높은 은행이다. 자회사로는 건신자산운용, 건신금융리스, 건신신탁, 건신생명보험, 해외지점 13개국에 지점을 두고 있다.

회사명칭	中国建设银行	직원 수	369183人(2015年)
영문명칭	China Construction Bank	세계500대 기업	第28位(2017年)
본점위치	北京金融大街25号	당서기	田国立
설립시기	1954年 10月 1日	행장	王祖继
회사성격	中央企业, 大型国有商业银行		

3) 중국 '인민은행' 中国人民银行(The People's Bank Of China, 英文 简称 PBOC)

1948년 설립된 인민은행은 국무원 산하기관으로 화북은행, 북하이은행, 서북농민은행을 통합하여 인민은행으로 설립되었으며 중화인민공화국 초기에는 중앙 은행과 시중 은행의 역할을 겸했으며, 현재는 통화정책 수입과 집행, 화폐 발행과 같은 업무만 진행하는 중앙 은행이다.

중문명	中国人民银行	조직성격	국무원 소속
영문명	THE PEOPLE'S BANK OF CHINA	홈페이지	http://www.pbc.gov.cn/
본점	北京(总部)、 上海(地区总部)	현임행장	周小川(2002年连任至今)
설립시기	1948年 12月 1日	주관부서	国务院

■ 중국의 증권시장

중국은 증권업이 상대적으로 늦게 발달하여 기업들이 은행 중심의 대출에 의존하는 경향이 높으며 증권(직접 금융)에 대한 의존도가 미미한 상태이다. 또한 선진국 증권사의 자기매매와 투자수익이 수입이 차지하는 비중이 높은 반면 중국 증권사는 거래량에 따른 수익 비중이 높은 편이다.

[2015년 중국 증권사 TOP 10]

순위	회사명	상장증시	총자산(万元)	2015년 순위
1	중신증권(中信证券)	SH,HK	42,522,629	1
2	중국건설은행(海通证券)	SH,HK	32,305,620	2
3	중국은행(广发证券)	SZ	31,374,576	3
4	궈타이쥔안(国泰证券)	비상장	31,103,931	4
5	화타이증권(华泰证券)	SH	26,146,662	5
6	인허증권(银河证券)	비상장	23,152,669	6
7	선완홍유엔(申万宏源)		22,305,640	7
8	짜오상증권(招商证券)	SH	22,167,735	8
9	궈신증권(国信证券)	비상장	18,766,755	9
10	동방증권(东方证券)		16,740,653	10

[자료 : 중국증권업협회, 东方财富Choice数据]

중국의 주식시장에서는 내국인이 상하이와 선전의 A주를, 외국인이 상하이와 선전의 B주와 홍콩 H주를 거래할 수 있다.

중국은 증권시장을 점차 개방하고 있으며 외국인 투자 적격 제도(QRII), 국내 적격 기관투자자(QDII) 제도 등을 도입하면서 중국 증권시장을 안정적 성장을 추진하고 있다.

[중국의 주식시장]

	A주	B주	H주
상장 증시	상하이와 선전 증시에 상장되어 있는 주식		홍콩 증시에 상장되어 있는 중국 기업 주식
투자 자격	중국인만 투자 가능	중국인만 투자 가능	중국인 개인 투자 불가능
거래 화폐	위안화(RMB)	USD, HKD	HKD
상장종목 수	2,455개	108개	171개
특징	A는 메인보드(상하이, 선전) 중소판(선전), 창업판(선전)	거래 종목과 거래량이 많지 않다	상하이, 선전 A주에 비해 중국 본토의 정치, 경제적 상황에 영향을 덜 받음

■ 외국인 투자 적격 제도(QFII)와 국내 적격 기관투자자 (QDII)

중국 주식시장의 내국인과 외국인의 구분을 완화하는 제도로 QDII은 중국 기관투자자 중 일정 조건을 구비하고 국가의 조건에 부합한 중국 기관투자자들에게 해외시장에 직접 투자할 수 있는 자격을 부여하는 제도로 2006년 시행되었다.

QFII은 외국 기관투자자들 중 일정 조건을 구비하고 국가의 조건에 부합한 외국 기관투자자들에게 A주 시장에 직접 투자할 수 있는 자격을 부여하는 제도로 2002년 시행되었다. 한국이 인가 받은 QFII 기관투자자는 한국은행, 국민연금, 한국투자공사KCC 등이 있다.

■ 중국의 증권사

1) 중신증권中信证券股份有限公司(英文名称：CITIC Securities Company Limited)

　중신증권은 1995년10월25일 심천에서 설립.

자기자본 6,630,467,600위안의 회사로 중국 국유기업인 중신그룹 산하의 증권회사로 국자위가 100% 출자한 중국 중신그룹이 20.3% 투자하여 설립된 회사이다 자회사로는 중신증권(저장), 중신만통증권, 중신선물, 금석투자, 화사기금 등의 자회사를 가지고 있다.

회사명칭	中信证券股份有限公司	직원 수	1396명
영문명칭	CITIC SECURITIES CO.,LTD	자본금	663046.76万元
본점	广东省深圳市	홈페이지	http://www.cs.ecitic.com/
설립 시기	1955年		

2) 하이통증권(海通证券) 海通证券股份有限公司(以下简称海通证券)(Haitong Securities Company Limited SH: 600837)

　하이통증권은 1988년 중국에서 가장 먼저 설립된 증권회사 중 하나로 상하이 지역을 대표하는 증권회사이다. 자회사로는 부국자산운용(27.8%), 하이통자산운용(51%), 하이푸자산운용(67%), 하이통국제홀딩스(100%), 하이통카이웬투자(100%)의 자회사를 가지고 있다.

회사명칭	海通证券股份有限公司	경영범위	投资
본사위치	中国上海	회사형태	股份制投资公司
설립시기	1988年	홈페이지	http://www.htsec.com/

■ 우리의 협력 방안 및 대응 전략

중국의 은행산업은 정부 주도의 전형적인 개발 산업에 따른 국유기업(은행)의 형태로 발전되어 왔으며, 특히 공상은행, 건설은행, 중국은행, 농업은행 등 4대 은행은 국유은행으로서 국가산업에 필요한 산업 대출, 주택건설자금 대출, 외환거래, 농업자금 대출 등 각각의 고유 업무로 국가, 은행(국유은행), 기업(국유기업)이 국가에 필요한 해외기업을 인수하고, 중국 내 산업을 발전시키고 중국 내 경제를 안정시키는 일에 국가기관이 전면에 나서서 이끌어 왔다.

또한, 증권산업 역시 중국은 중국인들만이 거래할 수 있는 A주와 외국인이 거래할 수 있는 B주로 구분하여 외국인의 중국 내 증권거래에 차등을 두고 있는 상황이다. A주의 거래 종목 수는 2455개, B주의 거래 종목 수는 108개 수준으로 자본시장의 문호는 굳게 닫혀 있으며 정부 주도의 증권시장을 운영하고 있는 상황이다.

중국의 금융, 증권시장은 아직 미성숙 단계이므로 더 성장한 후 개방을 하겠다는 중국의 입장이지만 외국인으로서 우리는 미성숙된 중국의 금융, 증권시장을 지속적으로 연구하여 중국 내 현지 투자보다는 자본시장으로 중국 내 기업에 투자하는 새로운 투자방식을 찾아야 할 때가 아닌가 생각된다.

5

교육(온라인) 기업편

중국 중산층의 소득증대와 한국을 뛰어넘는 높은 교육열, 해외 유학 열풍 등으로 중국의 교육 시장은 지속적으로 성장하고 있으며 중국의 '두 자녀 정책' 전면 시행으로 중국의 유아교육 시장은 높은 신장세를 보이고 있다.

2016년 말 기준 중국 인터넷 이용자 수는 7억 3천만 명, 모바일 인터넷 이용자 수는 6억 9000만 명(출처: 중국 인터넷정보센터(CNNC))이었고, 중국 온라인 교육 이용자 수는 9000만 명으로 전년 대비 23%의 성장세를 보이고 있다. 중국의 인터넷 보급률 상승과 기술발전으로 보다 다양하고 효과적인 교육 커리큘럼이 출현하여 온라인, 모바일 교육 시장은 높은 성장세를 보이고 있다.

중국의 온라인 교육 시장 중 외국어 학습 시장 플랫폼(사이트, 앱)을 운영하는 업체들의 상장 및 대규모 투자 유치가 많아지고 있고 그 중 영어 온라인 교육 플랫폼 51Talk(无忧英语)는 지난 2016년 6월 뉴욕거래소에 상장했고, 중국의 5세~12세 어린이를 대상으로 일대일 온라인 영어교육 서비스를 제공하는 VIPKID가 텐센트, 세콰이어 캐피털 등으로부터 2억 달러(한화 약 2260억 원) 투자를 유치했다.

현재 한국의 교육기업들 중 중국 교육기업과 함께 중국 진출을 진행하는 업체가 늘어나고 있으며 특히 중국어 유아 시장의 성장에 힘입어 영유아 대상으로 콘텐츠 제공과 교육 시스템 수출이 늘어나고 있다.

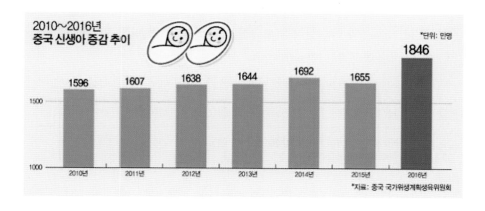

■ 중국 교육 기업 현황

1. 신동방교육과학기술그룹新东方教育科技集团

신동방교육과학기술그룹은 1993년 11월 16일 북경에 창업되었으

며, 2014년 5월 중국 브랜드 500대 기업 중 94위를 기록하였으며, 신동방교육그룹은 초, 중등영어, 대학영어, 직업교육반 등 다양한 커리큘럼을 갖추고 있으며, 유학 상담과 유학 알선 등 외국어 교육과 관련한 다양한 업무를 취급하고 있다. 신동방은 2006년 뉴욕증시에 상장되었으며, 2014년 5월 전국 50개 성에 56개 학원과 31개의 서점 그리고 703곳의 학습센터를 보유하고 있으며, 개원 이래 2000만 명의 누적 학생 수를 기록하고 있다.

중문명	新东方集团	창업자	俞敏洪
영문명	New Oriental Education & Technology Group	현회장	俞敏洪
약칭	新东方	수석집행관	周成刚
설립시기	1993年 11月 16日	소속지역	北京海东区
현학원장	俞敏洪		

2. 슈에따 교육学大教育集团

2001년에 설립된 슈에따 교육은 일대일 과외, 청소년 입시 전문 교육기관으로 2011년 베이징대학과 청화대 합격자를 302명 배출했으며, 전국 60여 개 도시에 약 300개 학원을 운영하고 있으며 중국 최초로 온라인 강의를 시작했다.

회사명칭	学大教育科技(北京)有限公司	경영범위	中国教育服务领域
본사	北京	회사성격	辅导机构
설립시기	2001年 9月	특징	一对一个性化辅导研究院

3. 슈에얼스学而思

学而思国际教育集团(TAL Education Group) 2003년 설립되어 3세~18세의 유아 및 청소년을 대상으로 하는 과외전문 교육기관으로 중국의 명문 북경대학, 칭화대학에 300여 명의 합격자를 배출한 것이 알려지자 2012년 매출이 4억 위안 가량 증가했다.

회사명칭	学而思国际教育集团	설립시기	2003年
영문명	TAL Education Group	회사구호	Tomorrow Advancde Life(TAL)
본사	北京	회사체계	学而思培优

4. 51Talk 无忧英语

51Talk 无忧英语는 2011년 설립되었으며 국외 선생님과 일대일 화상으로 이루어지며 최저가격은 평균 15위안(1회)이며 일대일 전화 영어로 수업하는 교육기업이다. 현 8400여 명의 전화 영어 강사를 보유하고 있으며 성인, 초등, 중고등학생을 대상으로 교육하고 있다. 2016년 1200만 달러 투자를 받고 더욱 성장하고 있는 중이다.

중문명	无忧英语	창업집단	未来清华大学
학원성격	인터넷 영어학원	특징	최고의 대중 영어 서비스

5. 중국 내 신삼판新三板 교육기업 현황 및 지분 투자현황

【新三板】
신삼판은 중국의 주식 장외거래 시장으로 비상장, 중소기업들을 대상으로 한 중국 내 전국적인 지분 거래 플랫폼이다.

新三板教育公司背后的上市资本（鲸媒体制作）

新三板教育公司	主营业务	上市资本	持股比例
新道科技	商科院校解决方案	用友网络	/
正保育才	创业培训和创业服务	正保远程教育	60.00%
和君商学	商学教育	和君集团	70.00%
金智教育	教育信息化	金智科技	45.67%
九城教育	移动游戏培训	第九城市	100.00%
全美在线	考试测评与在线职业培训	ATA	100.00%
盟景网联	创新创业服务	紫光股份、用友软件	2.85%、/
一乘股份	机动车驾驶培训	云南城投	51.00%
爱立方	幼教解决方案	长江传媒	72.00%
蓝色未来	大学校园公关	蓝色光标	10.00%
明博教育	教育信息化	新华文轩、方正系	27.2%、26.4%
领航传媒	青少儿娱乐教育	北京大学、鲁信创投	3%、2.82%
中研瀚海	服装行业培训	搜于特	20.00%
众巢医学	医生慕课和医学培训	广发信德、明家科技	3%、1.5%
天堰科技	医学教育设备和服务	杉杉股份	4.80%
龙源数媒	数字阅读	森源电气	11.17%
世纪天鸿	K12助学读物	伟星股份	4.98%
智趣互联	幼儿园软硬件	和晶科技、好未来	5.8%、4.8%
嘉达早教	早教产品	棕榈股份	
决胜网	泛教育产品导购	天舟文化、新东方、信中利、达内	18.89%、9.64%、6.81%、/
清睿教育	中小学生英语口语	新东方	6.84%
盛成网络	妈妈门户	腾讯	22.70%
芝兰玉树	学龄前儿童教育	乐视系、方正证券	4.9%、4%
菜信教育	幼教益智产品	国海证券	7.00%
爱迪科教	数字化终身学习	东北证券	4.44%
北教传媒	教育类图书	中信证券	3.00%
信乐股份	少儿英语课外辅导	天图投资	15.55%
飞博教育	国内外教云平台	同创伟业、好未来、中搜网络	14.4%、4.16%、0.5%
恒谦教育	K12教育云平台	盈富泰克	2.86%
威科姆	教育信息化	达晨创投	4.40%
东联教育	教师培训、家庭教育、动漫德育	和君系	1.11%

■ 중국 교육기업과 우리의 전략

중국의 교육 시장은 중국의 성장과 교육열, 해외 유학생 증가로 지속적으로 성장하고 있는 시장이며 두 자녀 정책 시행으로 인하여 그 수요는 더욱 늘고 있는 상황이다. 또한 중국의 인터넷 속도의 증가와 보급율의 확대, 넓은 지역에 적합한 온라인 교육 시장은 무섭게 성장하고 있다.

[한국 기업 중국 교육 시장 진출 현황]

한국 업체	중국 업체	합작 내용	기타
이화전기공업	상해유락관리 자문유한회사 무정전전원장치 (UPS)	영어 유치원 설립 (0-6세 1억 2000만 명)	
비상교육	신동방교육그룹	유아영어 프로그램 윙스(Wings) 제공	2017. 4
청담러닝	온리 에듀케이션	에이프릴 어학원서비스계약	2016. 1
천재교육 위캔엘티디	크레시카	온라인 종합진단검사프로 그램과 상담교육관련서비 스 제공	2016. 5
대교	독자 진출	아이레벨 러닝센터 설립	현지 직접 영업
캐리소프트	유쿠	캐리언니 동영상 제공	
시원스쿨	차이나퍼스트캐피 털그룹	1500억 원 투자금 유치	2017. 8. 7

[출처 : 신문기사 정리]

한국의 교육기업들은 국내의 정체된 교육 시장을 넘어 중국 시장에 콘텐츠 보급과 합작형태의 교류가 더욱 늘어나고 있으며 사드를 넘어 지속적으로 성장할 수 있는 업종은 교육서비스 업종이다. 성숙된 한국 교육서비스산업은 국내에 머물지 않고 중국의 교육서비스 시장 상승과 함께 갈 수 있도록 하여야 하며 유아교육용품, 노인 교육 시장 등 다양한 중국 서비스 시장을 지속적으로 연구하고 도전하여 좋은 결과를 만들어 간다면 제2의 기회가 다시 올 수 있다.

6

제약, 의료 기업편

중국 인구의 고령화, 소득 수준의 향상으로 미美와 건강한 삶에 대한 관심이 증가하여 중국의 제약 시장과 건강기능식품 시장은 지속적으로 발전하고 있다.

또한 해외 의료서비스를 받기 위해 출국하는 중국인 수는 한해 6천만 명을 넘어서고 있으며(출처: 羊城晚报) 미국의 암 치료, 스위스의 항노화 치료, 태국의 시험관 아기, 한국의 성형시술 등이 중국인들이 선호하는 해외 의료서비스 상품이다.

이와 더불어 중국 내 건강기능식품, 노인용품의 시장 수요가 지속적으로 성장하고 있으며, 중국 정부가 최근 의약품 및 의료기기의 승인 정책을 완화하면서 글로벌 기업의 중국 의료, 제약 시장으로의 진출이 늘어나고 있다.

중국 의약품 시장은 헬스케어 분야의 수요가 증가하여 미국에 이어 세계 2위로, 의약품 시장 규모가 100조 원을 넘는 시장으로 성장했으며, 2020년까지 연평균 6~9% 성장하여 1,500억 달러(약 170조 원) 규모로 늘어날 것이다.

중국 의약품 시장은 제약 기업에 매력적인 시장으로 글로벌 제약 사들은 앞다투어 중국 현지 공장에 연구소를 세우고(랴오닝성 대웅제약 등) 중국 내 맞춤형 신약을 출시하고 있다.

특히 한국 기업 중 대웅제약은 2006년부터 중국 현지에 중국법인, 공장, 연구소를 설립하여 인프라를 구축한 후 중국 소비자 수요에 맞는 제품을 개발하여 중국 시장에 안정적 진입하였다. 또한 아래와 같은 한국 기업들이 꾸준히 진출, 제휴하고 있다.

[한국 제약·건강식품 기업의 중국 진출 현황]

기업명	주요 제품	지역	내용	진출 형태
한국콜마홀딩스 콜마비앤에이치	건강식품	강소성 염성시	공장 준공 (2019. 6 예정)	직접 진출
서울제약	발기부전치료제	쑤저우	공오헬스케어(GHC)제휴	제휴
일양약품	백혈병치료제 '슈펙트'	양주 고우시	고우시와 공장 설립 MOU체결	직접 진출
화이미제약	기능성 치약 및 크림	천진, 상해	18만 달러 수출	제휴

[출처 : 온라인 정보 정리]

1. 중국의 제약 시장 현황

중국 유통법상 제약업체는 중국 의약품을 도매상에게만 납품할
수 있으며, 도매상이 병원과 약국에 의약품을 납품하면 병원과 약국
이 환자에게 의약품을 판매하고 있다. 단 제약업체가 직영으로 운영
하는 약국에서는 직접 약품을 납품할 수 있다.

[중국 의약품 유통 경로]

중국 소비자들은 최근 중성약(한방, 천연 약재)의 선호도가 양약보
다 높으며, 바이오 약품(생물의약품)은 중국 의약품 전체 매출에서 차
지하는 비중이 높아지고 있다. 꾸준한 신약 연구 개발로 중국 제약
사들의 매출 증가율이 높으나 중국은 아직 연구 개발보다는 외국 제
품의 수입과 제휴를 통한 기술 수입을 선호하고 있다.

중국의 병원은 대부분 정부 소유로, 부족한 예산을 메우기 위해
의약품 가격에 높은 마진을 붙여 소비자에게 판매하였으나 2017년

정부는 양회兩会에서 민생안정을 위한 정책 중 고령화 인구 증가로 의료제도 시스템 개혁 차원에서 2017년 7월 1일부터 공립병원의 의약품 가격을 전면 인하하기로 하였으며 노인 양로 문제 해결을 위해 양로금(퇴직연금) 납부금액을 상향 조정하고, 양로원과 실버타운 시장을 활성화하기로 했다.

또한 중국 정부는 최근 의약품 및 의료기기의 승인을 가속화하고 새로운 치료법 도입 시 발생할 수 있는 병목 현상을 완화하는 새로운 규칙을 발표했으며 중국 정부가 결정한 새로운 규칙에 따라 해외 승인을 얻은 임상 시험 데이터가 중국 내 약물 등록에 사용할 수 있게 되었으며, 해외 승인을 얻은 제조업체는 중국에서 추가 테스트를 수행할 필요가 없기 때문에 수년간 지연됐던 신약 출시 기간을 대폭 단축시킬 수 있을 것이다.

현재 외국 제약사 중 화이자Pfizer, 아스트라제네카AstraZeneca, 글락소스미스클라인GlaxoSmithKline 등 기타 다국적기업들은 향후 수년간 중국 시장 내 투자확대로 매출과 수익을 증가시킬 수 있는 계기가 될 것으로 전망된다. 이는 세계에서 두 번째로 큰 제약 시장에서 글로벌 제약사와 중국 내 토종 제약 기업이 성장할 수 있는 기회로 작용할 것이다.

퀸타일즈IMS(QuintilesIMS) 조사에 따르면, 중국이 2016년 소비한 의약품은 약 1677억 달러(약 192조 2680억 원)를 기록해 시장 규모에서 미국에 이어 두 번째다. 그러나 지금까지 대부분 글로벌 제약 기업들의 중국 시장 매출은 글로벌 매출의 극히 일부만을 차지했다.

■ 2016년 중국 의약 기업의 품목별 수익 현황

중국 의약 기업들의 수익 세부 사항은 중의약 37.89%, 양약 27.3%, 등으로 중국인들은 중성약(한방, 천연약재)의 선호도가 양약보다 높으며, 바이오 약품(생물의약품)의 수요가 꾸준히 증가하고 있다.

[제약업계 세계 TOP 10]

(억 달러)

순위	국가	회사명	영업 매출
1위	미국	존슨앤존슨	672
2위	미국	화이자	612
3위	스위스	노바티스	576
4위	스위스	로슈그룹	506
5위	미국	머크그룹	473
6위	프랑스	사노피	462
7위	영국	글락소스미스클라인	419
8위	미국	애벗레버러토리스	399
9위	영국	아스트라제네카	280
10위	중국	시노팜	262

[출처 : 포춘]

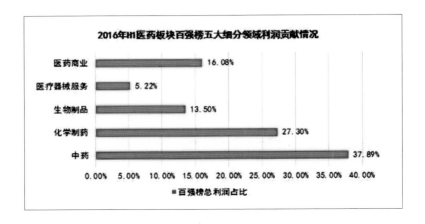

[2016년 중국 상장 의약기업 현황]

代码	名称	所属行业	归属于上市公司股东的净利润（万元）	排名
600518	康美药业	中药	176,603.08	1
601607	上海医药	医药商业	173,245.80	2
600196	复星医药	生物制品	150,026.64	3
000538	云南白药	中药	138,809.22	4
600276	恒瑞医药	化学制药	131,432.20	5
600299	安迪苏	生物制品	110,153.97	6
600129	太极集团	中药	96,442.98	7
000623	吉林敖东	中药	83,826.29	8
600332	白云山	中药	83,180.65	9
000423	东阿阿胶	中药	82,895.95	10
000963	华东医药	医药商业	82,308.87	11
002294	信立泰	化学制药	69,434.62	12
600535	天士力	中药	68,478.49	13
000999	华润三九	中药	63,613.93	14
600085	同仁堂	中药	56,325.43	15
000028	国药一致	医药商业	54,212.21	16
300267	尔康制药	化学制药	52,706.37	17
002001	新和成	化学制药	51,568.99	18
600056	中国医药	医药商业	50,970.13	19
002411	必康股份	中药	48,488.29	20
600566	济川药业	化学制药	44,043.11	21
600062	华润双鹤	化学制药	43,352.26	22

[출처 : 바이두 http://www.cn-healthcare.com/article/20160906/content-485425.html)]

2. 기업분석

1) 시노팜SINOPHARM 国药控股股份

http://www.sinopharmholding.com/

　国药控股股份公司는 2003년 1월 설립되었으며 중국 정부 직속의
최대 의약 기업그룹으로 중국의약그룹총공사와 상해복성고과기(中
国医药集团总公司与 上海复星高科技) 공동출자로 다국적 대형 의
약 기업형 기업이며 자본금은 10.3억 위안이다. 주요 사업범위는 화
학원료약, 화학제조약, 항생제, 중성약中成药, 진단약품 도매, 의약
기업 수탁관리 등이 있다.

　시노팜은 2005년부터 7년 연속 매출 1위 기업으로, 마취약품 시장
의 90% 이상을 점유하는 기업이며 시노팜의 전체 매출 중 94%가 도
매에서 이루어지며, 기업의 직영 소매점을 통한 매출은 3% 정도이다.

　시노팜은 중국의 소득 수준 향상과 고령화로 매출이 꾸준히 증가
하고 있으나 의약품 생산비용이 높아 이익률이 낮은 상태이며, 정
부의 의약업계의 집중적 발전을 위해 시노팜을 주도로 의약 기업 간
인수 합병을 추진하고 있다.

2) 상하이의약그룹 SHANGHAI PHARMA 上海医药集团股份

http://www.sphchina.com/

上海医药集团股份有限公司 본사는 상해에 있다. 주요 사업은 의약품 연구와 제조, 영업조직을 가지고 있으며 2012년 영업수익 680억 위안을 달성하며 중국 500대 기업에 속하였다. 매출 규모는 중국 2위 제약사이며 화동지역과 상하이시 의약품 시장 점유율 1위로 의약품, 건강제품, 화학약품 등 다양한 제품을 취급하고 있다.

주요 매출은 의약품 도매에서 발생하며 의약품 공업품(파스, 반창고, 붕대)이 매출의 14%를 차지하고 있다.

3. 한국과의 연계

중국은 소득 증가와 인구 고령화의 속도가 빠르게 증가함에 따라 제약산업의 성장 또한 빠르게 증가하고 있다.

중국의 고령화와 건강에 대한 관심은 동양인의 체질에 맞는 한국 의약품 및 건강기능식품(홍삼 등)에 대한 선호도가 높아지고 있으며 한국 제약 및 식품회사들이 주력 산업을 기반으로 중국과 한국 제약

사들과의 제휴 및 공동개발을 원하는 중국 기업이 많아지고 있다.

중국의 노령화, 소득 증대로 인한 의약품과 건강기능식품의 수요는 꾸준히 증가하고 있으며 중국 정부의 의약품 인허가 완화를 목적으로 외국 해외 승인을 얻은 임상시험 데이터를 중국 내 약물 등록에 사용할 수 있게 되었고, 중국 내 추가 테스트 비용과 시간을 단축함으로써 중국 내 시장 진입 장벽이 낮아졌다고 볼 수 있다.

중국 내 의약품은 중국 도매상을 통해서만 유통할 수 있기 때문에 중국 제약 도매상과의 제휴 및 중국 내 중소 도매상에 대한 투자를 통해 상호 중국 내 마케팅을 접근한다면 좋은 기회가 될 것이다.

따라서 중국의 의료체계를 이해하고 중국 소비 트랜드인 웰빙과 고령화를 활용한다면 한국의 제약 기업 및 건강식품 기업들은 제2의 의료 한류가 일어날 것이다.

물류, 택배 기업편

중국의 물류량 증가와 전자상거래의 빠른 발달로 택배와 SCM(원재료 공급에서 생산, 배송, 판매 등 모든 과정을 통합관리) 서비스 투자가 지속적으로 늘어나고 있다.

중국의 택배 산업은 "중국 택배 박스만 1초에 1000개, 중국의 광군제 택배 물동량만 11억 건, 중국 공유 택배상자 확산 및 본격적인 로봇시대 돌입 등" 중국의 전자상거래와 함께 꾸준히 성장하고 있는 산업이다.

1. 중국 물류업계 현황

중국의 지역별 화물 운송량과 운송 수단을 보면 상하이上海, 장쑤江苏, 저장浙江, 안후이安徽, 푸젠福建, 장시江西, 산둥山东이 속한 화동华东지역이 중국 지역별 물류량에서 1위를 차지한다. 중국은 수로를 통한 화물 운송 비율보다는 도로를 통한 화물 운송 비중이 높으나 허난河南, 후베이湖北, 후난湖南, 광시广西, 광둥广东, 하이난海南지역의 화중華中, 화남華南지역은 수로를 통한 화물 운송 비중이 높다.

중국의 8대 경제구와 물류단지 분포를 보면 장강중류경제구, 북부연해경제구, 동부연해경제구에 많은 물류단지가 분포되어 있다.

	물류단지	수량
1	동북종합경제구(辽宁, 吉林, 黑龙江)	56개
2	북부연해경제구(北京, 天津, 河北, 山东)	128개
3	동부연해경제구(上海, 江苏, 浙江)	93개
4	장강중류경제구(湖北, 湖南, 江西安徽)	139개
5	남부연해경제구(福建, 广东, 海南)	84개
6	황하중규경제구(陕西, 山西, 河南内蒙古)	93개
7	대서남경제구(云南, 贵州, 四川, 重庆。广西)	98개
8	대서북경제구(甘肃, 青海, 西疆新疆)	63개

[출처 : 중국물류구매연합회]

중국 물류공사 순위 데이터 분석에 의하면 중국 원양운수그룹, 중국 해운그룹, 중국 외운장항그룹, 하문상서주식회사, 하북성물류산업그룹, 순풍그룹 순으로 이루어져 있다.

(억 위안, 2011년 기준)

순위	기업명	매출액(万元)
1	中国远洋运输集团总公司	12,471,555
2	中国海运(集团)总公司	7,906,602
3	中国外运长航集团有限公司	7,531,999
4	厦门象屿股份有限公司	5,992,331
5	河北省物流产业集团有限公司	5,501,006
6	顺丰速运(集团)有限公司	4,810,000
7	中铁物资集团有限公司	3,596,298
8	天津港(集团)有限公司	3,503,500
9	山东物流集团有限公司	2,643,449
10	河南能源化工集团国龙物流有限公司	2,312,648

[출처 : 중국물류공사 http://www.chinabgao.com/enterprise/3080.html]

2. 중국 택배 시장 현황

중국의 전자상거래 시장은 최근 광군제 매출에서 나타나듯이 (2017년 광군제 매출 28조 3천78억 원), 2016년에 비해 40% 성장, 28초 만에 10억 위안(1천682억 원), 3분 만에 100억 위안(1조 6천823억 원) 빠른 성장에 힘입어 중국 택배 시장도 급성장하고 있다. 7억 명의 모바일 사용자, 전자상거래 시장의 고속 성장으로 10년 전보다 31배 증가하였고, 전 세계 700억 건 택배 중 44%가 중국 택배 시장이며 중국 택배산업은 매출 400억 위안(약 7조 원)에 이르고 있다.

중국의 1일 평균 택배 이용 건수는 2011년 1,000만 건에서 2017년 1억 1600만 건으로 확대됐고, 1인당 택배 이용 건수도 2011년 2.7건에서 2016년 22.6건으로 증가하였으며, 1인당 택배 사용료도 2011년 56.3위안에서 2016년 287.4위안으로 증가하였다. 이는 모바일 사용자의 증가와 택배 시장에 대한 소비자의 신뢰가 높아진 결과이다.

[중국의 택배량 및 수입 현황]

년도	처리 건수	택배 수입
2011년	36.7	758.0
2012년	56.9	1,055.3
2013년	91.9	1,441.7
2014년	139.6	2,045.4
2015년	206.7	2,769.6
2016년	312.8	3,974.4
2017년 상반기	173.2	2,181.2
2017년 (예상)	423.0	5,165.0

[2016년 1인당 연간 택배 사용량]

년도	택배 사용량	택배 사용비
2011년	2.7건	56.3위안
2012년	4.2건	77.9위안
2013년	6.8건	106.0위안
2014년	10.2건	149.5위안
2015년	15.0건	201.5위안
2016년	22.6건	287.4위안

[출처 : 중국 우정국]

2016년 10월 27일 중국 택배업체 중통택배(中通快递 ZTO)는 뉴욕 증권거래소에 상장하며 알리바바 이후 중국 기업으로는 최대 규모의 자금 조달(13억 달러)를 만들어냈다. 1980년대 중반 중국의 택배 시장이 형성되기 시작하던 시기에는 외국 업체인 DHL, FedEx, UPS 등 세계 1~3위 글로벌 택배업체가 전 세계 택배 물량을 장악하였다.

현재 중국 내 택배업체 1위 기업인 순펑(順丰 SF)과 2위 중통中通은 중국 우정국 EMS와 택배 시장을 놓고 경쟁을 하고 있으며, 알리바바阿里巴巴, 징둥京东, 쑤닝苏宁 등 전자상거래 업체들이 택배 사업에 진출하였으며, 알리바바는 2013년 순펑順丰, 통다그룹通达과 협력회사를 설립했으며, 징둥京东, 쑤닝苏宁은 자체 택배 시스템을 구축하며 택배 시장에서 치열하게 경쟁하고 있다.

▶통다(通达)그룹: 중통(中通)택배, 원통(圆通), 신통(申通), 백세후이통(百世汇通), 윈다(韵达) 택배회사를 계열사로 두고 있음.

중국 우정 EMS는 2001년 전국을 대상으로 국내 소포 택배를 시작했으며, 기타 택배업체들은 1993년부터 전국 서비스를 시작하여 중국의 국제 택배 시장 점유율은 DHL, FedEx, UPS, TNT, 중국 우정 EMS가 높은 점유율을 보이고 있다. 단, 중국 내 택배 시장은 중국 정부의 영업 규제로 외자 기업들은 활발하게 활동을 못하고 있다.

[중국의 택배산업 연도별 발전 현황]

년도	주요 사항
1979년	중국 대외무역운수총회사와 일본의 OCS가 합자사 설립(중국 최초 택배, 국제택배 시작)
1980년	중국 우정 국제택배 업무 시작
1985년	중국 우정속달총국(EMS) 설립
1986년	중국 대외무역운수총회와 DHL이 5:5로 합작 중외운도호 설립 우정법 제정: 우편이나 우편 성질의 물품 배송은 중국 우정기업이 독점하도록 규정
1993년	션통택배와 순평택배 설립
1999년	대전연방(DTW-FedEx) 택배사 설립
2001년	중국 WTO 가입
2004년	UPS, 중국 대외무역운수총회에 중국 23개 도시 국제택배사업권 매입
2005년	WTO협정에 따라 중국 우정이 독자 경영하던 물류와 택배 기업에 외자 투자 허용
2006년	FedEx, 중국 합자사의 국내 택배 물류망과 업무 자산 매입
2008년	택배 서비스 우정산업표준, 택배 시장 관리 방안 제정
2009년	택배 업무 경영 허가 관리 방안 제정

년도	주요 사항
2011년	DHL, 중국 내 택배 시장 철수(국제택배는 유지) FedEx, UPS 중국 내 택배 업무 승인 FexEx : 상하이, 광저우, 선전, 항저우, 텐진, 다롄, 정조우, 청두(8개 도시) UPS : 상하이, 광저우, 선전, 텐진, 시안(5개 도시)에서 중국 내 택배 허가를 받았음.

[출처 : 바이두, 네이버 검색 정리]

중국의 택배업체들은 해외시장으로 확장하고 있으며 순펑은 2009년부터 미국과 유럽 등지에 글로벌 네트워크를 구축하고 있다. 2015년 天天快递을 설립하여 해외지사 8곳, 해외 공장 14곳, 글로벌 전용라인 7개를 두고 있다. 그리고 위안통은 2016년 18곳의 해외 프랜차이즈 사업을 시작하고 태국과 러시아에도 지점을 열고 11개의 수출 라인을 개통했다.

[2016년 택배 상장회사 영업 현황(2016년 기준)]

구분	순펑(順丰SF)	위안통(圓通)	선통(申通)	윈다(韵达)
매출액(억 위안)	574.8	168.2	98.8	73.5
순이익(억 위안)	41.8	13.7	12.6	11.8
택배 업무량(억 건)	25.8	44.6	32.6	32.1
임직원(만 명)	12.4	2.2	0.8	1.0
관련종사자(만 명)	40		30	
영업점(만 개)	1.3	3.8	2.0	2.0

[출처 : 바이두]

중국 택배 시장의 규모는 전자상거래의 폭발적 성장과 중국 정부의 지원 등으로 2017년 기준 5165억 위안(약 87조 원)으로 성장하였으며 택배산업을 통해 500만 명의 고용 창출을 하였다. 그러면서 매년 100만 명이 신규 일자리를 창출하였고 단순한 노동력 위주의 중국 택배가 최근 드론, 로봇, 빅데이터 등을 이용한 최첨단 서비스로 변신하고 있으며 국가 산업 발전에 기여하고 있다.

중국의 택배 시장은 전자상거래 시장의 활성화에 힘입어 꾸준한 성장세에 있으며 적극적인 글로벌 개척, 주식상장을 통해 글로벌 기업으로 거듭나고 있다. 우리 한국 기업들도 중국 택배 기업과의 제휴, 해외 동반 진출을 통한 상호 협력을 유치해야 하며, 중견 택배에 지분투자를 통한 적극적인 협력관계를 구축하고 상호 성장할 수 있는 수익모델을 만들어 갈 수 있도록 해야 한다.

여행 기업편

중국의 해외여행 지출 규모는 미국과 독일을 제치고 세계 1위로 중국의 경제성장과 개인소득의 증가로 중국 국내 및 해외여행 규모가 지속적으로 성장하고 있다.

[중국 여행업 성장]

구분	시기	주요 이슈
태동기	1978년~1989년	개혁, 개방으로 인한 여행업 시작
도입기	1990년~1994년	중국인의 해외여행 도입 외국인의 중국여행 도입
성장기	1995년 ~	민영 여행사 경쟁 도입

2000년 이후 중국의 해외 여행객은 매년 10% 이상 증가하고 있으며 2003년 사스와 2009년 신종플루로 인해 해외 여행객 증가율이 하락했으나 2016년 국내 여행시장 여행자 수는 44.4억 명, 수입액은 3조 9400억 위안, 전년 대비 11%, 15.2% 각각 성장하였다. 외국인 중 국내 여행자 수는 1.38억 명, 수입액은 1200억 달러, 전년 대비 3.5%와 5.6% 성

장하였으며 중국인의 해외 여행객 수는 1.22억 명, 여행경비는 1098억 달러로 전년 대비 4.3%, 5.1% 각각 성장하였다. 2016년 여행업 총수입액은 4조 6900억 위안으로 전년 대비 13.6% 성장하였다.

[2016년 중국 여행업 현황]

구분	인원수	수입	인당 평균경비
중국 국내여행	44.4억 명	3조 9400억 위안	888.2위안
외국인 중국여행	1.38억 명	1200억 달러	
중국인 해외여행	1.22억 명	1098억 달러	

[출처 : 중국여유국 http://www.cnta.gov.cn/zwgk/lysj/201711/t20171108_846343.shtml]

중국여행발전협회와 중국여행연구원에서 발표한 2016년 중국여행그룹 중 선호도 상위 10개 업체는 아래와 같다.

[2016년 선정 10대 중국 여행사 현황]

순위	여행사	홈페이지
1	携程旅游集团	중국 최고의 온라인 여행사 http://www.ctrip.com/

순위	여행사	홈페이지
2	中国旅游集团公司	중국 국유기업, 중국 최대 여행사 http://www.hkcts.com/
3	海航旅业集团有限公司	http://www.hnagroup.com
4	锦江国际(集团)有限公司	http://www.jinjiang.com
5	同程网络科技股份有限公司	https://www.ly.com
6	华侨城集团公司	http://www.chinaoct.com/
7	北京首都旅游集团有限责任公司	http://www.btg.com.cn
8	万达旅游控股公司	http://www.wanda.cn
9	开元旅业集团有限公司	http://www.kaiyuangroup.com
10	南京金陵饭店集团有限公司	www.jinlingholdings.com

[출처 : 중국여행협회, 중국여행연구원 정리]
http://www.chinairn.com/hyzx/20161206/144110178.shtml

1. 중국 여행업계 현황

1) 씨트립 携程 (Ctrip) www.ctrip.com

중국 최고의 온라인 여행사로 중국국제여행사, 중국청년여행사와 함께 중국 3대 여행사로 2010년 인터넷 여행사 최초로 중국 10대 여행사로 진입하였다.

씨트립은 1999년 상해에서 창업하여 호텔 예약, 항공권 구매, 여행상품 판매, 기차표 판매 및 여행 자문에 이르기까지 여행 관련 전방위 서비스를 제공한다. 중국 온라인 여행시장에서 50% 이상의 점유율을 차지하며 2003년 나스닥에 상장하였으며 중국 인터넷 100대 기업 중 9위를 차지하였다.

2016년 연간 매출 192억 위안(28억 달러) 전년 대비 76% 증가하였으며 호텔 등 숙박비 예약 수입액 73억 위안(11억 달러)으로 전년 대비 58% 증가하여 미국회계기준 21억 위안의 이익을 달성하였다.

기업명칭	携程旅行网	회사형태	민영기업
영문명칭	CTRIP	연매출액	192억 위안(2016년)
본사위치	中国 上海	홈페이지	www.ctrip.com
경영범위	호텔, 기차표 예약 입장권 예약 등		

[출처 : 바이두 정리]

2) 중국국유 (CITS)

중국국유그룹회사 중국국제여행사는 1954년 설립되어 여행 기업 중 최대 기업으로 2001~2003년 3년 연속 중국 500대 기업에 들어갔으며 중국 여행사 기업 중에는 제 1위 기업이다. 전국에 122개 자회사

및 회원사, 전 세계 1,400여 개 여행사들과 제휴 관계를 맺고 있다.

기업명칭	中国国旅	경영범위	여행
영문명칭	CITS Group Corporatiom	회사성격	국유기업
본사위치	중국 북경	약칭	中国国旅 CITS
성립시기	2004년 11월	홈페이지	www.citsgroup.com.cn/

[출처 : 바이두 정리]

https://baike.baidu.com/item/%E4%B8%AD%E5%9B%BD%E5%9B%BD%E6%97%85?fromtitle
=%E4%B8%AD%E5%9B%BD%E5%9B%BD%E9%99%85%E6%97%85%E8%A1%8C%E7%A4%B
E&fromid=5305607

중국국제여행사의 매출 중 가장 큰 비중을 차지하는 것은 인, 아웃
바운드와 국내 여행 서비스 업무로 매출의 60%를 차지한다.

상품	비중	비고
아웃바운드	32%	
인바운드	7%	
면세품 판매	32%	
국내여행	21%	
기타	8%	

3) 중국청년여행사 CYTS 中青旅控股股份

중국청년여행사는 1997년 11월에 창립되었다. 1997년 12월 3일 상해 증권시장에 상장하였으며 현재 총자본은 4억 위안이다.

여행사 최초로 중국 증시에 상장한 기업으로 중국청년여행사는 여행 서비스 외에도 전시회 서비스, 관광지 경영, 호텔 운영, 부동산 판매 등 다양한 분야에서 매출이 발생하고 있다.

중문명칭	中青旅	홈페이지	www.aoyou.com
영문명칭	CYTS	본사위치	중국 북경
성립시기	1997년 11월 26일	업종	여행
소속회사	钟情旅控股股份有限公司		

[출처 : 바이두 정리]

[매출 비중]

상품	비중	비고
여행 서비스	40%	
기업 전시회 서비스	15%	
부동산 판매 수입	17%	
IT 상품 및 기술 서비스	16%	
기타	2%	

4) 취나Qunar

　중국 최대의 여행 관련 가격 비교 사이트로 IT 부문의 강점을 통해 협력 여행사에 기술 방면의 솔루션 제공. 취나는 개별 여행사의 상품들을 수집해서 제공하는 역할만 할 뿐 실제 거래에는 관여하지 않는다.

　125,000여 개 항공노선, 468,000여 개 호텔, 186,000여 가지 여행상품을 예약할 수 있도록 지원하고 있다. 2011년 바이두가 3억을 투자하면서 최대 주주로 등극하였다.

인터넷명칭	去哪儿	본점	북경
성립시기	2005년 2월	주요업무	여행 비교 사이트
홈페이지	www.qunar.com		

2. 우리 여행업계와의 협력 방안

　2013년 중국 여행객은 일본 여행객을 제치고 한국을 가장 많이 방문한 국가 1위를 차지했다. 한국으로 많은 중국인들이 찾아 왔으나

2016년부터 시작된 사드 갈등으로 중국 여행객의 급격한 감소로 한국 관광 시장은 많은 어려움을 겪게 되었다. 이로 인해 한국 정부와 여행업계는 여행 국가의 다양화를 추구해야만 한다는 의견이 많이 나오고 있으나 중국 여행객은 포기할 수는 없는 시장이며 지속적으로 함께 가야만 하는 시장이다.

이를 위해 한국 여행업계는

① 중국 여행업체와의 다양한 제휴 (1선보다는 2, 3선 도시 여행사와 제휴)

② 개별 여행객에 대한 다양한 여행 상품구성 및 홍보 [중국 인터넷 여행사 홍보(개별 여행, 테마 여행상품 등)]

③ 인접 국가(일본, 태국 등)와의 제휴상품 구성으로 한국 경유+일본, 태국 관광 등 다양한 관광상품 개발 등을 통해 지속적인 개별 상품, 제휴상품, 여행 콘텐츠를 제작, 개발한다면 한국 여행업계는 더 한층 업그레이드될 것이다.

9

홈쇼핑 기업편

■ **중국 홈쇼핑 시장의 현황**

중국의 TV홈쇼핑은 아직 발전 초기 단계에 머무르고 있지만 2009년 이래 연평균 50% 이상씩 성장하며 밝은 전망을 보이고 있다. 중국의 중산층 가구가 증가함에 따라 중국 TV홈쇼핑 시장도 지속 성장할 것으로 예상되며, 중국 합자 TV홈쇼핑인 동팡CJ, GS홈쇼핑, 롯데홈쇼핑 등의 한국 홈쇼핑 업체를 통한 한국의 생활용품, 유아용품, 뷰티용품 등이 중국 내 홈쇼핑을 통한 판매가 증가할 것으로 예상된다.

[중국 TV홈쇼핑의 성장]

구분	시기	주요 이슈
태동기	1992년	광동 주강TV 방송국 홈쇼핑 광고
도입기	1996년	베이징TV가 홈쇼핑 전용 채널 개설
성장기	2014년	34개 홈쇼핑 업체 홈쇼핑 연맹 설립(산업자율공약 발표)

1. 중국 홈쇼핑의 특징

중국의 방송구조는 공중파 및 위성 TV를 지역 방송국에서 유선 TV로 재전송하는 형태로 홈쇼핑 시장은 구체적인 정보를 제공하는 상업광고인 인포머셜informacial과 전통 홈쇼핑 방식인 프로그램 제작 방식 그리고 일반 TV홈쇼핑 유형이 혼합 운영되고 있으나 한국의 TV 홈쇼핑 운영방식이 확대되고 있다.

[중국 홈쇼핑 운영 방식]

	인포머셜	전통 홈쇼핑
제품	가전제품, 아이디어제품	다양한 상품 군
채널	위성채널 위주	공중파 케이블 채널
방송 시간대	불특정 시간대 늦은 밤 혹은 오후	일정한 시간대를 확보해 방송
제품별 방송시간	5분 내외	30분 내외
대표 기업	Acom, Seven star	동팡CJ, 후난콰이러 쇼핑

2. 중국 내 TV홈쇼핑 기업

중국 내 TV홈쇼핑 기업은 중국 광전총국(방송통신위원회)의 라이선스 취득 여부에 따라 중국 전역을 방송할 수 있는 국영 TV인 CCTV 를 포함한 11개사와 중국 성, 시 등에 방송을 내보낼 수 있는 23개의 홈쇼핑사(2016년 기준)들이 있으며 총 매출은 366억 위안(한화 6조 822억 원)을 기록하였다(출처 한국무역협회 성도지부). 중국의 TV홈쇼핑 채널은 전통적인 오프라인 소매업인 백화점(1.5%)에 비해 높은 이익률(9.0%)을 기록하고 있으며 인터넷과 결합하여 지속적으로 변화하고 있다.

[출처 : abide http://www.china-10.com/china/4844ds_index.html]

[중국 전역 방송 가능한 라이선스 보유한 홈쇼핑 업체]

홈쇼핑 업체	주요 지역	주요 내용
동팡CJ	상하이	상하이 원광신문미디어그룹과 한국 CJ오쇼핑 합작
후난콰이러 쇼핑	후난	후난 위성 TV가 운영하는 홈쇼핑
하오샹 쇼핑	쟝쑤	쟝쑤성 방송총국 계열 홈쇼핑
쫑스 쇼핑	베이징	중국 국영 TV방송국 CCTV에서 운영
양광 쇼핑	베이징	중국 국영 라디오 방송국(CNR)에서 운영
여우 쇼핑	산시	한국 GS쇼핑이 투자
상하이 현대 쟈요우 쇼핑	구이저우	구이저우 쟈요우쇼핑 동팡 이푸, 한국 현대홈쇼핑 합자로 설립
쟈쟈 쇼핑	안후이	

[출처 : CNNC]

3. 중국의 지역별 TV홈쇼핑 업체 현황

　중국은 동북, 화북, 서북, 서남, 화중, 화남, 화동지역으로 상권을 구분하여 마케팅을 진행하며 이중 화동지역(상하이, 장쑤성 등)이 가장 먼저 발전하였다.

4. 한국 기업의 중국 홈쇼핑 진출 현황

　중국 내 외국 기업은 〈외국인 투자 관리법〉에 따라 합자, 합작 형태로만 홈쇼핑 사업을 할 수 있다.

년도	주요 내용	비고
2003년	현대홈쇼핑 중국 진출	
2004년	CJ오쇼핑 중국 진출	상하이 개국
2005년	GS샵 중국 진출	
2007년	현대홈쇼핑 광저우 홈쇼핑 사업 중단	
2009년	중국 정부가 이노머셜 홈쇼핑 영업을 금지하면서 GS샵 철수	
2010년	롯데홈쇼핑 중국 진출	럭키파이(Lucky Pai)지분 63.2% 인수
2011년	현대홈쇼핑, 중국 전역 홈쇼핑 라이선스를 보유한 쟈요우 쇼핑과 합자 법인을 설립하며 중국시장 재진출	상해현대가유홈쇼핑(가칭) 현대홈쇼핑 35% 가유홈쇼핑, 동방이후 각각 33%, 32%
2012년	GS샵, 차이나홈쇼핑그룹 지분 인수하여 중국 시장 재진출	

[출처 : CNNC]

■ 홈쇼핑 기업

1. 둥팡CJ (东方CJ)

상해를 대표하는 동방CJ는 CJ오쇼핑이 중국을 대표하는 상하이미디어그룹(SMG Shanghai Media Group)과 손잡고 2004년 4월 CJ오쇼핑이 15.84%를 투자한 기업으로 상하이, 난징, 우한지역에 방송을 내보내고 있으며 6500만의 가시청가구을 확보하였고 연매출은 82억 위안(약 1조 6000억 원)이며, 주요 판매 제품은 주방용품, 화장품, 가전제품 등이 있다.

2. 유고홈쇼핑(UGO 优购物) www.17ugo.com

북경, 화베이 등을 대표하는 유고홈쇼핑은 2008년 오픈 후 2012년 GS홈쇼핑과 차이나홈쇼핑그룹(China Hon=me Shopping Group)이 합작한 회사이다. 2015년 기준 6,896억 원의 매출을 이루었고 주요 판매 제품은 가정생활용품, 패션, 뷰티제품이며 유고의 가시청가구 수는 8500만 가구가 넘어가고 있다.

3. 환치우(GHS 环球购物 Global Home Shopping)

　　GHS(环球购物 Global Home Shopping)는 중국의 3대 홈쇼핑 회사로 북경에 위치하고 있으며 2009년 설립하여 연매출 16억 위안(약 3200억 원)으로 북경을 중심으로 가시청가구 수는 1억 가구이다.

■ 우리 기업의 진출 전략

　　중국의 홈쇼핑은 다른 국가와는 달리 TV홈쇼핑이 일종의 언론으로 분류되어 진입장벽이 높으며 인허가가 까다로워 직접 진출이 어려운 상황이다.

　　중국 TV홈쇼핑은 약 1억 6천 가구가 시청 중인 인터넷 TV의 빠른 보급으로 새로운 쇼핑 수단으로 성장하고 있으며, 중국의 두 자녀 정책과 노인 인구의 급속한 증가로 건강, 유아, 헬스, 뷰티 등의 제품 수요가 빠르게 증가하고 있으며, 해외의 질 좋은 제품을 구매하기 위해 홈쇼핑에서 해외직구 제품을 취급하기 시작하면서 중국의 TV홈쇼핑 시장은 꾸준히 성장하고 있다.

　　이를 위해 우리 기업은 자사의 우수한 제품홍보 동영상 콘텐츠를 제작하여 중국의 모바일 앱, 웨이상(중국판 카카오톡인 모바일 메신저 웨

이신을 통해 활동하는 소매상)을 통해 자사 제품을 노출하여 다양한 채
널을 접근하여 회원 수 확보와 홍보를 지속하면서 제품의 인지도를
높이고 이를 바탕으로 TV홈쇼핑을 통해 수출할 수 있도록 하여야
한다.

주류 기업편

■ 중국 주류 시장의 현황

중국의 주류 시장은 백주白酒, 맥주啤酒, 와인葡萄酒 시장으로 크게
나누어 볼 수 있다. 현재 중국의 와인 시장은 고소득, 고학력, 젊은
소비자를 중심으로 지속적으로 발전하고 있으며 백주 시장도 젊은
층을 대상으로 디자인, 제품의 향 등 질적 변화를 추구하면서 성장
과 발전을 거듭하고 있다. 또한 중국의 맥주 시장은 10년 연속 전 세
계 소비량 1위를 지속하지만 끊임없는 규모의 경쟁을 하고 있다.

[중국 백주白酒 시장 발전 현황]

구분	시기	주요 이슈
1단계	1949년~1978년	10.5만 톤 생산- 143만 톤 생산, 계획 생산
2단계	1978년~1996년	1996년 801만 톤 생산, 매년 50% 성장, 시장 경제 생산
3단계	1997년-2017년	시진핑의 3공경비(해외출장, 관용차, 접대비(고급 술)) 금지정책으로 백주 시장의 정체화

[중국 맥주啤酒 시장 발전 현황]

구분	시기	주요 이슈
1단계	1900년~1906년	독일인 칭다오맥주 공장 설립, 1906년 뮌헨 맥주 페스티벌에서 1위 차지
2단계	1949년~1978년	정체기
3단계	1980년-2017년	연평균 30% 성장, 1988년 중국 전역 813개 맥주공장에서 622만 킬로리터 생산, 2002년 맥주 생산대국 1위

[중국 와인葡萄酒 시장 발전 현황]

구분	시기	주요 이슈
1단계	2001년~2012년	고소득, 고학력 중심으로 소비 시장 발생
2단계	2012년~2017년	중국 내 500개 주조업체 생산 와인 시장의 지속적인 성장으로 외국 브랜드와 경쟁 중

1. 중국 주류 시장의 특징

중국의 주류 시장은 오랜 역사를 가진 백주白酒 시장이 주도하였으나 1978년 개혁개방 이후 맥주 시장의 지속적인 성장으로 중국 주류 시장이 나누어졌고 수많은 주류 기업이 생겨나면서 브랜드도 다양화되었다.

(억 위안)

순위	기업명	종류	지역	브랜드 가치
1	마오타이	백주	구이저우	748
2	우량예	백주	쓰촨	713
3	칭다오	맥주	산동	412
4	화룬쉐화	맥주	베이징	402
5	옌칭	맥주	베이징	372
6	양허다취	백주	장쑤	322
7	루저우라오자오	백주	쓰촨	281
8	랑주	백주	쓰촨	222
9	시펑주	백주	산시	213
10	구장궁주	백주	안후이	209

[출처 : 중국주류유통협회, 중화브랜드전략연구원 2012년 기준]

2. 중국의 명주

중국에는 오래된 역사만큼 다양한 종류의 술을 전국 평주회评酒会를 통해 중국 정부 주도로 8대 명주, 10대 명주 등을 선정하고 있다.

	명주 명	특징
1	마오타이지우 茅台酒	기원전 135년 한무제 이전의 오랜 역사를 가진 술. 300여 가지 성분이 향기를 만들고 고량을 누룩으로 9~10개월 동안 여덟 번 발효시키며, 아홉 번 증류하여 생산한 후에 4년의 저장 기간을 거친다.
2	우량예 五粮液	명나라 초 진(陈) 씨라는 사람이 제조한 것으로 전해지 며 수수, 찹쌀, 백미, 밀, 옥수수 등 다섯 종류의 곡물로 양조한다고 하여 우량예라고 한다.
3	양허따취 洋河大曲	1300여 년 전 중국 장쑤성에서 제조되기 시작하였으며 수수를 발효하여 증류한 후 저온의 토굴에서 장시간 발 효한 술이다.
4	루저우라오지 아오 泸州老窖	1573년 명나라 때부터 사용하던 양조장을 사용하고 있 으며 술은 은은한 향을 지니면서도 달콤하고 깔끔한 맛 으로 유명한 술이다.
5	펀지우 汾酒	역사가 4000년이 넘는 술로, 현재 펀지우는 1500여 년 전 남북조시대부터 샨시성에서 생산되고 있다. 고량, 대맥, 완두로 누룩을 만들어 발효시키고 항아리에서 증류 후 배합한다. 부드럽고 시원하며 단맛이 난다.
6	랑지우 郎酒	북송 시기 쓰촨성 랑천(郎泉)의 물로 술을 빚어 마시던 것이 전해진다. 랑천의 청정수로 빚었기에 취해도 목이 마르지 않는다는 특징이 있다.
7	구징꽁지우 古井贡酒	위왕 조조는 동한 말에 헌제에게 자신의 고향 古井이라 는 우물에서 빚어졌던 술로 전해진다. 명나라 만력황제 때 구징의 술을 황제에게 바쳤더니 황제가 그 맛에 감 탄하여 그때부터 이름을 구징꽁지우(古井贡酒)라고 불 렀다고 전해진다. 난초 향과 비슷한 향이 나는 특징을 가진 구징꽁지우는 술 중의 모란이라고 한다.
8	시펑지우 西凤酒	당나라 고종이 마신 후 극찬한 술로 시고, 달고, 쓰고, 맵고 향기로운 다섯 가지의 맛이 복합적으로 난다는 특 징이 있다. 수수를 주원료로 하고 시펑의 샘물을 사용하여 보리와 완두로 누룩을 만든 후 증류시키고 3년 정도 숙성시킨 후 판매된다.

	명주 명	특징
9	꾸이저우동지우 贵州董酒	문화대혁명 시기에 양조장이 파괴되었다가 1975년 재생산된 술로 고량을 원료로 130여 종의 약재를 첨가한 누룩을 이용하여 빚는다. 상쾌한 향기와 깔끔한 뒷맛으로 유명하다.
10	지엔난춘지우 剑南春酒	당나라 시기 이백의 고향이자 술로 유명했던 쓰촨성미엔주현에서 전해진 술이다. 수수, 쌀, 찹쌀, 옥수수, 밀을 원료로 하여 만든 누룩으로 만든 술로 향이 매주 진하여 여운이 길게 남는 술이다.

[출처 : 바이두]

▲ 모태주 (출처 : http://conpaper.tistory.com/29002)

▲ 오량액(출처 : http://visitbeijing.or.kr/article.php?number=17748)

▲ 양하대곡(출처 : http://www.juntsu19.net/mall/goods.asp?id=439)

▲ 노주노조(출처 : http://www.zjmj88.com/goods.php?id=143)

▲ 분주(출처 : https://www.synotrip.com/fenyangi/datong-pingyao-guide/fenjiu-liquor%E6%B1%BE%E9%85%92)

▲ 랑주(출처 : http://www.baike.com/wiki/%E9%83%8E%E9%85%92)

▲ 고정공주(출처 : https://www.pinterest.co.kr/pin/332281278732702699/)

▲ 서봉주(출처 : http://www.linban.com/470000/468737.shtml)

▲ 귀주동주(출처 : http://xiangmu.9978.cn/105039)

▲ 검남춘주(출처 : http://www.jiu18.com/cn/panpai/ppshow_10.html)

■ 주류 기업

1. 구이저이마오타이贵州茅台酒

　　마오타이주茅台酒는 중국 3대 명주 茅五剑(茅台酒, 五粮液, 剑南春酒) 중의 하나이며 중국의 국주로 800여 년의 역사를 가지고 있다. 2017년 6월 6일 〈2017년 브랜드 100강〉 중 64위를 차지하였으며 중국 최고의 술이다.

회사명칭	贵州茅台酒股份有限公司	회사성격	상장기업
영문표기	Kweichow moutaiCo.Ltd	회사구호	国酒茅台
본사위치	贵州省遵义市茅台镇	회사문화	健康永远国酒永恒
경영범위	고량백주생산기업		

[출처 : 바이두]

https://baike.baidu.com/item/%E8%8C%85%E5%8F%B0%E9%85%92

2. 이반우량예宜宾五粮液

이반우량예는 2016년 8월 중국 500대 기업 중 208위를 차지하였다.

회사명칭	五粮液集团有限公司	회사구호	开拓, 创新, 竞争
영문표기	Wuliangye Group Co.Ltd	연매출	350.3亿元 (2009年)
본사위치	四川省宜宾市	종업원 수	30000人
성립시기	1997年 8月 19日	상장시장	深圳交易所
경영범위	酒精及饮料酒制造业	상장번호	000858
회사성격	国有独资	자본금	11941万元

[출처 : 바이두]

https://baike.baidu.com/item/%E4%BA%94%E7%B2%AE%E6%B6%B2%E9%9B%86%E5%9B
%A2%E6%9C%89%E9%99%90%E5%85%AC%E5%8F%B8/2438890?fromtitle=%E5%AE%9C%E5
%AE%BE%E4%BA%94%E7%B2%AE%E6%B6%B2&fromid=8292419&fr=aladdin

▣ 시사점

80년대 출생인구는 약 2억 8000만 명, 90년대 출생인구는 1억 2000
만 명 대략 총 4억 명의 출생자들은 현재 중국의 경제 주력 세대로 개혁 개방 이후 출생한 그들은 중국 소비의 주체이며 새로운 문화에 대한 호기심과 다양성을 추구한다. 또한 자신을 돋보이게 하고 편리성을 가져다 줄 제품을 선호한다. 이들을 목표로 한 주류 기업의 마케팅은 점차 치열해 지고 있다.

백주 업체는 기존의 전통적 이미지를 탈피하여 젊은 소비자들을 잡기 위해 자신들의 이미지 혁신으로 디자인 변화와 품질을 향상시키는 등의 노력을 하고 있다.

■ 젊은층을 대상으로 판매되는 바이주江小白

가격 : 20위안(한화 3500원), 도수 : 40~50도 2016년 3억 병 판매

[출처 : 바이두 정리]

또한 대륙의 와인 소비가 증가함에 따라 홍콩 정부는 2008년 2월 와인에 부과하던 세금을 전면 폐지하였고, 그 결과 와인 수입량이 16억 홍콩달러에서 2016년 120억 홍콩달러로 10년 만에 약 7배 가까이 성장했다.

2017년 11월 9일 홍콩 정부는 홍콩에서 중국 본토로 재수출하는 와인을 중국의 모든 관세 구역에서 즉각 통과하는 시스템을 마련해 2017년 11월 9일부터 발효한다고 발표했다. 홍콩을 와인 시장의 허브

로 만들겠다는 야심 찬 계획이며 대륙의 와인 시장을 잡기 위해 노력하고 있다.

맥주 시장은 설화雪花, 옌징燕京, 청도青島 등 맥주 업체들이 포화된 시장을 타개하기 위해 브랜드 간의 M&A가 치열해지고 있다. 세계 주류 시장을 불러 모으는 중국 주류 시장을 우리 주류 기업들은 다각적인 측면 (주류별, 브랜드별, 지역별)에서 조사 연구하여 커지는 중국 주류 시장을 공략해야 할 것이다.

게임 기업편

11

■ 중국 게임 시장의 현황

중국의 게임 시장 규모는 미국을 넘어서 1위를 기록하였다(2017년 말 기준) "2017년 중국 게임산업 보고 IDC(국제디지털 회사)에 의하면 2017년 중국 게임 시장의 규모는 2,036억 위안(2017년 총 매출액)을 달성하면서 전년 대비 23% 증가하여 세계 게임 시장의 1/3로 세계 최

대 규모의 시장이 되었다.

중국의 게임 시장은 모바일 시장의 확대에 따른 모바일 게임 시장
이 지속성장하고 있으며 2017년 기준 57%를 차지하고 있으며 단말
기 게임 시장이 전체의 32%를 차지하고 있다(中国游戏产业报告2017).

게임 시장	총 매출액	시장 규모
모바일 게임	1,161억 위안	57%
단말기(클라이언트) 게임	648억 위안	32%
홈페이지(웹) 게임	156억 위안	7.6%
가정용(콘솔) 게임	13억 위안	0.7%

[출처 : 中国游戏产业报告2017]

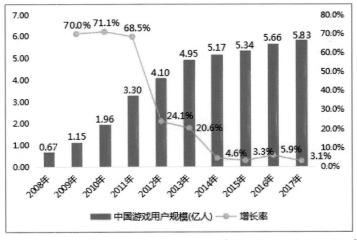

[출처 : 中国游戏产业报告2017]

■ 중국 게임 시장 발전현황

중국의 게임 시장을 3단계로 분류하면 1단계 PC 클라이언트 게임, 2단계 브라우저 게임의 부상을 통하여 게임 사용자의 숫자가 증가하였으며 2000년대 초·중반 게임 시장이 성장하였고, 텐센트와 같은 대규모 게임 업체들이 한국산 PC 클라이언트 및 웹 게임을 내수 시장에 공급하면서 중국 게임 시장을 넓히게 되었다. 3단계는 모바일 게임으로 전체 게임산업의 패러다임을 바꾸면서 중국 게임산업이 발전 성장하게 되었다.

[게임 산업의 발전사]

구분	년도	주요 내용
1단계	1998년~2002년	PC 클라이언트 게임 시장
2단계	2003년~2012년	텐센트와 같은 대규모 게임 업체들이 한국산 PC 클라이언트 및 웹 게임을 내수시장에 공급
3단계	2012년~현재	모바일 게임이 게임 산업의 패러다임의 변화 주도

■ 중국 게임 시장의 특징

1. 중국산 개발 게임의 증가

중국 게임산업은 주로 모바일 게임, 클라이언트 게임, 웹 게임 등을 운영하는데 그 중 모바일 사용자의 증가로 모바일 게임의 증가가 두드러지고 있다.

중국이 허가한 게임은 약 9,800개로 그 중 중국 현지 출시 게임은
약 9,310개, 외국에서 수입한 게임은 약 490개이다.

[중국 국가 허가 게임 현황]

구분	수량
중국산 개발 게임 수	약 9310개
외국산 수입 게임 수	약 490개
총 계	약 9800개

[출처 : 2017 中国国家新闻出版广电总局]

2. 중국 게임 시장의 해외 진출 증가

2017년 중국 게임의 해외 매출 규모는 82.8억 달러를 달성하였으
며 이는 2012년 5.7억 달러 수준 14배 성장하였다.

[출처 : 中国游戏产业报告2017]

3. 중국 게임 유저의 증가

2008년 게임 인구는 6700만에서 2017년 게임 인구는 현재 5.83억 명으로 증가한 상황이며 스마트폰 보급의 영향으로 쉽게 즐기는 모바일 게임 유저의 증가가 지속되고 있다.

[출처 : 中国游戏产业报告2017]

4. 기타 시장

VR 시장의 규모는 현재 게임 시장에서 꾸준한 성장세를 보이고 있으며 2020년 550억 위안을 초과 달성할 것으로 예상되고 있다. 2013년 국무원의 콘솔게임기 및 게임 타이틀의 중국 판매를 허용(상하이 자유무역지대 내)하면서 중국 내 콘솔게임 시장의 성장이 예상된다.

■ 중국 게임 기업

1. 텐센트 Tencent 腾讯

중국 최대의 인터넷 회사로 1998년 11월, 마화팅 외 4명이 중국 심천에서 창업한 회사로 중국 내 소셜네트워크 QQ/Wechat으로 성장하였다.

텐센트게임즈는 텐센트의 4대 인터넷 사업 부문의 하나이며, 중국 최대 게임 퍼블리싱회사로 QQ 메신저의 탄탄한 유저를 바탕으로 '코로스파이어', '던전앤파이터' 등의 한국 온라인 게임을 서비스하면서 중국 게임 시장의 선두가 되었다. 게임과 커뮤니티 서비스 수익이 전체 매출의 73%를 차지하며 게임 시장의 53%를 점하고 있다 (2012년 기준).

회사명칭	深圳市滕讯计算机系统有限公司 Tencent	자본금	6500만 위안
본사	중국 심천	홈페이지	www.tencent.com
창립시기	1998년 11월 11일	세계 500위	478위안(2017년)
경영범위	인터넷	법정대표	马化腾
연매출액	1519억 위안(2016년)	종사자 수	40678명(2017년 8월)
주가	465.2위안(2018년 3월)		

2. 넷이즈 Net Ease 网易公司

　　1997년 6월에 창업한 인터넷 회사로 2017년 541억 위안의 매출을 달성하였으며 중국 내 인터넷 기업 100위에 속하는 기업이다.

　　중국 최초로 자체 개발한 온라인 게임 '대화서우'를 선보이면서 인기를 얻었으며 미국 블리자드사와 합작으로 2009년 월드오브워크래프트의 중국 독점 퍼블리셔로 선정되면서 게임 선두 기업이 되었다.

회사명칭	网易公司 NetEase	연매출	541억 위안(2017년)
본사	중국 광저우	창업자	丁磊
창립시기	1997년 6월	홈페이지	www.163.com
회사성격	인터넷기술회사		

3. 샨다게임즈 Shanda Games 盛大游戏

샨다게임즈는 매출의 90% 이상이 게임 부문에서 발생하는 게임 전문회사로 1999년 11월 창업 후 한국의 엑토즈소프트, 아이덴티티게임즈 미국의 모처미디어 인수 등 해외시장에 적극적으로 진출하고 있다.

회사명칭	盛大游戏公司	회사성격	发展有限公司
본사	상해	연매출액	75억 위안(2011년)
성립시기	1999년 11월		

■ 우리의 대응 방안

중국의 게임산업은 모바일 유저의 증가, 게임산업의 융합 발전이 가속화되고 있으며, 디지털 엔터테인먼트산업이 다양하게 발전함에 따라 게임은 단순히 게임 자체만이 아니라 애니메이션, 영화, 소설, 캐릭터 등 다른 문화산업과의 융합이 점차 강화되면서 커다란 시장으로 확대되고 있다.

한중 간의 정치적 상황으로 아직까지 중국 내 게임 수출시장이 다소 어려운 상태이고, 중국 토종 게임 기업들의 성장이 빠르게 진행되고 있는 상황이다. 중국으로의 게임 수출이 어려운 상황에서도 한국은 작년 기준 동남아, 유럽 국가를 통한 우회 수출로 게임 시장의 성장은 지속되고 있다.

한국 개발업체들은 어려운 산업 생태계에서도 창의성과 융합성을 발휘하여 지속적인 연구개발과 더불어 정부의 적극적인 지원을 이끌어 낸다면 세계 일류 기업들이 한국의 게임산업에서 탄생할 것이며 중국의 게임 업체들의 한국 게임 시장과의 러브 콜은 시기의 문제로 보여질 뿐이다.

음료 기업편

■ 중국 음료 시장 현황

중국의 음료 시장은 개혁 개방 이후 외국기업들의 생산설비와 기술이 들어오면서 생산량의 증대와 다양한 음료 품목이 늘어나기 시작했다.

2016년 탄산음료 총생산량은 1752만 200톤으로 전년 동기 대비 3.71% 줄었고, 포장용 생수는 9458만 5000톤으로 전년 동기 대비

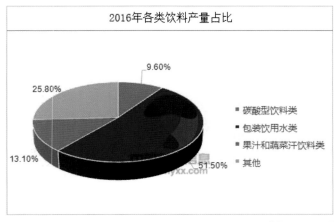

[출처 : 바이두]
http://www.chyxx.com/industry/201708/551180.html

4.42% 증가하였으며. 과일주스와 채소주스는 2016년 2404만 9000 톤으로 전년 동기 대비 1.02% 증가했다(上海医药集团股份).

또한 중국의 소비자들은 산업 성장 과정에서 발생한 개인소득 증가와 환경오염 등으로 인한 개개인의 건강, 웰빙에 대한 관심도가 높아지면서 단순 음료가 아닌 기능성 요소가 가미된 음료, 안전한 식품, 천연·자연 원료식품, 기력 보충 음료, 저지방, 저염, 저당분 등의 건강, 웰빙 음료를 찾는 경향이 높아졌다(출처 사우스차이나모닝포스트 SCMP).

특히 기존 음료 시장에서 탄산음료 시장은 그 동안 증가 추세에서 한 자리 성장률로 저하된 반면에 기능성, 에너지 건강음료의 판매량은 2009년~2015년 평균 13.3% 증가, 판매액의 평균 증가율은 16.59%로 꾸준히 증가하고 있으며 중국의 전체 음료 시장은 2022년에는 8600억 위안의 규모로 증가할 것으로 예상된다(上海医药集团股份).

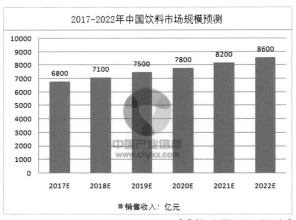

[출처 : 中国饮料产业协会]

http://www.chyxx.com/industry/201708/551180.html

■ 중국 음료 시장의 특징

중국 음료 시장은 자연, 건강을 소재로 한 음료 시장이 크게 확대되고 있으며 건강음료가 음료 시장의 새로운 트렌드로 부상하고 있다.

중국 정부도 3품 전략 즉 브랜드와 비교해 품질과 품종을 성장시키는 전략을 추진하고 있으며, 음료 기업들도 2016년 이후 식물성 단백질, 오트밀 등 영양소 강화 음료, 고부가가치 제품을 출시하고 있다. 또한 바이오 발효기술을 활용한 포장 특화기술을 발전시키고 인터넷을 통한 네트워킹 서비스로 운영 효율과 품질관리를 하고 있다.

중국 제약회사들도 제약회사라는 신뢰감을 내세워 새로운 이윤 창출 방법으로 건강음료 산업에 진출하고 있으며 제약회사들은 '중국 한약재를 이용한 음료' '다이어트·미용 음료' 제조에 진출하고 있다.

1. 중국 기능성 건강음료 증가

중국은 현재 고카페인 제품인 REDBULL(红牛), 에너지 음료인 맥동(脉动), 포카리스웨트(宝矿力水特), 게토레이(佳得乐), 비타민 음료 등의 기능성 제품의 수요가 증가하고 있다.

또한 중국 토종 기업들도 중국의 한약재를 이용한 건강음료를 출시하고 있고 가장 두드러진 음료는 왕라오지王老吉가 주도하고 있다. 토종 건강음료의 80% 이상이 중국 약초를 이용해서 만든 음료이며, 이외 자연, 천연재료 음료 등이 증가하고 있다.

[중국 10대 기능성 음료 순위 (2018년)]

 RedBull红牛 华彬投资(中国)有限公司

 脉动 达能(中国)食品饮料有限公司

 宝矿力水特 大冢(中国)投资有限公司

[华彬投资(中国)有限公司]

[达能(中国)食品饮料有限公司]

[广东健力宝集团有限公司]

 健力宝 广东健力宝集团有限公司

 东鹏特饮 东鹏饮料(集团)股份有限公司

 Gatorade佳得乐 百事(中国)投资有限公司

[农夫山泉股份有限公司]

[东鹏饮料(集团)股份有限公司]

[百事(中国)投资有限公司]

 维他命水 力量帝 农夫山泉股份有限公司

 力保健 上海大正力保健有限公司

 日加满 日加满饮品(上海)有限公司

[农夫山泉股份有限公司]

[上海大正力保健有限公司]

[日加满饮品(上海)有限公司]

 乐虎 福建达利食品集团有限公司

[福建达利食品集团有限公司]

[출처 : CNPP]
http://www.china-10.com/china/838yinp_index.html

292 중국을 열다

[출처 : 中国品牌力指数 (C-BPI)) http://www.sohu.com/a/150116955_370840]

■ 중국 주요 음료 기업

1. 캉스푸 주식 TINGYI 康师傅控股

캉스푸유한공사는 라면, 음료, 과자를 생산, 제조하는 회사로
2012년 3월에 百事可乐와 전략적 제휴를 맺었으며, 중국 차 음료 시
장 51% 점유, 중국 음료 업계 1위, 라면 업계 1위의 대표 기업이다.
대만의 당산국제그룹과 일본 산요푸드가 합작해 만든 회사로, 중국
인스턴트 라면 역사의 시작이라 불리는 홍사오니우러우멘紅烧牛肉面
을 개발하였다.

회사명칭	康师傅控股有限公司	경영범위	라면, 음료
본사위치	천진시	회사성격	합작회사
설립시기	1996년 2월	대표이사	魏应州

[출처 : Baidu 정리]

2. 중국왕왕 WANT WANT China 中国旺旺

　　1992년 대만의 이란식품공업회사가 중국에 설립하였으며 중국판 쌀과자로 쌀과자 제품 시장 점유율은 66.6%(2012년 기준)이다.

회사명칭	旺旺集团	회사성격	주식회사
본사위치	대만	대표이사	蔡 衍明
설립시기	1992년		

[출처 : Baidu 정리]

3. 이리실업그룹 Yili 伊利实业集团

　　베이징올림픽 공식 후원 기업으로 올림픽 선수단에 우유 공급, 미국 유제품 기업 DFA와 제휴하고 있으며 중국 우유 시장의 40%를 점유하고 있다.

회사명칭	内蒙古伊利实业集团股份有限公司	연매출	606.09억 위안(2016年)
본사위치	内蒙古呼和浩特	대표이사	潘剛
설립시기	1993년 6월	주요범위	유제품 생산 및 가공
회사성격	상장기업	홈페이지	www.yili.com

[출처 : Baidu 정리]

▣ 시사점

중국의 음료 시장은 생수와 탄산음료 시장 점유율이 높은 편이나 중국인의 소득증대와 건강, 웰빙에 대한 관심도가 높아지고 산업화 현대화되면서 늘어나는 개인의 스트레스 해소를 위한 고카페인 음료, 스포츠음료 등의 기능성 음료 시장의 수요가 직장인, 여성 중심으로 증가하고 있다.

한국의 제약회사와 음료 업계는 비타민 보충, 수면 보조 해소, 숙취 해소, 다이어트 음료로 중국 시장에 진출(광동제약, CJ 등)하고 있으며 현지화를 위한 노력으로 현지 공장 신설(광동제약 등)을 추진하고 있다.

기능성 음료, 건강음료 등은 중국 소비자의 수요가 증가하는 추세이나 단지 한국에서 만든 제품을 가져다 판다는 생각보다는 현지화를 통한 브랜드 조사, 지역 소비자 성향 조사, 중국 지방정부의 규제 등을 고려한 마케팅과 연구개발을 장기적으로 추진해 나가는 것이 제2의 한류를 만드는 데 중요하다.

영화, 엔터테인먼트 기업편

■ 중국 영화업계 현황

중국의 영화산업은 2012년 이후 꾸준히 증가해 2017년 559억 1100만 위안(약 9조4853억 원)을 기록하였다.

2012년과 비교하여 227% 성장하였고 영화산업은 문화 예술 분야와 함께 중국 문화산업을 이끌고 있으며, 세계 영화 시장의 규모를 키우고 있다

2012년 중국 영화 시장의 규모는 일본의 1.125배로 비슷한 수준이었고, 미국의 4분의 1 규모였다. 2016년에 이르러 미국의 70%, 일본의 3.3배에 폭풍 성장을 하였으며 2017년 말 현재 중국의 스크린 수는 5만776개로 미국을 제치고 세계 최다 스크린을 보유하게 되었다(출처 : 中国新闻出板光电总局).

2017년 중국 영화 시장 관객 수는 16억 2200만 명으로 전년 동기 대비 18.39% 증가하며 최고치를 경신하였다.

[2018년 5월 중국 개봉 영화]

复仇者联盟3：无...
豆瓣:8.4

巴霍巴利王2：终结
豆瓣:7.0

昼颜
豆瓣:6.3

我是你妈
豆瓣:5.1

香港大营救

小公主艾薇拉与神...

战犬瑞克斯

路过未来

[출처 : Baidu 정리]

[2011년~2017년 영화관람 수, 전년 대비 성장률]

[출처 : Baidu http://www.chyxx.com/industry/201802/612340.html]

[출처 : http://www.sohu.com/a/231404677_226897]

　　2013년 9월부터 4년 7개월간의 공사 기간을 거쳐 2018년 3월 중국판 할리우드로 불리는 찰리우드 칭다오 동방영화도시가 최근 완공되면서 중국 영화산업 성장이 가속화될 것이다.

　　칭다오 동방영화도시는 완다그룹이 총 500억 위안(약 8조5000억 원)을 투자해 52개 촬영 스튜디오, 수중촬영 스튜디오 등을 갖추고 향후 500개 이상의 영화 관련 기업이 입주해 평균 100편의 영화가 제작될 것이다.(출처 : sohu.com http://www.sohu.com/a/231404677_226897)

■ 중국 영화 시장의 특징

　　중국 영화는 1905년 베이징에서 촬영된 《定軍山딩쥔산》의 실사필름에서 시작되었다. 이후 상하이, 광동, 홍콩 등지를 중심으로 활발히 제작되었다.

1920년경부터는 미국 자본에 의한 장편영화도 제작되기 시작하여 성장하기 시작하였으나 1937년 일본의 중국 침략이 시작되면서 중국 영화사는 대륙을 떠나 싱가포르, 홍콩 등으로 옮겨가기 시작하였다.

1949년 중국 정부가 설립되자 영화는 국유화되고, 국가정책산업으로 분류되면서 국가정책의 선전도구로 전락하였으며 문화혁명을 거치면서 영화계는 암흑기가 되었다.

1978년 개혁개방을 거치면서 영화산업도 새롭게 성장하기 시작하였으며 80년대 장이머우 감독의 〈붉은 수수밭〉 90년대 들어와 컨카이거 감독의 〈패왕별희〉, 장이머우张艺谋 감독의 〈산다〉로 중국 영화가 성장하기 시작하였으며 2012년에 들어서면서 중국의 영화산업은 거대 자본과 결합하면서 연간 745편을 제작하였다.

张艺谋 장이머우 감독
생년월일 : 1950년 4월 2일 출생
출생지 : 西安 시안
작품 : 붉은수수밭, 귀주이야기, 영웅

陈凯歌 컨카이거 감독
생년월일 : 1952년 8월 12일 출생
출생지 : 北京 북경
작품 : 霸王別姬, 风月, 黄土地

중국의 영화 시장은 국내시장의 성장세와 더불어 2016년 대비 2017년에는 해외 수입 영화 수익이 42% 증가하였다.

2017年不同属性电影票房同比增长率

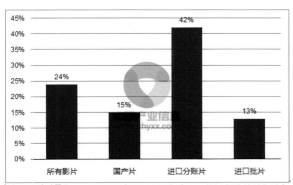

중국 내 2013년~2017년 도시별 영화 시장은 1, 2선 도시의 성장이 저조해지고 있는 반면 3~5선 도시의 성장 속도가 꾸준히 증가하고 있다.

2013-2017年中国电影票房分级城市占比

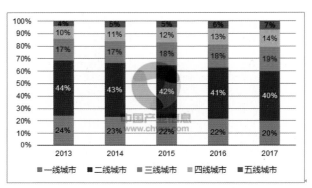

[출처 : 바이두 http://www.chyxx.com/industry/201802/612340.html]

■ 중국 영화, 엔터테이먼트 기업

중국의 완다그룹万达集团은 영화, 엔터테인먼트 기업 중 총수입 면에서 선두에 있으며 화이브라더스 등 다양한 기업들이 할리우드 등과 중외 합작으로 세계 시장과 중국 내 시장 선두 다툼을 하고 있다.

2017年影视类上市公司业绩（亿元）				
上市公司	营业总收入	同比增减	归属于上市公司股东净利润	同比增减
万达电影	131.92	17.69%	15.06	10.22%
捷成股份	43.15	31.63%	12.5	30.02%
华谊兄弟	38.71	10.49%	8.28	2.50%
光线传媒	18.7	7.98%	8.18	10.38%
印纪传媒	23.15	-7.59%	7.76	6.20%
华策影视	52.05	17.09%	6.32	32.09%
欢瑞世纪			4.0-4.8	51%-81%
慈文传媒	16.71	-8.50%	4.28	47.62%
骅威文化	7.33	-9.78%	3.62	19.42%
北京文化	13.21	42.57%	3.1	-40.59%
新文化	12.36	11.02%	2.72	2.47%
唐德影视	12.52	58.84%	2.13	19.09%
金逸影视	21.91	1.63%	2.11	7.90%
长城影视	12.56	-7.38%	1.67	-34.67%
幸福蓝海	15.17	-1.35%	1.13	0.22%
华录百纳	22.64	-12.09	1.08	-71.35%
奥飞娱乐	36.41	8.36%	0.82	-83.47%

[출처 : 바이두 정리]

1. 화이브라더스 H,BRHERS Media 华谊兄弟传媒

2012년 중국 문화혁신산업 10대 기업에 선정된 종합 엔터테인먼트 기업으로 엔터테인먼트 회사 중 최초로 차스닥(창업판 : 중소기업과 벤처기업들이 자금을 조달하는 시장)에 상장하였으며 화이브라더스 수입은 대부분 영화와 드라마 제작 및 배급에서 발생한다.

회사명칭	华谊兄弟传媒 Hay Brothers Media Group	직원 수	5000명
본사	北京市朝阳区新源南路甲 2号华谊兄弟办公大楼	대표이사 (회장)	王中军
설립시기	1994년	상장번호	300027
경영범위	综合性娱乐集团	합작영화사	浙江卫视 湖南卫视
연매출액	39.01억 위안(2015년)		

[출처 : 바이두]

2. 광시엔 미디어 Enright Midea 光线传媒

　　중국 최대 위성TV 프로그램 제작사로 2006년 영화산업에 진출 2012년 코미디 영화 〈타이지옹〉으로 중국 영화 박스오피스 최고 수입을 달성했다. 최근 위성TV의 시청률이 높아지면서 수익이 크게 증가하고 있으며 2006년 시작한 영화 배급사업도 최근 안정화되면서 영업이익률도 크게 높아지고 있다.

　　2011년 차스닥에 상장하면서 자산이 20억 위안 규모가 되었다.

회사명칭	北京光线传媒股份有限公司 ENLIGHT MEDIA	연매출액	17.31억 위안(2016년)
본사	北京	직원 수	550명(2014년)
설립시기	1998년	대표이사	王长田
경영범위	传媒、电影、电视剧、互联 网、游戏	회사유형	股份制 주식회사

[출처 : 바이두 정리]

3. 완다영화관 Wanda Film 万达电影院线

완다영화관은 아시아 최대 영화관으로 중국 박스오피스 수입의 15%를 점유하고 있으며 완다영화관을 보유하고 있는 완다그룹은 부동산 개발, 호텔, 문화, 여행, 백화점 등의 사업을 영위하고 있는 대기업이다.

회사명칭	万达电影院线股份有限公司 WANDA CINEMAS	회사유형	영화 서비스
본사	北京	연매출액	40.23억 위안(2013년)
설립시기	2005년	경영범위	影院 영화관

[출처 : 바이두 정리]

▣ 시사점

중국은 중외 합작 영화가 대세이다. 할리우드의 마블 영화에서 중국인 배우와 현지 촬영, 중국 음료 등을 삽입한 영화를 보게 되면 한국인들은 "중국이 투자한 영화군!"이라고만 생각할 수 있으나 할리우드를 선두로 한 미국 메이저 영화제작사들이 최근 중국과의 합작에 열을 올리는 이유 중의 하나는 중국의 외국영화 수입 제한 조치를 피해가기 위한 것이다.

또한, 중외 합작영화의 수익률 배분에 있어서도 해외에서 제작된 영화가 정식 수입될 경우 제작사는 박스오피스 수입의 25%만을 수입으로 가져갈 수 있으나, 중외 합작으로 제작된 영화의 경우 중국 영화로 분류되어 제작사가 43%에 달하는 수입을 가져갈 수 있어 중외 합작영화는 꾸준히 증가할 것으로 보여진다.

한국의 드라마는 중국인에게 많은 인기가 있고 열성적인 팬을 보유하고 있으나 왜 한국 영화는 중국 내 흥행에서 아직까지 드라마의 인기에 미치지 못할까?

중국 내 자국 영화보호산업법 등 여러 가지 원인이 있겠지만 이를 해결하기 위한 방안 중 하나로 한국의 창의적인 시나리오에 중국의 자본을 결합하여 중한 합작 영화 제작으로 중국의 영화 시장인 찰리우드뿐만 아니라 할리우드로 진출한다면 일거양득의 기회를 얻게 될 것이다.

생활용품(生活用品) 기업편

■ 중국 생활용품 업계 현황

중국 경제가 G2로 성장하고 개개인의 소득수준이 높아지고(1인당 GDP 8,830 USD 2017년 기준) 소비자들의 생활 소비 패턴이 다양화되면서 기업들도 새로운 수요에 맞춰 신제품을 꾸준히 출시하면서, 중국의 생활용품 시장 규모는 지속적으로 확대되었으며 2009년 이후 매년 10% 넘게 고성장을 이어가고 있는 유망 업종이다.

특히 기존 여성 위주 소비 구조에서 남성 소비자층을 끌어당기면서 남성 전용 매장이 인기를 끌고 있으며 위생 용품이나 세탁세제 등 단순 생활 유지 용품에 머물렀던 소비 패턴이 피부용품, 모발용품, 남성용품, 유아용품, 노인용품 그리고 건강을 고려한 천연제품 등으로 확대되고 있다.(자료 Euro monitor ,CICC)

■ 중국 생활용품 시장의 특징

중국 생활용품 시장은 일찍이 글로벌 브랜드 기업들이 중국 생활용품 시장의 성장 가능성을 인지하고 중국 내 연구센터 설립과 우수 인력 확보 및 현지화에 주력하면서 중국 내 브랜드 인지도를 높여 왔다. 단, 세탁세제나 주방세제, 화장지 등의 가정용품은 토종 중국 브랜드가 70% 이상 시장을 점유하고 있다.

글로벌 브랜드인 P&G(미국), 유니레버(영국), PIGEON(일본) 등의 해외 브랜드가 중국 내 시장 점유율 우위를 점하고 있으며, 중국 기업인 상하이가화(上海家化), 운남바이오그룹(云南白药集团), 빠와국제그룹(霸王国际集团)이 맹추격하며 꾸준히 성장하고 있다.

중국의 생활용품 기업들은 광동성(广东省), 주강삼주(珠三角) 및 상하이(上海)와 장쑤성(江苏省), 저장성(浙江省) 주변 도시로 이루어진 장강삼각주(长江三角洲) 지역에 분포되어 있으며 광동성(广东省) 주강삼각주(珠三角)는 중국 현지 생활용품업체 공장들이 밀집해 있고, 상하이 장강삼각주는 글로벌 브랜드들이 밀집되어 있다.

순위	브랜드	기업명	홈페이지
1		중국 云南白药集团股份有限公司	http://www. yunnanbaiyao.com.cn/
2		중국 好来化工(中山)有限公司	http://www.darlie. com.cn/
3		미국 高露洁棕榄(中国)有限公司	http://www.colgate. com.cn/
4		미국 宝洁(中国)有限公司	http://www.crest.com. cn/
5		중국 联合利华(中国)投资有限公司	http://www.zh.com. cn/
6		영국 葛兰素史克(中国)投资有限公司	http://www. sensodyne.com.cn/
7		일본 狮王日用化工(青岛)有限公司	http://www.chinalion. cn/
8		미국 宝洁(中国)有限公司	http://www.oralb.com. cn/
9		중국 广州薇美姿实业有限公司	http://www.saky.com. cn/
10		일본 盛势达国际贸易(上海)有限公司	http://www.ora2.info/ cn/

[자료 2018 중국 순위왕 http://www.china-10.com/brand/4349.html]

[중국 내 세숫비누 TOP 10 Brand]

순위	브랜드	기업명	국가
1	Safeguard	미국 宝洁(中国)有限公司	http://www.safeguard.cn/
2	LUX力士	영국 联合利华(中国)投资有限公司	http://www.luxstyle.com.cn/
3	Dove	미국 联合利华(中国)投资有限公司	http://www.dove.com.cn/
4	OLAY	미국 宝洁(中国)有限公司	http://www.olay.com.cn/
5	六神	중국 上海家化联合股份有限公司	http://www.jahwa.com.cn
6	上海药皂	중국 上海制皂有限公司	http://www.ssccn.com/
7	Hazeline 夏士莲	영국 联合利华(中国)投资有限公司	http://www.unilever.cn/brands-in-action/detail/hazeline/299134/?WT.contenttype=view%20brands
8	Dettol	영국 利洁时家化(中国)有限公司	http://www.dettol.com.cn/
9	MANTING 满婷	중국 东平九鑫生物化学有限公司	http://www.manting.com.cn/
10	Longrich 隆力奇	중국 江苏隆力奇生物科技股份有限公司	http://www.longliqi.com/

[출처: 2018년 중국순위왕 http://www.china-10.com/china/194xz_index.html]

순위	브랜드	기업명	홈페이지
1	OMO	영국 联合利华(中国)投资有限公司	http://www.unilever.com.cn/
2	pigeon 贝亲	일본 贝亲管理(上海)有限公司	http://pigeon.cn/
3	雕牌	중국 纳爱斯集团有限公司	http://www.cnnice.com
4	超能	중국 纳爱斯集团有限公司	http://www.cnnice.com
5	liby 立白	중국 广州立白企业集团有限公司	http://www.liby.com.cn/
6	Tide	미국 宝洁(中国)有限公司 (P&G)	http://www.pg.com.cn/
7	B&B	한국 保宁米迪恩(天津)商贸有限公司	http://www.china-boryung.com/
8	Combi 康贝	일본 康贝(上海)有限公司	http://www.combi.com.cn/
9	扇牌	중국 上海制皂有限公司	http://www.ssccn.com/
10	碧浪	독일 宝洁(中国)有限公司	http://www.pg.com.cn/

[자료 2018 중국 순위왕 http://www.china-10.com/china/2311xyz_index.html]

[중국 내 주방세제 TOP 10 Brand]

순위	브랜드	기업명	국가
1	liby 立白	중국 广州立白企业集团有限公司	http://www.liby.com.cn/
2	白猫	중국 上海和黄白猫有限公司	http://www.whitecat.com/
3	雕牌	중국 纳爱斯集团有限公司	http://www.cnnice.com/products/products1.htm
4	la MaMMa	중국 威莱(广州)日用品有限公司	http://www.walch.net.cn
5	榄菊	중국 中山榄菊日化实业有限公司	http://www.lanju.cn/
6	Maigoo.com 蓝月亮	중국 蓝月亮(中国)有限公司	http://www.bluemoon.com.cn/
7	Green way 绿劲	중국 威莱(广州)日用品有限公司	http://www.walch.net.cn/
8	斧頭牌 AXE	중국, 홍콩 南顺(香港)有限公司	http://www.lamsoon.com/cn/corebrands_cn.html
9	超能	중국 纳爱斯集团有限公司	http://www.ichaoneng.com/
10	Maigoo.com Komi 开米	중국 西安开米股份有限公司	http://www.kaimi.com.cn

[자료 2018 중국 순위왕 http://www.china-10.com/china/2311xyz_index.html]

■ 중국 생활용품 기업

1. 윈난바이야오그룹 云南白药集团股份

 云南白药集团股份有限公司
YUNNAN BAIYAO GROUP CO.,LTD.

　　중국 가정의 상비약인 취환장(曲煥章)을 만든 100년 전통의 중국 의약품 제조기술을 보유하고 있는 전문기업이다. 주식회사 형태로는 1993년 5월 3일 운남바이야오주식회사로 정식 설립되었으며, 천연재료에 대한 중국인들의 선호도가 커지면서 한방성분으로 치약을 만드는 등 다양한 연구 개발과 제품출시로 2006년 5월 29일 심천증권거래소에서 주식을 상장하였다.

회사명칭	云南白药集团股份有限公司	경영범위	化学原料药、化学药制剂、中成药、中药材、生物制品、医疗器械、保健食品、食品 등
회사대표	王明辉	홈페이지	www.yunnanbaiyao.com.cn/
회사주소	云南省昆明市呈贡区云南白药街3686号	회사설립	1993년 5월 3일

[출처 : 바이두 정리]

2. 빠왕국제그룹 霸王国际集团股份

　　빠왕은 중국의 댕기머리라고 할 수 있는 한방샴푸 브랜드이며, 화장품을 위한 한약재의 연구 개발, 생산 및 판매에 주력 하여, 중국 전통 헤어케어 제품, 중국 전통 화장품의 브랜드로 성장하였다.

회사명칭	霸王国际集团	설립시기	1989년
본사위치	广州市华南北路8号霸王工业城	창립자	陈启源
주요제품	화장품, 샴푸 등		

3. 상하이자화 上海家化联合股份

중국 기업 중 화장품 업계 2위 기업이다. 1898년 창업된 회사로 중국 내 가장 오래된 회사 중에 하나이다. 1991년 주식회사 형태로 변경 설립되었고, 2001년 상해주식거래소에서 상장되었다.

매년 지속 성장하고 있는 기업이며 2015년 영업수익은 58.46억 위안 이었으며 다양한 연구개발, 제품출시로 매출이 꾸준히 상승하고 있다.

회사명칭	上海家化 Shanghai Jahwa Corporation	경영범위	화장품, 피부보호제
본사	上海虹口区	회사성격	상장회사
설립시기	1991년 5월 22일	연매출	58.46억 위안
대표이사	张东方	종업원 수	1843명

▣ 시사점

중국 경제가 지속적으로 발전하고 개인의 소득이 증가함에 따라 생활용품에 대한 다양한 수요가 생겨나고 있다. 일찍이 중국 생활용품 시장의 성장을 예측한 글로벌 생활용품 기업들인 P&G, 유니레버 등은 현지에 연구소를 설립하고 우수인력을 확보, 네트워크를 확장하였다.

현재 중국 생활용품 시장은 건강, 자연, 아름다움을 추구하며 다양한 패턴의 제품이 출시되고 있으며 신소비자들은 여성 위주에서 남성, 유아, 노인 등 다양한 소비자들이 생겨나면서 시장은 폭넓게 확장되고 있다.

글로벌 기업뿐만 아니라 토종 기업인 상하이자화, 운남바이야오 그룹 등이 생활용품 시장에서 맹추격하고 있으며 한방, 전통을 바탕으로 중국 소비자에게 호응을 얻으며 꾸준히 성장하고 있다.

빨래비누, 주방세제, 화장지 등은 중국 토종 기업들이 원가 경쟁력을 바탕으로 중국 내 시장을 선점하고 있으며, 세숫비누, 치약 등은 글로벌 기업들이 경쟁우위를 가져나가고 있다,

한국인이 좋아하는 제품은 전 세계에서 통한다는 생각으로 한국 소비자를 만족시킬 수 있는 제품을 만들고 SNS, 유튜브 등을 통하여 전 세계인을 대상으로 마케팅한다면 한국 생활용품 기업 중 글로벌 생활용품 기업이 탄생할 것이다.

커피, 카페(咖啡店) 기업편

■ 중국 커피,카페 업계 현황

중국은 높고 빠른 경제 성장에 따른 소비수준 증가 및 개방정책에 따라 미국, 유럽문화 유입, 원두 시장의 개방 및 교류, 다양한 여가 생활을 즐기는 중국인의 증가하고 있다. 더불어 소비력이 높은 젊은 세대를 중심으로(80后 세대) 커피가 주는 선진문화와 자신만의 자아를 돋보이게 보여주는 커피문화를 받아들이면서 이러한 복합적인 요인이 중국을 세계 최대 커피 시장으로 성장시키고 있다.

[출처 : 바이두 정리]

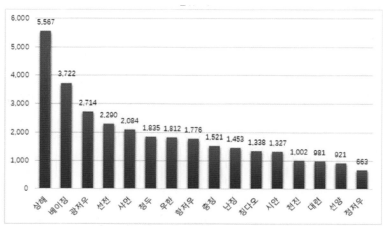

星巴克在中国

我们希望通过每一杯咖啡，将星巴克的咖啡传承与独特的咖啡体验带给我们的顾客。

중국 전망산업연구원에 따르면, 중국은 전 세계 커피 소비 성장이 가장 빠른 국가가 되어가고 있으며, 2016년 약 190억 위안(3조 2300억 원), 2023년에는 3.6배 성장한 약 479억 위안(8조 1430억 원)으로 예측하고 있다. 2007년 기준 카페 수가 1만 6000개에서 2013년 이후 매년 10% 이상 성장하고 있으며 2016년 기준 8만 5000개의 카페는 향후 매년 15% 이상 성장할 것으로 예상되고 있다.(출처 : 중국 전망산업연구원 2018~2023년 중국 카페산업 전망 및 투자전략 분석보고서)

[주요 도시별 카페 분포 현황 (단위: 개)]

자료원: 카먼(咖门), 메이퇀(美团) 음료 빅데이터 중심 '중국 카페 생존 현황 보고'

■ 중국 커피 시장의 특징

현재 중국 카페 시장 1위 업체는 스타벅스로 중국 커피전문점 시장에서 70%가 넘는 점유율을 차지하고 있으며 직영점과 가맹점을 포함해 중국 내 3000개 이상의 매장을 운영 중이다.

1991년 중국 내 진출한 스타벅스는 빠른 시장진출과 중국 현지화, 고급이미지를 통해 현지화에 성공하였으며, 중국 최대 식품업체인 대만계 퉁이그룹(统壹集团)과 2002년 합작하여 상하이, 장쑤, 저장 등 스타벅스 매장을 운영해오다 2017년 중국 사업권을 100% 확보 후 공격적인 영업을 펼치고 있다.

한국계 만카페(漫咖啡), 주커피(zoo coffee), 영국계 코스타(costa), 대만계 상도(上島)커피, 중국 본토 루이싱(瑞幸)커피, 맥도널드의 맥카페 등도 상위 브랜드로 올라가기 위해 공격적인 영업을 하고 있다.

중국 커피 소비자들은 카페 방문 시 쓴맛의 아메리카노보다는 단맛이 나는 음료인 라떼, 모카, 카라멜 마키야또, 카푸치노 등이 인기 품목이고 카페를 이용하는 목적이, 현재는 커피 자체를 즐기기보다 비즈니스를 위한 공간으로, 혼자만의 휴식과 개인학습, 연구공간으로 활용하는 것으로 나타났다.(출처 : iResearch)

[중국 내 커피 TOP 10 Brand]

순위	브랜드	기업명	홈페이지
1		星巴克企业管理(中国)有限公司(美国,1971年)	http://www.starbucks.cn/
2	COSTA FOR COFFEE LOVERS	悦达咖世家(上海)餐饮管理有限公司 (意大利, 1971年)	http://www.costa.net.cn/
3		华润怡宝饮料(中国)有限公司(香港, 1992年)	http://www.pacificcoffee.com/chi/index.php
4	迪欧咖啡	迪欧餐饮管理有限公司(江苏省苏州市, 2002年)	http://www.diokf.com/
5	两岸咖啡 C.straits Cafe	浙江两岸食品连锁有限公司(浙江省杭州市, 2003年)	http://www.liangan.cn/
6	Maigoo.com 上島咖啡	上海上岛咖啡食品有限公司(台湾, 1968年)	http://www.ubccn.com/
7	luckin coffee	瑞幸咖啡(北京)有限公司(北京市,2017年)	http://www.luckincoffee.com/
8	Kafelaku Coffee 猫屎咖啡	广州猫屎咖啡连锁有限公司(亚洲, 1896年)	http://www.kafelaku.com.cn/
9	MAAN COFFEE Waffle & Toast	北京漫创作餐饮管理有限公司(北京市, 2012年)	http://www.maigoo.com/brand/54082.html
10	雕刻时光	北京艺丰雕刻时光咖啡文化有限责任公司(北京市, 1997年)	http://www.sitcoffee.com/

[자료 2018 중국 순위왕 http://www.china-10.com/brand/4349.html]

■ 중국 커피 기업

1. 디오우커피 迪欧餐饮管理有限公司 (江苏省苏州市)

  디오우커피는 디오우외식그룹의 프랜차이즈 브랜드 중 하나로 2003년 강소성 쑤조우 공상관리국에서 등기 설립되었으며, 중국 20개 성, 자치구와 직할시의 100개 도시에 400여 개의 점포를 가지고 있다

회사명칭	迪欧餐饮管理有限公司	영업기한	2003년 11월 7월~ 2033년 11월 6일
법정대표	王阳发	본점지	苏州市人民路3188号5幢
자본금	1920만 달러	설립등기	2003년 11월 7일
등기기관	苏州市工商行政管理局		

  [출처 : 바이두 정리 https://baike.baidu.com/item/%E8%BF%AA%E6%AC%A7%E5%92 %96%E5%95%A1/5609180]

2. 양안커피 浙江两岸食品连锁有限公司

2003년 설립 등기한 양안커피는 항주시에 본점을 두고 있으며 전 국에 10년 내 5000개의 매장을 운영할 계획을 가지고 있다.

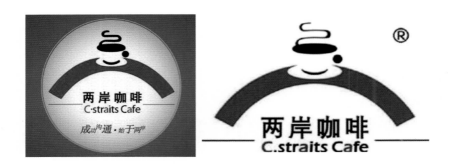

회사명칭	浙江两岸食品连锁有限公司	등기기관	杭州市上城区市场监督管理局
회사형태	유한책임(중외합작)	설립등기	2003년 9월 3일
법정대표	金广庆	영업기한	2003년~2038년
법정자본	3081만 위안	본점지	杭州市上城区南山路204-1号 二层

[출처 : 바이두 정리 https://baike.baidu.com/item/%E4%B8%A4%E5%B2%B8%E5%92
%96%E5%95%A1]

3. 상도커피 上海上島咖啡食品有限公司

    상도커피는 1968년 대만에서 시작하여 1997년 해남도에 진출, 중국 본토 상해시에서 2001년 등기 설립되었고, 중국 전역에 500개의 프랜차이즈 매장을 가지고 있으며 법정대표는 游昌胜이고 회사의 경영범위는 커피, 차 음료다.

 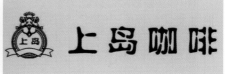

회사명칭	上海上島咖啡食品有限公司	설립등기	2001년 8월 11일
법정대표	游昌胜	영업기한	2001년~2031년
자본금	30만 달러	본점지	上海市嘉定区复华高新技术园区申裕路
등기기관	上海市工商局		

[출처 : 바이두 정리 https://baike.baidu.com/item/%E4%B8%8A%E6%B5%B7%E4%B8%8A%E5%B2%9B%E5%92%96%E5%95%A1%E9%A3%9F%E5%93%81%E6%9C%89%E9%99%90%E5%85%AC%E5%8F%B8/20511255]

4. 루이싱커피 瑞幸咖啡(北京)有限公司

　루이싱 커피는 2018년 1월에 창업한 중국 내 후발 커피 주자로 공격적인 영업으로 2018년 5월 525개 점을 두고 있으며, 중국 내 스타벅스를 꿈꾸는 기업이다.

회사명칭	瑞幸咖啡(北京)有限公司	영업기한	2017년~2047년
법정대표	钱治亚	본점지	北京市海定区中关村东路118号
설립등기	2018년 1월 1일		

[출처 : 바이두 정리 http://special.zhaopin.com/2017/bf/rxkf121156/]

▣ 시사점

　스타벅스, 코스타 등 외국계 브랜드 커피는 일찌감치 중국 내 진출하여 현지화를 이루었고, 중국 내 브랜드 우위를 선점하고 있으며, 공격적인 영업으로 외형을 더욱 확대해 나가고 있다.

중국 토종 브랜드는 대규모 자본과 토종 브랜드라는 이미지를 강조하며, 자국민의 애국심을 유도하고 중국 정부의 토종 브랜드 지원, 모바일 주문 등 새로운 마케팅을 도입하며 가맹점을 늘려 가고 있다.

한국 브랜드인 MAAN Coffee는 차별화된 인테리어와 현지화를 통해 2, 3 도시에서 프랜차이즈를 확장하여 중국 내 커피 브랜드 중 10대 브랜드로 성장하였다.

중국의 커피, 카페 시장은 글로벌 기업의 각축장이며 후발 주자들은 차별화를 하지 않으면 중국기업조차 살아남을 수 없는 시장으로, 한국은 직접 진출보다는 간접투자인 커피 기업에 대한 자본투자, M&A을 하는 것이 유리하며. 또한 카페에 사용하는 부재료, 부수상품을 개발하여 공급하는 것이 좋을 것이다.

편의점(便利店) 기업편

■ 중국 편의점 업계 현황

중국의 온라인 시장과 편의점 시장은 중국 내 지속적 성장세에 있는 대표적 유통업체이다.

7-11
伊藤洋华堂
所属便利店

711便利店
便利店的国
际共通语言

美宜佳
连锁商业流
通企业

快客
中国连锁便
利业连锁

**全家便利商
店股份有...**
台北股票上
柜公司

**每一天便利
店**
西安本土连
锁便利店

**上海喜士多
便利连锁...**
主营便利店
连锁加盟

阿里之门
便利店品牌
之一

[출처 : 바이두 정리]

중국도 젊은층의 결혼 회피 현상, 이혼율의 증가, 농촌을 떠나 도시로의 이동, 노령화 증가 등, 홀로족의 증가는 중국 내 경제·문화·사회에 다양한 영향을 미치기 시작하였으며 소비생활에 있어서 새로운 소비 형태를 만들어 내고 있다. 그중 온라인 쇼핑과 지역 밀착형 소비 형태인 편의점의 증가를 만들어 내고 있다.

중국의 가구 수는 4억 5천만(2015년) 가구이다. 그중 1인 가구는 약 16%인 7,442만 가구로 지속적 성장세를 보이며 2025년경 1억 가구를 넘어설 전망이다.(출처 : 중국 국가통계국)

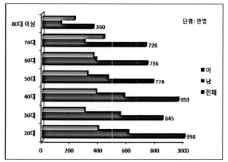

<중국 1인 가구의 연령 및 성별 분포>

자료 : 중국 제6차인구조사(2010), 농촌 포함

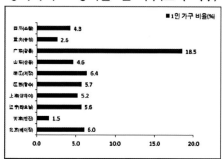

<중국의 주요 성시별 1인 가구(도시 거주)>

자료 : 중국국가통계국

홀로족은 가정과 육아에 대한 부담이 없어 '개인 중심'의 소비성향이 크며 개인이 필요로 하는 작고 간편한 콘셉트의 소비재(즉석식품, 가공식품), 효율적이고 생활밀착형 쇼핑을 선호하고 있다. 그렇게 '거리', '편의성' 등이 중요한 소비의 기준이 되면서 지역밀착형 중심의 편의점 시장을 지속적으로 성장시키고 있다.

[편의점 즉석 식품류]

[중국 유통 채널별 매출 증가율]

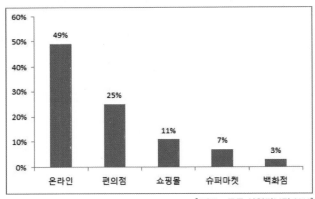

[자료 : 중국 산업정보망 2014]

■ 중국 편의점 시장의 특징

중국 내 편의점은 1987년에 편의점 형태 매장이 광저우(广州)에 처음 개설되었고, 1992년 선전(深圳)에 세븐일레븐 개점을 시작으로 편의점 시장이 만들어지기 시작하였다.

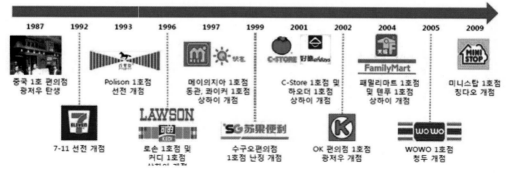

[출처 : 바이두 정리]

중국 내 편의점 브랜드는 약 260개를 넘어섰으며, 중국 내 편의점 수는 약 9만8000개로(2016년 기준) 전년 대비 9% 증가하였고, 중국의 편의점은 지역밀착형이며 1, 2선 도시를 중심으로 성장하고 있다. 그리고 중국 내 도시 중 편의점이 가장 발달한 지역은 광동성이며, 선전(深圳)은 편의점 점포가 가장 많은 지역이다.(출처 : 中国连锁经营协会, CCFA)

외국계 편의점으로는 7~11 세븐일레븐(일본계), Family Mart 패밀리마트(일본계), Lawson 로손(일본계)은 세계 3대 편의점 브랜드이며, 중국 내에서 세븐일레븐은 2200개, 패밀리마트 1772개, 로손 851개의 점포 수를 보유하고 있다.(출처 : 中国连锁经营协会, CCFA)

〈중국 내 주요 외국계 편의점 프랜차이즈 점포 수량〉

자료원: 北京商报

[중국 내 편의점 TOP 10 Brand]

순위	브랜드	기업명	홈페이지
1	7-ELEVEN	7-ELEVEN 柒一拾壹(中国)投资有限公司 (美国 1927)	http://www.7-11bj.com.cn/
2	全家. FamilyMart	FamilyMart 全家 顶新国际集团 (日本 1972)	http://www.familymart.com.cn/
3	美宜佳 MEIYIJIA	东莞市糖酒集团美宜佳便利店有限公司)	http://www.meiyijia.com.cn/
4	快客	快客便利 联华超市股份有限公司 (1997)	http://lianhua.todayir.com/sc/index.php
5	LAWSON 罗森	LAWSON 罗森 上海华联罗森有限公 (1975 日本)	http://www.lawson.com.cn/
6	京东便利店	京东便利店 北京京东叁佰陆拾度电子商务有限公司 (2017)	http://xin.jd.com/bld.html
7	天猫小店	(阿里巴巴集团控股有限公司)	https://lst.1688.com/brand/store.html?spm=a26cz.9695277.j82e91t0.6.5fe211f4OTxwy9
8	可的 KEDI	可的 KEDI 上海可的便利店有限公司	http://www.ngscvs.com/news.aspx
9	喜士多	喜士多 C-store 上海喜士多便利连锁有限公司)	http://www.c-store.com.cn/
10	天福	天福 广东天福连锁商业集团有限公司	http://www.tfcn.com.cn/

[자료 2018 중국 순위왕 http://www.china-10.com/brand/4349.html]

■ 중국 편의점 기업

1. 메이지아 美宜佳 东莞市糖酒集团美宜佳便利店有限公司

　　메이지아 편의점은 1997년 중국 동관에 본점을 두고 있는 민영기업으로 중국 편의점 수 14000개(2018년 7월 기준) 기업이다.

회사명칭	美宜佳便利店有限公司	회사성격	민영기업
본점지	中国东莞	점포 수	14000개
설립시기	1997년	대표자	张国衡
경영범위	다원화 서비스		

[출처 : http://www.meiyijia.com.cn/about/profile.htm]

2. 콰이커 快客便利 联华超市股份有限公司

1997년 상해에 등기 설립된 기업으로 도매, 소매, 가정용 의료기기 등을 판매하는 회사이며, 중국 내 4930개의 편의점이 있다.

회사명칭	快客便利店 联华超市股份有限公司	경영범위	소매
본점지	상해시	점포수	4930
설립시기	1997년	대표자	叶董

[출처 : https://baike.baidu.com/item/%E5%BF%AB%E5%AE%A2/11036963?fr=aladdin]

▣ 시사점

중국의 편의점 업계는 외국계 편의점 브랜드의 공격적인 확장으로 지속 성장이 예상되며 (Family Mart(일본계) 2020년 중국 내 점포수 약 7500개 보유 목표) 기존 전통적인 중국의 소매업계 유통 기업은 비교적 늦게 편의점 산업을 시작했지만, 상품의 공급망, 네트워

크, 소비자 등이 구비돼 있어서 편의점 산업에 필요한 완벽한 준비를 갖추고 기존의 프랜차이즈 편의점을 넘어서기 위해 공격적 마케팅을 펼치고 있다.

온라인 기업인 알리바바는 2017년 2월에 오프라인 점포 약 4800개를 소유하고 있는 바이렌그룹(白莲集团)과 전략적 협력 협정을 체결해 신소매 전략을 발표하였으며, 온라인 기업 징동(京东)도 2017년 4월에 향후 5년간 중국에서 100만 개의 징동 편의점을 세울 예정이라고 밝혔다.(출처 : 中国连锁经济协会)

중국의 편의점 산업은 1인 소비의 증가 및 중국의 도시화 속도가 가속화되면서 더욱 발전할 것이며, 편의점의 주요 상품인 즉석식품, 1인 소비 용품 등의 소비도 지속적으로 증가할 것이다.

한국 기업은 중국 진출 시 온라인 시장 외 편의점 업계와의 협력을 통한 중국 진출 전략을 세워야 한다.

애완동물(宠物) 기업편

■ 중국 애완동물 시장 현황

　중국의 경제 발전과 함께 국민의 소득수준이 향상, 고령화, 독신 남녀의 증가, 애완동물에 대한 중국 정부 정책 완화로 애완동물을 기르는 가정이 증가하고 있다.

[2010년-2017년 중국 애완동물 현황]

(단위: 만 마리)

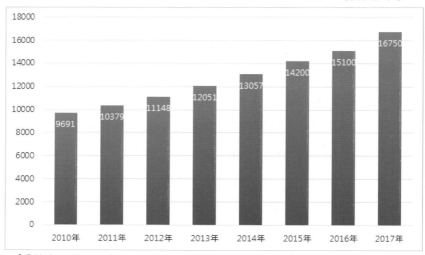

[출처 : http://www.chyxx.com/industry/201807/662383.html]

중국의 애완동물 수는 2010년 9691만 마리에서 2017년 1억6800만 마리로 증가했다.

중국인이 선호하는 애완동물은
① 仓鼠(햄스터), ② 金鱼(금붕어), ③ 乌龟(거북이) ④ 兔子(토끼), ⑤ 荷兰猪(네덜란드 돼지), ⑥ 小鸟(새) ⑦ 小猫(고양이), ⑧ 小狗(강아지), ⑨ 龙猫(드래곤캣), ⑩ 小松鼠(다람쥐)이다.

[출처: https://www.phb123.com/shenghuo/ cw/23454.html,image.baidu.coml]

중국인이 애완동물을 키우는 이유는 애완동물과 생활하면서 정신적, 감정적 안정을 찾는 사람 (34.9%), 애완동물이 좋아서 (29.8%), 키우는 즐거움이 좋아서 (26.5%) 등의 이유로 애완동물을 키우고 있다.

[애완동물을 키우는 이유]

(단위: %)

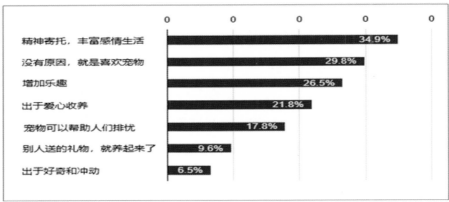

[출처 : http://www.chyxx.com/industry/201807/662383.html]

　　애완동물을 키우는 주인별 분포도를 보면 90년대 이후 출생자 (19~28세)가 41.4%, 80년대 이후 출생자(29~38세)가 31.8%, 70년대 이후 출생자(39~48세)가 16.2% 등으로 나타나고 있다.

[애완동물의 주인별 분포도]

(단위: %)

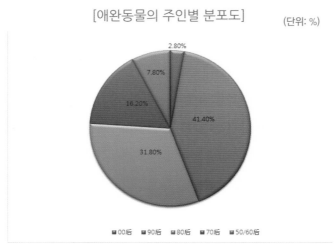

[출처 : http://www.chyxx.com/industry/201807/662383.html]

■ 중국 애완동물 산업 시장의 특징

중국의 애완동물 시장 규모는 2010년 140억 위안에서 2017년 1340억 위안으로 증가하였으며 매년 4% 이상씩 성장하고 있다.

[2010년~2017년 중국 애완동물 시장 규모]

(단위: 억 위안)

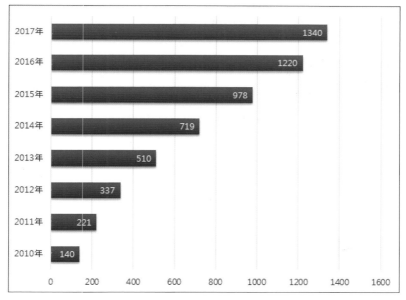

[출처 : http://www.chyxx.com/industry/201807/662383.html]

그중 중국의 애완동물 사료 시장은 외국 기업들의 중국 현지 공장에서 생산된 제품이 시장을 점유하고 있다. 그중 Royal Chain는 프랑스 브랜드로 1968년 창업된 기업이며 13개 국가에 생산기지를 보유하고 있다. PURINA은 미국 브랜드로 1894년에 창업된 기업이다.

[중국 애완동물 식품(사료) TOP 10 Brand]

순위	브랜드	기업명	홈페이지
1	ROYAL CANIN	RoyalCanin 皇家 皇誉宠物食品(上海)有限公司	http://www.royal-canin.cn/
2	PURINA 普瑞纳	PURINA 普瑞纳 天津雀巢普瑞纳宠物食品有限公司	http://www.purina.cn/
3	Pedigree 宝路	Pedigree 宝路 玛氏食品(中国)有限公司	http://www.pedigree.com.cn/
4	PRO PLAN 冠能	ProPlan 冠能 天津雀巢普瑞纳宠物食品有限公司	https://www.purina.cn/web/html/index.html
5	NatureBridge	比瑞吉 BRIDGE 上海比瑞吉宠物用品股份有限公司	http://www.bpet.cn/
6	Myfoodie 麦富迪	麦富迪 Myfoodie 乖宝宠物食品集团有限责任公司	http://www.gambolpet.com/
7	Wanpy	顽皮 Wanpy 烟台中宠食品股份有限公司	http://www.wanpy.com.cn/
8	路斯 LUSCIOUS	路斯 Luscious 山东路斯宠物食品股份有限公司	http://www.luspet.com/
9	多格萨萨蜜	多格萨萨蜜 青岛天地荟食品有限公司	http://www.tiandihui.com
10	SANPO 珍寶	珍宝 SANPO 天津金康宝动物医药保健品有限公司	http://www.sanpopet.com/

[출처: https://www.china-10.com/china/947cwsp_index.html]

중국 애완동물 사료 주요 수입국은 2015년 기준 미국, 네덜란드, 프랑스, 태국, 덴마크 순이다.

[중국의 국가별 애완동물 사료 수입 현황]

(단위: 천 달러, %)

순위	국가	2012년		2013년		2014년		2015년	
		규모	비중	규모	비중	규모	비중	규모	비중
1	미국	72,773	30.9	76,732	33.8	73,934	31	71,709	29.8
2	네덜란드	31,608	13.4	28,381	12.5	32,349	13.6	21,538	8.9
3	프랑스	11,876	5.0	12,039	5.3	18,874	7.9	19,453	8.1
4	태국	2,027	0.9	3,739	1.6	4,305	1.8	15,701	6.5
5	덴마크	6,409	2.7	7,829	3.5	8,739	3.7	15,157	6.3
6	일본	12,078	5.1	9,680	4.3	12,654	5.3	9,804	4.1
7	대만	11,648	4.9	8,345	3.7	6,958	2.9	9,800	4.1
8	싱가포르	7,930	3.4	8,301	3.7	7,479	3.1	8,644	3.6
9	이탈리아	4,017	1.7	5,737	2.5	6,790	2.9	7,858	3.3
16	한국	3,161	1.3	3,447	1.5	4,337	1.8	3,766	1.6
총계	-	235,495		226,859		238,124		240,987	

[출처: 한국무역협회(k-stat) 중국무역통계]

중국의 애완동물 소비자들의 구매 트랜드를 살펴보면, 애완동물 선호자의 소득증가에 따른 프리미엄 사료에 대한 관심 증가, 제품이 다양하고 가격이 저렴한 온라인 구매 선호, 천연사료는 이미 중국 애완동물 소비자에게 익숙함, 소득수준이 높은 1선 도시 중심의 소비시장이 형성되었다.

◨ 시사점

중국의 애완동물 시장은 개인소득의 증가, 고령화, 미혼남녀의 증가로 인해 지속 성장 중인 산업이다.

[중국 애완동물 소비자들의 구매 트랜드]

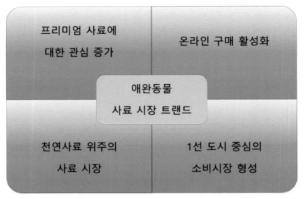

프리미엄 사료에
대한 관심 증가

온라인 구매 활성화

애완동물
사료 시장 트랜드

천연사료 위주의
사료 시장

1선 도시 중심의
소비시장 형성

[출처: IIT 열린시장, 뜨는 품목 2016년 26호 정리]

　중국 애완동물 사료 업체는 중국 현지 생산공장을 둔 외국 브랜드나 직수입 브랜드 제품들이 시장을 점유하고 있는 상태이며, 중국 로컬 기업들은 중저가 사료 시장을 점유하고 있다.

　중국의 애완동물 애호가들은 애완동물 사료 구매 패턴이 프리미엄 사료, 온라인 구매, 천연사료 위주의 소비를 선호하고 있으며 기존 전통 애완용품을 넘어 '고품질, 스마트, 웰빙 시장으로 진화하고 있다.

　중국과 한국은 현재 공식적으로 단미사료(발효 대두박)에 대해서만 수입 협정을 맺고 있는 상태이며, 향후 한국 기업이 중국 애완동물 사료 시장에 진출하기 위해서는 한국의 안전한 먹거리 브랜드를 만들고 온라인/모바일 마케팅을 통해 적정한 가격으로 1, 2선 도시를 중심으로 시장에 진출해야 한다.

화훼(생화) 기업편

■ **중국 화훼시장 현황**

　중국의 화훼시장은 화훼원가가 높은 선진국에서 저비용의 개발
도상국으로 이동하면서 중국 내 화훼 생산 지역이 늘어났고, 수출을
통한 경쟁력을 확보하면서 화훼업의 수량, 품질의 향상으로 시장경
쟁력이 높아졌다. 중국 정부는 화훼업을 중점 산업으로 선정하여 화
훼 산업 단지를 조성해 나가고 있다.

[중국 화훼 재배기지 분포도]

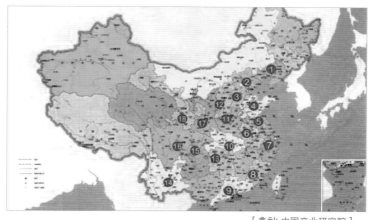

[출처: 中国产业研究院]

또한 중국 국민들의 소득수준 향상 및 학교 입학식, 졸업식, 축하용 사교모임, 연애용, 결혼식 장식용 등 각종 행사가 많아지면서 화훼 수요 영역이 증가했다. 그러면서 화훼시장의 규모도 지속적으로 증가하고 있다.

중국산업연구원이 발표한 '2016년~2020년 중국 화훼시장 분석'에 따르면 2020년까지 중국의 화훼시장 규모는 1566억 위안이 예상된다.

[2013년~2020년 중국 화훼시장 규모]

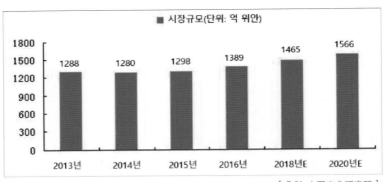

[출처: 中国产业研究院]

■ 중국 화훼시장 특징

1. 중국 화훼시장의 특징

중국의 주요 화훼시장은 중국 정부의 중점사업으로 선정되어 2020년까지 국가 화훼 종자 자원창고 90개, 중점 화훼 생산기지 100

곳, 화훼시장 58곳, 물류센터 14곳, 대형 화훼기업 100개를 건설할 것을 13차 5개년 농업발전계획을 통해서 발표하였다.

중국의 주요 화훼시장은 쿤밍두남 화훼시장(云南昆明斗南花卉市场), 정주 진린화 화훼시장(郑州陈砦花卉交易市场), 광저우 영남 화훼시장(广州岭南花卉市场), 베이징 레타 화훼시장(北京莱太花卉市场), 천진조장 화훼시장(天津曹庄花卉市场), 시안 진미화 화훼시장(西安秦美花卉市场), 상해정성 화훼시장(上海精盛花卉市场), 석가장서삼교 화훼시장(石家庄西三教花卉市场), 제남부래 화훼시장(济南富莱花卉批发市场), 무한화훼시장(武汉花卉市场)이 있다.

[출처: baidu 斗南花卉市场]

[출처: baidu 郑州陈砦花卉交易市场]

[주요 화훼시장]

화훼시장명	시장의 규모 및 특징
윈난쿤밍두난화훼시장 (云南昆明斗南花卉市场)	매년 약 60개 국가와 지역에 수출도 진행하고 있음. 연 교역액은 100억 위안, 수출액은 모두 중국 내 1위를 차지함. 2010년 2월 외자 38억 8700만 위안을 투자하여 81만㎡로 업그레이드하여 6만 개의 일자리 창출.
정주 진린화 화훼시장 (郑州陈砦花卉交易市场)	시장 총면적은 8만2000㎡이며, 약 1000개 점포에서 총 1만여 종을 취급하고 있음. 연 거래액은 약 10억 위안임. 장강 이북 최대의 화훼시장.
광저우 영남 화훼시장 (广州岭南花卉市场)	시장 면적은 40,900㎡, 점포 수는 438개, 점포 면적은 약 9270㎡ 초대형 도매시장임. 연간 거래액은 8억 위안, 중국 내 실내 관상식물 산업의 60% 이상이 거래되는 등 매년 1억 5000만 개의 생화가 거래됨.
베이징 레타 화훼시장 (北京莱太花卉市场)	1998년 설립되어 현재 시장 면적은 총 55,000㎡로 북방 최대의 화훼시장이다.

[출처: baidu 정리]

2. 중국의 화훼 수출입 현황

중국의 화훼산업은 생화[절화(鲜切花)], 종묘(种苗), 종구(种球), 종자(种子), 분재(盆花), 관상 묘목(观赏苗木), 분경(盆景), 드라이플라워(干花), 화분 및 원예 도구(花器及园艺工具) 등으로 구성된다.

1) 수입 현황

중국의 주요 화훼산업 수입구조는 2017년 기준 종구(种球)가 전년 대비 13.63% 증가해 1억 1400만 달러를 기록, 생화 수입은 51.2억 달러로 47.2% 증가했으며, 묘목 수입은 35.2백만 달러로 전년 대비 52.1% 증가했으며, 말린 꽃의 수입액은 94만 달러로 전년 대비 61.5% 증가하였다.(출처: 科学统计数据, https://www.sohu.com/a/238209168_222695)

중국의 최대 화훼 수입국은 네덜란드로 2015년 기준 1억 1000만 달러를 수입해 전체 수입의 51.5%를 차지하였고, 수입의 대부분은 종묘와 종구로 93.8%에 이른다.

2017년 생화의 품종별 수입 현황은 장미가 42%, 이어서 카네이션, 백합이 차지하며 주요 수입 지역으로는 윈난성, 베이징, 상하이가 있다.

[2017년 생화 수입 현황]

(단위 : %)

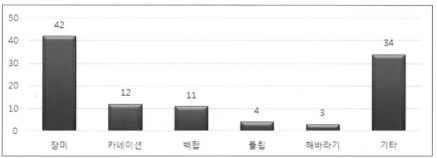

[출처: 中国花卉网]

[중국 온라인 생화 TOP 10 Brand]

순위	브랜드	기업명	홈페이지
1	roseonly.	roseonly (诺誓(北京)商业股份有限公司)	http://www.roseonly.com.cn/
2	THE BEAST 野兽派	野兽派 BEAST (上海布鲁爱电子商务有限公司)	http://www.thebeastshop.com/
3	Amor flora 爱尚鲜花	爱尚鲜花 Amoeflora (上海爱尚鲜花股份有限公司)	http://www.iishang.com/
4	Chunwu Zhi 春舞枝	春舞枝 (云南春舞枝花卉有限公司)	www.531314.com/
5	FLŌWERPLUS	花加 FlowerPlus (上海分尚网络科技有限公司)	http://www.flowerplus.cn/
6	花点时间	花点时间 (花意生活(北京)电子商务有限公司)	http://www.reflower.com.cn/
7	宜花 专供好鲜花	宜花 (北京宜花花卉有限公司)	http://www.easyflower.com/
8	MOUSTACHE	胡须先生 (杭州胡须先生电子商务有限公司)	http://www.hxxs.cn/
9	HUA.COM 花礼网	花礼网 (深圳市百易信息技术有限公司)	http://www.hua.com/
10	rose to me FLORIST	RoseToMe (北京清汀科技有限公司)	https://rosetome.cn/

[출처: https://www.china-10.com/china/4984xh_index.html]

2) 온라인 생화 TOP 10 브랜드

중국 온라인 생화 전문 취급 플랫폼으로는 roseonly, BEAST, Amor flora, Chunwu 등이 있으며 이들 기업들은 회원제로 일정 금액을 지불하면 4주 동안 매주 1회 생화를 배송 서비스하는 회원제 영업과 고가 생화만을 공급하는 방식 등 온라인을 통한 다양한 마케팅하고 있다.

▣ 시사점

중국 경제 성장과 개인 소득 증가에 따른 여유 있는 소비 패턴은 다양한 문화 수요를 창출하고 있으며, 그중 화훼 문화는 사람들에게 아름다움과 자연스러운 향기를 가져다줌으로써 휴식과 여유를 공급해 준다는 점에서 현재 중국에서 지속적인 성장이 예상되는 산업이다.

중국 정부 지원정책의 확대 및 내수 시장의 확대, 인터넷의 발달은 화훼시장을 더욱 발전시키고 있으며, 첨단 기술을 결합한 스마트 온실, 천연가스 시스템, 비료 순환 시스템 등은 화훼 산업을 더욱 발전시키고 있다.

한국은 우수 종자 재배 기술, 농업 컨설팅 사업의 경쟁력을 바탕으로 중국 내 판로를 개척하여, 한국 화훼 농업 시장의 활로를 확장해 나갈 수 있도록 해야 한다.

정수기(净水器) 기업편

■ 중국 정수기 시장 현황

[출처: baidu]

중국의 정수기 시장은 소득수준이 향상되고, 건강과 삶의 질에 대한 요구가 높아지고, 산업화에 따른 수질오염으로 인해 식수 안전 문제에 대한 국민의 시선을 끌면서 관심도가 끊임없이 높아졌다.

중국의 정수기 보급률은 5%로 미국, 일본, 유럽의 보급률 75%에

비하여 매우 낮은 보급률이지만 매년 정수기의 생산 판매량이 증가하고 있다.

[각국 정수기 보급율]

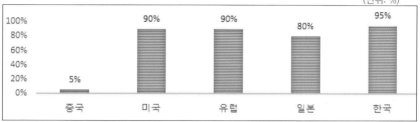

[출처: 中国产业研究院]

2016년 정수기 생산량은 1347.8만 대, 판매량은 1353.4만 대이며 2012년까지 중국의 정수기 제조업체는 이미 3000여 개로 매년 약 40%의 신규 기업이 발생하고 있다. 그중 10%의 기업이 도산하거나 업종이 바뀌고 있다. 2016년 기준 중국의 정수기 제품은 5,000개에 달해 경쟁이 날로 치열해지고 있으나 업계 기준과 규범이 결여되어 생산품의 품질이 균일하지 못하여 시장은 양분되어 있다.

중국의 정수기 설비는 몇 년 동안 발전하고 있지만, 업계 표준의 결여와 식수 안전에 대한 소비자의 인식 배양 단계의 문제 등으로 인해 중국의 정수기 보급률은 낮은 편이다. 하지만 최근 몇 년 동안 소비의 증가 추세가 나타나면서 정수기의 판매 규모는 해마다 증가하고 있는데 그중 온라인 판매 규모는 오프라인 규모보다 크며,

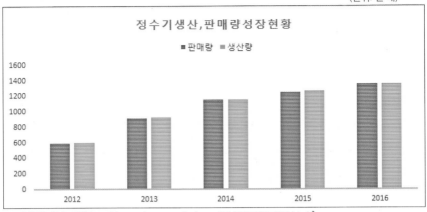

[출처: 行业频道 http://www.chyxx.com/industry/201709/564320.html]

2018년 중국 정수기 시장 규모는 온라인 약 260억 위안 (78.8%), 오프라인 약 70억 위안 (21.2%)으로 온라인 판매 비중이 높게 나타난다.

(단위: 억 위안)

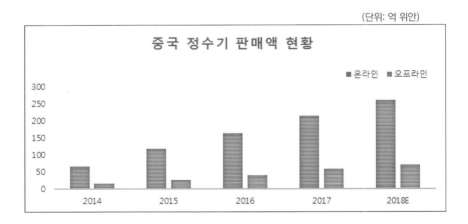

■ 중국 정수기 시장 특징

1. 중국 정수기 시장의 특징

중국 정수기 시장은 소비가 증가하면서 건강생활에 대한 욕구와 수질의 요구가 높아지고 중국 내 가정용 정수기가 점차 일반 가정생활에 광범위하게 응용되어 가전제품의 필수 가전이 되고 있다. 중국 산업연구원에 따르면 2011~2017년 정수기 생산량은 연평균 8.1%의 증가율을 보이며 가정용 정수기 생산량은 앞으로도 지속적으로 성장할 것으로 예상되며, 중국의 정수기 시장은 경쟁이 격화되고 있으며 정수기 브랜드는 크게 3개의 진영으로 나누어 보면 제1진영은 연간 출하액 10억 위안 이상으로 메이디(美的), 심원(沁园), A.O.SMITH (A.O史密斯) 등이 있다.

[출처: baidu]

제2진영은 연간 출하액이 1억 위안에서 5억 위안 사이로 Angel(安吉尔)、필립스(飞利浦)、ECO(怡口), canature(开能)、OZNER(浩泽)、OriginWater(碧水源)、3M、PENTAIR(滨特尔)、VIOMI(云米)、GREE(格力) 등이 있다.

제3진영은 5000만 위안 정도의 출하액으로 TCL, 창홍(长虹), 쓰롱
(斯隆), Cikon(沁尔康), Alikes(爱尼克斯), Olife(泉来) 등이 있다.

제1진영 브랜드는 비교적 안정되어 순위변동이 없으며, 제2진영
은 매년 브랜드가 확대되고, 제3진영은 매년 축소되고 있다.

구분	출하금액	정수기 브랜드
제1진영	10억 위안 이상	메이디(美的), 심원(沁园), A. O. SMITH(A.O 史密斯)
제2진영	1~5억 위안	Angel(安吉尔), 필립스(飞利浦), ECO(怡口), canature(开能), OZNER(浩泽), OriginWater(碧水源), 3M, PENTAIR(滨特尔), VIOMI(云米), GREE(格力)
제3진영	5000만~1억 위안	TCL, 창훙(长虹), 쓰룽(斯隆), Cikon(沁尔康), Alikes(爱尼克斯), Olife(泉来)

[출처: 中国产业研究院]

2. 중국의 정수기 기업 현황

중국의 정수기 시장은 미국기업 A.O. SMITH, 3M, Honywell와 독일 BRITA, 네덜란드 PHILIPS와 토종 기업들의 각축장이 되고 있다.

1) 2018년 정수기 10대 브랜드

[2018년 정수기 10대 브랜드 TOP 10 Brand]

순위	브랜드	기업명	홈페이지
1	A.O.SMITH 史密斯	A.O.史密斯 艾欧史密斯(中国)热水器有限公司	http://www.aosmith.com.cn/
2	3M	3M 3M中国有限公司	http://www.3m.com.cn

순위	브랜드	기업명	홈페이지
3	Midea	美的 Midea 美的集团股份有限公司	http://www.midea.com/cn
4	沁园 TRULIVA	沁园 TRULIVA 沁园集团股份有限公司	http://www.qinyuan.cn/
5	Honeywell 霍尼韦尔	Honeywell 霍尼韦尔 霍尼韦尔(中国)有限公司	http://www.honeywell.com.cn/
6	BRITA 碧然德	BRITA 碧然德 碧然德净水系统(上海)有限公司	http://www.brita.cn/
7	荣事达 净水机 让中国人喝上安全水	荣事达 Royalstar 合肥荣事达水工业设备有限责任公司	http://www.rsdsgy.com
8	Haier	海尔 Haier 海尔集团公司	http://www.haier.com/cn/
9	anzy 安之源	安之源 anzy 深圳市顺程实业有限公司	http://www.anzy.com.cn/
10	PHILIPS 飞利浦	PHILIPS 飞利浦 飞利浦(中国)投资有限公司	http://www.philips.com.cn/

[출처: https://www.china-10.com/brand/8.html]

2) 정수기 기업 분석

(1) Midea (美的)

美的는 전기, 에어컨, 로봇 및 자동화 시스템, 스마트 공급 체인 (물류)의 테크놀로지 그룹으로 주방가전, 냉장고, 세탁기, 각종 소형 가전의 소비전기 업무 등 다양한 가전제품을 제공한다. 정수기는 회사의 중요한 전략 제품으로 추진하고 있으며 2017년 6월 열린 상하이 국제정수기 박람회에서 '글로벌 과학기술 미학'을 주제로 프리미엄 비벌리 G600 주방 정수기를 출시했다.

회사명	美的集团	년간 매출	357억 달러(2017년)
영어명칭	Midea Group	직원수	101,826명(2017년)
본점	广东省佛山市顺德区北□镇美的大道6号	회장	方洪波
성립시기	1968년	상장시기	2013년 9월 18일
경영범위	전자제품, 로봇, 물류 등	세계순위	세계 323위 (2018년)
회사형태	상장기업		

[출처: baidu https://baike.baidu.com/item/%E7%BE%8E%E7%9A%84%E9%9B%86%E5%9B%A2/9590056?fromtitle=%E7%BE%8E%E7%9A%84&fromid=1500709&fr=aladdin]

(2) A.O Smith

미국의 A.O. Smith 회사는 혁신적인 전통과 창의력이 풍부하며 오랜 역사를 가진 다국적기업이다. 1988년 A.O. Smith 미국 본사는 3000만 달러를 투자하여 난징에서 A.O Smith(중국) 온수기 회사를 설립하였다. 2001년 중국 WTO 가입 후 2000만 달러의 증자를 발표하여 아시아태평양 지역의 최대 온수기 제조 및 연구개발 기지로 만들었다. 완벽한 연구개발, 생산, 판매 및 서비스의 일체화를 위한 현대화 관리체계를 구축하였으며, 제품 체계는 공업, 상업, 가정용의 3대 영역을 뛰어넘어 중국 소비에 국제적인 품질을 가져다주는 온수기 제품과 전문 서비스이다. 회사는 중국의 수질 특성에 맞춰 특허를 기반으로 한 MAX 3.0Plus 기술의 롱래스팅 정수기 라인 제품을 발표하였다.

회사명칭	艾欧史密斯	회사성격	다국적기업
영어명칭	A.O.Smith	연매출액	19.4억달러(2012년)
본사	美国威斯康辛州	직원수	10,900명(2012년)
성립시기	1874년	중국본사	江苏南京
경영범위	가정, 상업용 정수 설비		

[출처: baidu https://baike.baidu.com/item/A.O.%E5%8F%B2%E5%AF%86%E6%96%AF/22147204?fr=aladdin]

■ 시사점

1. 중국의 정수기 시장은 지역화 시장 특성이 더욱 뚜렷해지고 있다.

  - 중국은 넓은 지역만큼 지역의 수질 차이가 매우 다르기 때문에 정수기 생산자는 각 지역의 수질 특성에 따라, 지역에 맞는 물 처리 공정을 채택하여 적합하게 설계해야 한다는 것이다.

또한, 중국 현지에서 고객을 위한 장기적이고 지속적인 서비스는 우수한 정수기 제품의 품질 및 브랜드 유지에 도움을 줄 것이다.

정수기 시장은 향후 지역화 시장의 특징이 더욱 두드러지고, 지역마다 다른 제품이 나타날 것으로 전망하며, 상대적으로 내구성이 강하며, 더 많은 지역 브랜드가 빠르게 성장할 것이라고 예측했다.

2. 제품 솔루션 연구개발 확대가 미래 경쟁 방향 이끌 것

중국의 정수기 기술은 현재 진행형이다. 지역마다 다른 수질을 연구하여 서비스와 영업이 다르다. 연구개발을 통한 제품 개발과 모두 시스템의 정기적인 유지보수를 위한 A/S 서비스 네트워크를 마련하는 것이 현 중국 정수기 시장에서는 필요하다.

중국의 정수기 시장은 많은 브랜드가 생기고 사라지는 경쟁이 치열한 시장이며, 최근 몇 년간 중국 가정의 스마트 홈의 보급으로 정수기 시장의 발전을 촉진시키고 있는데 스마트 홈은 정수기 업계의 새로운 트랜드가 되었다.

유아용품(嬰儿用品) 기업편

■ 중국 유아용품 시장 현황

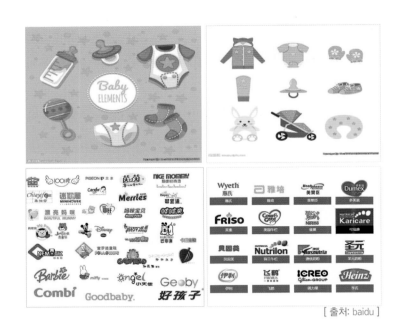

[출처: baidu]

　　중국의 영유아용품 시장은 가정 소득의 증가와 1자녀에 대한 관심의 증가로 끊임없는 성장을 이어가고 있으며, 2016년 실시된 두

명의 아이를 낳을 수 있는 정책에(全面两胎) 따른 영향으로 영유아용품의 시장 규모는 끊임없이 성장하고 있다.

[출처: baidu]

2010년 약 1조 위안이던 중국 영유아용품의 시장의 거래 규모는 2016년 2조 2000억 위안, 평균 14.2%로 상승 성장했으며, 2018년 중국 영유아용품 시장 규모는 약 3조 위안(약 1조7000억 원)에 달하고 향후 10년간 20~30%의 높은 성장을 보일 것으로 전망하고 있다.(출처: 중국 영유아상품연구센터)

[2010~2018년 중국 유아용품 시장 규모] (단위: 억 위안)

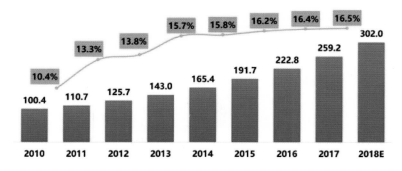

[출처: 중국 영유아 산업연구센터]

영유아 시장은 임신 중 32.4%, 0~3세 아이의 부모가 21.8%를 영유아용품을 구입하면서 주요 소비층을 이루고 있다. 주요 지역으로는 광둥성, 10.4%, 강소성 8.0%, 절강성 6.0%, 허남성 5.9%, 사천성 5.8%의 성장률을 보이고 있으며 2, 3, 4선 도시의 성장률이 두드러지게 나타나고 있다.

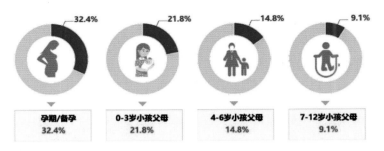

Source: MobData研究院

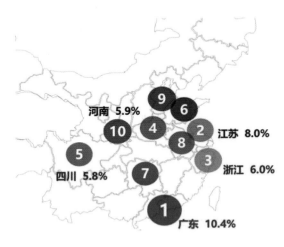

Source: MobData研究院

■ 중국 유아용품 시장 특성

1) 유통 채널

유통 채널은 대형마트, 전문 직영점, 백화점, 인터넷 등으로 구성되며 2017년 기준으로 오프라인 시장 점유율이 78%, 온라인 시장은 22%를 차지하고 있다.

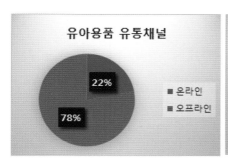

구분	유통 채널	오프라인 구입처
온라인	22%	
오프라인	78%	직영점 51% 대형마트 28% 백화점 21%

[출처: 中国长城研究]

2) 구매 요소

영유아용품 구매 시 품질, 재질, 브랜드를 중시하며 가격을 중시

하는 비중은 33%로 나타난다. 젊은 부모 세대들은 인터넷, SNS 등
을 통한 정보를 얻고 상품을 선택하며 가격에 대한 민감도보다는 질
에 대한 중시가 높아지고 있다.

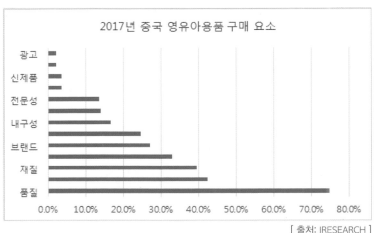

[출처: IRESEARCH]

3. 중국의 유아용품 분유 브랜드 선호도 및 기업

중국 유아 부모의 분유 선택기준으로 외국 브랜드 선호도가 높으
며 중국 내 생산품보다는 수입 제품을 선호하며, 가격보다는 안정성
을 추구하는 경향이 높다.

1) 분유
중국 내 분유 선호도는 미국 (Wyeth), 네덜란드 (Friso), 스위스
(Nutrilon)이다.

2) 기저귀

기저귀는 미국 (Pampers), 일본 (Merries), 미국 (Huggis) 등이 선호도가
높다.

3) 영유아 화장품

중국의 소비수준 향상으로 영유아 화장품의 소비 증가 속도 또한
빨라지고 있으며, Pigeon (일본), Johnson (미국), Mustela (독일) 등의
브랜드 선호도가 높다.

 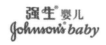 

[2018년 유아용품 분유 10대 브랜드 TOP 10 Brand]

순위	브랜드	기업명	회사개요
1	Wyeth 惠氏	Wyeth 惠氏 (惠氏营养品(中国)有限公司)	联系电话 : 400-700-1826 品牌创立时间 : 1915年 品牌发源地 : 美国 http://www.wyethbb.com.cn/

순위	브랜드	기업명	회사개요
2	Friso 美素佳儿	Friso 美素佳儿 菲仕兰食品贸易(上海)有限公司	联系电话:400-820-2775 品牌创立时间:1871年 品牌发源地:荷兰(네덜란드) 品牌官网: http:///www. frisobaby.com/pc/home/
3	MeadJohnson 美赞臣	MeadJohnson 美赞臣 美赞臣营养品(中国)有限公司	联系电话:400-8812-123 品牌创立时间:1905年 品牌发源地:美国 品牌官网:http://www. meadjohnson.com.cn/
4	Abbott 雅培	Abbott 雅培 雅培贸易(上海)有限公司	联系电话:400-820-6111 品牌创立时间:1888年 品牌发源地:美国 品牌官网:http://www. abbottmama.com.cn/
5	Nutrilon 诺优能	Nutrilon 诺优能 纽迪希亚生命早期营养品管理(上海)有限公司	联系电话:400-821-5288 品牌创立时间:1896年 品牌发源地:荷兰 品牌官网:http://www. nutrilonstandard.com.cn/
6	Nestle 雀巢	Nestle 雀巢母婴 雀巢(中国)有限公司	联系电话:400-610-4868 品牌创立时间:1867年 品牌发源地:瑞士(스위스) 品牌官网:http://www. nestlebaby.com.cn/
7	飞鹤	飞鹤 FIRMUS 黑龙江飞鹤乳业有限公司	联系电话:400-710-2768 品牌创立时间:1962年 品牌发源地:黑龙江齐齐哈尔市 品牌官网:http://www.feihe.com/

순위	브랜드	기업명	회사개요
8	金领冠 PRO-KIDO	金领冠 内蒙古伊利实业集团股份有限公司	联系电话 : 400-816-9999 品牌创立时间 : 2008年 品牌发源地 : 内蒙古呼和浩特市 品牌官网 : http:///www.frisobaby.com/pc/home/
9	NUTRICIA Aptamil 爱他美	Aptamil 爱他美 纽迪希亚生命早期营养品管理(上海)有限公司	联系电话 : 400-821-5288 品牌创立时间 : 1968年 品牌官网 : http:///www.aptaforum.com.cn/
10	君乐宝 JUNLEBAO	君乐宝 JUNLEBAO 石家庄君乐宝乳业有限公司	联系电话 : 400-612-8138 品牌创立时间 : 1995年 品牌发源地 : 河北省石家庄市 品牌官网 : http:///www.junlebaoruye.com/

[출처: https://www.china-10.com/china/163nf_index.html]

4. 유아용품 기업 분석

1) Wyeth 惠氏 惠氏营养品(中国)有限公司

Wyeth는 전 세계적으로 분유 제품 기술이 가장 앞서고 규모가 큰 회사로 연간 4만 톤의 생산량을 보유하고 있으며, 1915년 최초의 아기 조제분유 SMA를 발명하였다. 1980년 중반에 중국 시장에 진출하여 중국 분유 시장의 선두 브랜드로 성장하고 있다.

회사명칭	惠氏营养品(中国)有限公司	경영범위	분유, 유제품
영어명칭	Wyeth	본점	苏州工业园区方洲路199号
성립시기	2007.12.14 영업기한(2007~2042)	회장	RASGID ALEEM QURESHI

[출처: baidu https://baike.baidu.com/item/%E6%83%A0%E6%B0%8F%E8%90%A5%E5%85%BB%E5%93%81%EF%BC%88%E4%B8%AD%E5%9B%BD%EF%BC%89%E6%9C%89%E9%99%90%E5%85%AC%E5%8F%B8/15197213?fr=aladdin]

2) 美素奶粉

네덜란드 목장에서 유래한 분유의 모기업인 로열피슬랜드는 1871년 설립된 이래 140여 년의 역사를 가진 합작 유제품 회사로 세계에서 가장 큰 5개 업체다. 네덜란드의 美素 분유는 맛이 담백하고, 상하지 않으며, 변비에 걸리지 않고, 소화가 잘되어 전 세계 100여 개국에서 상당한 명성을 얻었다.

회사명칭	美素佳儿奶粉	중국진입시기	1992년
영어명칭	Friso	소속회사	荷兰皇家菲仕兹公司
성립시기	1871년	원유	100% 네덜란드 원유수입
업종	영유아 분유		

[출처: baidu. https://baike.baidu.com/item/%E7%BE%8E%E7%B4%A0%E5%A5%B6%E7%B2%89/6213026]

▣ 시사점

1. 중국 소비자(영유아 부모)는 영유아용품의 가격보다는 품질과 재질에 대한 관심도가 높아 고가격, 고품질을 제품이 중국 시장에 진입하기 쉽다.

  – 외국 브랜드에 선호도가 높으며 가격보다는 안정성을 추구한다.

2. 중국의 산아제한 정책 개혁에 따른 영유아 산업 시장이 커졌다.

  – 산아제한 해제 조치로 인한 영유아 수요가 늘어났으며 (2017년 중국 두 번째 자식의 수가 883만 명으로 2016년 대비 162만 명이 증가했다) 2017년 기준 0~6세의 영유아 수는 약 1억 125만 명이다.

3. 중국내 3, 4선(지방, 내륙) 도시의 영유아용품 시장의 수요가 커지고 있다.

  – 3, 4선 지방, 내륙 도시의 경제성장과 소비수준의 향상으로 영유아용품에 대한 수요가 늘어나고 있다.

  기타 중국의 영유아 시장에서 카시트, 영유아 화장품, 보건 용품 등의 수요가 늘어나고 있다.

웨어러블 기기 기업편

■ 중국 웨어러블 기기 시장 현황

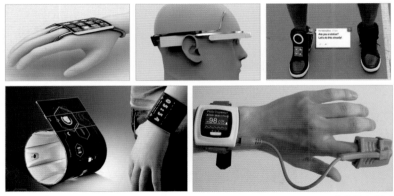

[출처: baidu]

중국의 과학기술의 진보와 스마트화 물결에 맞춰 스마트 웨어러블 기기도 급성장하고 있다. 웨어러블 기기도 최초의 스마트폰에서 더욱 다양한 기능의 스마트폰으로 발전하였으며, 스마트 시계, 스마트 안경, 스마트 러닝화 등으로 진화를 거듭하고 있다.

웨어러블 기기란 스마트폰이나 태블릿과 무선으로 연동해 사용하는 스마트 시계, 스마트 안경 등 직접 착용하거나 사용자의 옷이나 부품에 통합하는 일종의 휴대용 장치를 말한다.

웨어러블 기기는 단순히 하드웨어뿐 아니라 소프트웨어 지원과 데이터 웨이 하우징, 클라우드 커넥션을 통해 강력한 기능을 구현함으로써 생활속에서 일어나는 활동을 숫자로 전환하는 환경을 가져올 수 있다.

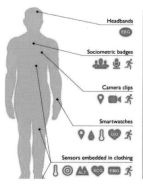 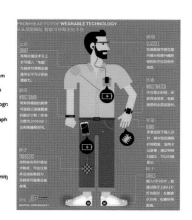

[출처: baidu 정리]

스마트 웨어 장비에는 스마트 밴드, 스마트 시계, 스마트 의류, 스마트 안경 등이 주로 포함된다. 그 중에서도 스마트 밴드의 기능이 비교적 간단하고 가격도 저렴하여 보급도가 가장 높으며, 스마트 시계의 보급도 높아지고 있다.

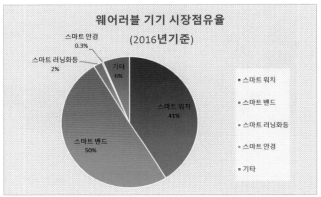

[출처: baidu 中国产业信息) http://www.chyxx.com/industry/201808/664161.html]

■ 중국 웨어러블 시장 특성

1. 중국 웨어러블 시장 소비자 인지도

중국 소비자들은 웨어러블에 대한 인지도가 높지 않아 웨어러블에 대해 잘 모르고, 전혀 모르는 경우가 73%에 달하여 아직도 인지도가 낮은 편이다.

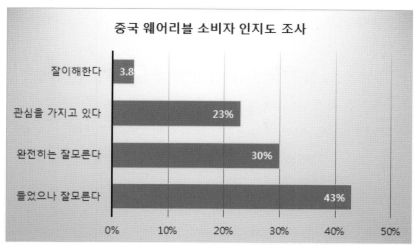

[출처: baidu http://www.chyxx.com/industry/201808/664161.html]

　　중국 스마트 웨어러블 시장의 수요가 급증하면서 소비자들은 '건강 모니터링'과 관련된 기능을 가장 기대하고 있으며, 웨어러블 하드웨어로 데이터를 측정해 건강을 최적화하고 관리하는 것을 원하고 있다.

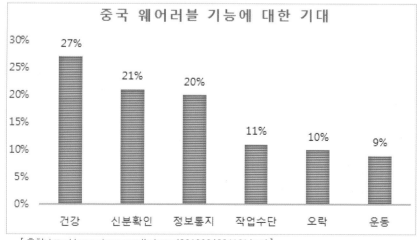

[출처: http://www.chyxx.com/industry/201808/664161.html]

2. 중국 웨어러블 시장 규모

2017년 중국의 웨어러블 출하량은 5370만 대로 전년 대비 30% 증가하여 전 세계 1위가 되었고, 전 세계 출하량의 40%를 차지하였으며, 시장 규모는 53억 달러로 전년 동기 대비 33% 성장했다.

2017년 중국의 웨어러블 기기 시장 생산액은 260억 위안을 넘어설 전망이며, 2022년에는 시장 규모가 607억 위안 예상된다.

[출처: http://www.chyxx.com/industry/201808/664161.html]

3. 중국 내 경쟁 동향

중국 기업들의 특성은 낮은 가격, 신제품 출시, 온라인 판매 등을 통해 웨어러블 기기 시장에서 치열한 경쟁을 하고 있으며, 최근 화웨이는 광범위한 유통망과 신제품을 바탕으로 높은 성장률을 달성하고 있다. 그리고 신기능(심장박동 수 모니터링과 수면 모니터링 등)을 탑재한 화웨이 워치 2를 출시하여 선점하고 있다.

[중국 웨어러블 기기 기업별 점유율 (판매기준)]

Corporate name	2016	2017	2018
Huami Inc	36.5	30.2	28.2
Huawei Technologies Co Ltd	4.4	8.1	8.8
Guangdong Okii Technology Co Ltd	7.5	7.9	8
Guangdong Transtek Medical Electronics Co Ltd	7.2	7.7	7.7
Samsung China Electronics Co Ltd	6	5.5	5.2
Qihoo 360 Technology	4.5	5.1	5.1
Apple Computer(china) Inc	5	5.1	5.1
Iwown Inc	0.9	0.8	0.8
Fitbit Inc	1.1	0.7	0.4

[출처: Euromonitor, KORTA
 http://news.kotra.or.kr/user/globalAllBbs/kotranews/album/2/globalBbsDataAllView.do?dataIdx=171471&column=title&search=중국&searchAreaCd=&searchNationCd=&searchTradeCd=&searchStartDate=&searchEndDate=&searchCategoryIdxs=&searchIndustryCateIdx=&page=4&row=10]

[중국 2019년 스마트 워치 10대 브랜드]

순위	브랜드	기업명	회사개요
1	**WATCH	Watch 苹果手表 苹果公司	联系电话：4006-272273, 400-666-8800 品牌创立时间：2014年 品牌发源地：美国 首席执行官：库克 品牌官网：http://www.apple.com/cn/watch/
2	HUAWEI	HUAWEI 华为 华为技术有限公司	联系电话：400-830-8300, 800-830-8300 品牌创立时间：1987年 品牌发源地：广东省深圳市 总裁：任总 品牌官网：http://www.huawei.com/cn/
3	GARMIN 佳明	GARMIN 佳明 北京佳明航电科技有限公司	联系电话：400-8812-123 品牌创立时间：1905年 品牌发源地：美国 品牌官网：http://www.meadjohnson.com.cn/
4	SUUNTO 颂拓	SUUNTO 颂拓 亚玛芬体育用品贸易(上海)有限公司	联系电话：400-820-6111 品牌创立时间：1888年 品牌发源地：美国 品牌官网：http://www.abbottmama.com.cn/
5	Maigoo.com SAMSUNG	SAMSUNG 三星 三星电子株式会社	联系电话：400-810-5858,010-65221855 品牌创立时间：1938年 品牌发源地：韩国 总裁：权桂贤 品牌官网：http://www.samsung.com/

순위	브랜드	기업명	회사개요
6	SONY make.believe	SONY 索尼 索尼(中国)有限公司	联系电话:400-810-9000,400-810-1228 品牌创立时间:1946年 品牌发源地:日本 总裁:平井一夫 广告语:make.believe 品牌官网:http://www.sony.com.cn/
7	fitbit 乐活	Fitbit 乐活 蜚比健康科技(上海)有限公司	联系电话:400-018-8271 品牌发源地:美国 企业领导:A * drew Paul Missan 品牌官网:http://www.fitbit.com/cn
8	HONOR	HONOR 荣耀 华为技术有限公司	联系电话:400-830-8300, 800-830-8300 品牌创立时间:2013年 品牌发源地:广东省深圳市 总裁:任总 广告语:荣耀-勇敢做自己! 品牌官网:http://www.honor.cn/
9	AMAZFIT	Amazfit 华米(北京)信息科技有限公司	联系电话:400-8850-820 品牌创立时间:2015年 品牌发源地:安徽省 首席执行官:黄汪 品牌官网:http://www.amazfit.com/
10	EZON	EZON 宜准 福建宜准信息科技有限公司	联系电话:400-118-6658 品牌创立时间:2008年 品牌发源地:福建省福州市 企业领导:陈 * 元 广告语:户外科技,智慧运动 品牌官网:http://www.ezon.cn/

[출처: https://www.china-10.com/brand/24604.html]

4. 스마트 워치 기업 분석

1) 화웨이 华为 HUAWEI 华为技术有限公司

　　화웨이기술유한공사는 1987년 중국 광둥성 선전시 화웨이 기지에 본사를 두고 통신장비를 운영하던 민영통신기술회사로, 2018년말 현재 18만여 명의 직원이 근무하고 있으며, 연매출 6,036억 위안(2017년)으로 중국 내 500대 기업 중 하나이다.

회사명칭	华为技术有限公司	경영범위	IT, 무선전자, 마이크로 전 자, 통신 등
영어명칭	HUAWEI TECHNOLOGIES CO LTD	본점	中国广东省深圳市龙岗区坂田街道华为基地
성립시기	1987년	회장	任正非
연매출	6,036억 위안(2017년)	주요제품	스마트폰, 교환기
직원 수	18,000명(2018년)	홈페이지	www.huawei.com

[출처: baidu. https://baike.baidu.com/item/%E5%8D%8E%E4%B8%BA%E6%8A%80%E6%9C%AF%E6%9C%89%E9%99%90%E5%85%AC%E5%8F%B8/6455903?fr=aladdin]

2) 화미 华米信息科技有限公司

화미(베이징)정보기술유한공사는 2014년 7월 11일에 설립되었으며 기술개발, 기술, 서비스, 기술 컨설팅, 기술이전, 기술보급 등을 회사 경영 범위에 포함시키며 2018년 2월 8일 미국 뉴체인지에 정식으로 상륙한 신생 기업이다.

회사명칭	华米信息科技有限公司	본점 위치	北京市海淀区东北旺西路8号院23号楼2层206
법정대표	黄汪	매출	4767억 위안(2017년)
성립시기	2017년 7월 11일	상장	2018년 2월 8일 미국 뉴욕
업종	기술 개발, 서비스 등		

[출처: baidu. https://baike.baidu.com/item/%E5%8D%8E%E7%B1%B3%EF%BC%88%E5%8C%97%E4%BA%AC%EF%BC%89%E4%BF%A1%E6%81%AF%E7%A7%91%E6%8A%80%E6%9C%89%E9%99%90%E5%85%AC%E5%8F%B8]

▣ 시사점

중국의 웨어러블 시장은 스마트 워치, 스마트 안경 등 다양한 기술적 진화와 활용으로 꾸준한 증가세를 보이고 있으며, 중국 고객의 니즈에 부합하며 건강 및 기능성 제품 중심으로 성장하고 있다.

1. 중국 웨어러블 시장은 건강 및 스포츠 웨어러블 위주로 시장이 확대되어 가고 있다.
   - 중국 소비자들이 건강 측정, 헬스 등의 용도로 사용하고 있으며 건강에 관심이 증가하면서 건강 및 스포츠 웨어러블 기기의 소프트웨어 개발이 활발해지고 있다.

2. 중국의 웨어러블은 어린이와 노인 소비자 대상의 활용도가 높아지고 있다.
   - GPS 위치 기반 서비스를 활용한 어린이 안전에 대한 의식이 높아진 부모들의 호응이 높아지고 있으며, 노인 인구 증가에 따른 활용도가 높아지고 있다.

3. 중국의 웨어러블 시장은 교육 시장 등 다양한 산업에서 활용도가 높아지고 있다.
   - 초 · 중등 학생들의 주변 환경과 자연스럽게 교감하는 체험식 학습이 가능해지고 있으며, 응급 상황을 활용한 종합 구급 위치 기능을 탑재하여 치매 및 장애인 등의 특수 집단의 시장에 응용과 결합을 하고 있다.

CHAPTER 9

무역 서식 및 작성법

무역 서식은 무역협회 사이트에서 안내한 기준을 참고하여 초보자에게 필요한 무역 서식을
내용 설명과 작성요령, 서식을 정리하였으며 추가 서식이 필요한 무역업자는 무역협회 사이
트를 방문하여 필요한 서식을 내려받아 사용하기 바랍니다. (출처 : 무역협회)

1. 무역고유번호신청서

1. 무역업고유번호 부여의 의의

　2000년 1월 1일부터는 무역업이 완전 자유화됨에 따라 사업자 등록을 한 개인이나 법인이면 모두 자유롭게 무역업을 영위할 수 있게 되었다. 다만 정부는 물품 등의 수출입 거래가 질서있고 효율적으로 이루어질 수 있도록 전산관리체제를 개발·운영하고 있으며 이의 기본 자료인 무역거래자별 무역업고유번호를 부여할 수 있도록 하고 있다(대외무역법 제15조, 동 시행령 제21조, 동 관리규정 제24조).

　따라서 무역업체들은 무역업고유번호를 부여받음으로써 자사의 각 분야별 수출입실적(연도별, 월별, 품목별, 국가별)을 공식적으로 집계하여 수출입계획 수립과 계획 대비 부문별 목표달성 분석을 통해 자사 발전의 기초자료로 활용함은 물론 무역금융한도책정, 관세환급, 무역의 날 포상 신청 등 각종 자료로 활용할 수 있게 되는 것이다.

2. 무역업고유번호 신청

　무역업을 영위하기 위해서는 대외무역관리규정 제24조 규정에 따라 별지 제1호 서식에 의한 무역업고유번호 신청서와 구비서류를 첨부하여 한국무역협회 회장에게 신청할 수 있다.

　* 단, 법인사업자일 경우 여러 사업장이 있더라도 한 사업장만 가능.

3. 무역업고유번호 신청시 구비서류

① 무역업고유번호신청서 1부
② 사업자등록증 사본 1부 (사본은 원본대조필 낙인)
③ 내방자 신분증 지참 (대리인 신청 시 재직증명서 또는 위임장)

신고처	소재지	전화번호
한국무역협회본부	서울시 강남구 영동대로 511 한국무역협회(트레이드타워)	1566-5114
경기지역본부	경기도 수원시 영통구 광교로 107 경기도중소기업종합지원센터 12층	031-259-7854/3
인천지역본부	인천광역시 남구 경원대로 869 르네상스타워 1101호	032-420-0011/3
강원지역본부	강원도 춘천시 남춘로20 국민연금춘천회관 7층	033-256-3067/8
대전충남지역본부	대전광역시 서구 청사로 136 대전무역회관 4층	042-338-1001/4
충북지역본부	충청북도 청주시 흥덕구 풍산로 50 충북중소기업종합지원센터 5층	043-236-1171/3
부산지역본부	부산광역시 중구 충장대로 11 부산무역회관 7층	051-993-3300/5
울산지역본부	울산광역시 북구 산업로 915 울산중소기업종합지원센터 3층	052-287-3060/1
대구경북지역본부	대구광역시 동구 동대구로 489 대구무역회관 5층	053-753-7531/3
경남지역본부	경상남도 창원시 중앙대로 257 경남무역회관 5층	055-289-9411/3
광주전남지역본부	광주광역시 광산구 무진대로 282 광주무역회관3층	062-943-9400
전북지역본부	전라북도 전주시 덕진구 팔과정로 164 전북경제통상진흥원 1층	063-214-6991/2
제주 지부	제주특별자치도 제주시 연삼로 473 제주도중소기업지원센터 5층	064-757-2811/2

■ 한국무역협회 무역업고유번호 신청 장소

| 기재 요령 |

○ 상호 : 사업자등록증상의 상호를 기재

○ 업종 : 신청인이 취급하는 주 업종을 기재 (사업자등록증상의 업
태 및 종목을 기재)

○ 주소 : 사업자등록증상의 사업장 소재지를 기재

○ 전화번호 및 FAX번호 : 본사 소재지의 전화번호를 기재, 무역부
사무실이 별도로 설치되어 있는 경우에는 무역부 사무실을 명시하
고 그 전화번호를 같이 기재

○ 대표자 성명 : 사업자등록증상의 대표자의 성명을 기재

○ E-Mail 주소 기재

무역업고유번호신청서

APPLICATION FOR TRADE BUSINESS CODE

	처리기간(Handling Time)
	즉 시(Immediately)

① 상 호 (Name of Company)			
② 주 소 (Address)			
③ 전화번호 (Phone Number)		④이메일주소 (E-mail Address)	
팩스번호 (Fax Number)		⑤ 사업자등록번호 (Business Registry Number)	
⑥ 대표자 성명 (Name of Rep.)			

「대외무역법 시행령」 제21조 제1항 및 대외무역관리규정 제24조에 따라 무역업고유번호를 위와 같이 신청합니다.

I hereby apply for the above-mentioned trade business code in accordance with Article 24 of the Foreign Trade Management Regulation.

신청일 :   년   월   일

Date of Application   Year   Month   Day

신청인 :   (서명)

Applicant   Signature

사단법인 한국무역협회 회장

Chairman of Korea International Trade Association

유의사항 :   , 대표자, 주소, 전화번호 등 변동사항이 발생하는 경우 변동일로부터 **20**일 이내에 통보하거나 무역업데이타베이스에 수정입력하여야 함.

2. 수출입실적의 확인 및 증명발급(신청)서

1. 수출실적의 개념

대외무역법 시행령(제2조 11호)에서는 수출실적을 "산업통상자원부 장관이 정하여 고시하는 기준에 해당하는 수출통관액·입금액, 가득액稼得額과 수출에 제공되는 외화획득용 원료·기재의 국내 공급액"으로 규정하고 있다. 그러나 이 대외무역법상의 수출실적은 통계상의 목적으로 집계하는 관세청의 통관기준 수출실적(직수출실적)과 무역금융규정상의 융자한도 사정의 기준이 되는 무역금융융자대상 수출실적 등과는 구별된다.

즉, 관세청의 통관기준실적은 수출업자가 수출신고를 해서 수출통관이 된 직수출실적으로써 국가의 경제정책이나 국제수지 통계의 기본이 되는 국가통계상의 수출실적을 의미한다. 무역금융규정상의 융자대상 수출실적은 일반수출금융의 융자한도 결정 및 대응수출사후관리 목적을 위해 인정하는 수출실적으로서 수출신용장, 선수출계약서 및 외화표시물품 공급계약서에 의한 직수출실적에 내국신용장 및 구매확인서에 의한 물품공급실적을 합산한 실적을 의미한다.

예를 들면 내국신용장 및 구매확인서에 의한 공급실적은 대외무역법규상의 수출실적이나 무역금융규정상의 융자대상 수출실적으로는 인정되지만 동 물품공급은 수출통관이 되지 않기 때문에 관세청의 통관기준 수출실적으로는 인정되지 않는다.

2. 수출실적 인정 범위

　대외무역법상 수출의 개념은 매매 · 교환 · 임대차 · 사용대차 · 증여 등을 원인으로 국내에서 외국으로의 물품의 이동(우리나라의 선박에 의하여 외국에서 채취 또는 포획한 광물 또는 수산물을 외국에 매도하는 것 포함)과 유상으로 외국에서 외국으로 물품을 인도하는 것으로 산업통상자원부장관이 정하여 고시하는 기준에 해당하는 것, 「외국환거래법」 제3조 제1항 제14호에 따른 거주자가 같은 법 제3조 제1항 제15호에 따른 비거주자에게 산업통상자원부 장관이 정하여 고시하는 방법으로 용역을 제공하는 것, 그리고 거주자가 비거주자에게 정보통신망을 통한 전송과 그 밖에 산업통상자원부장관이 정하여 고시하는 방법으로 전자적 형태의 무체물無體物을 인도하는 것으로 규정하고 있다.(대외무역법시행령 제2조)

　그러나 수출의 형태별로 무엇을 수출실적으로 인정할 것이냐 하는 수출실적 인정 범위 기준이 필요하며 경우에 따라서는 대외무역 촉진과 수출진흥의 차원에서 국내에서 공급되거나 무상으로 반출하더라도 수출실적으로 인정할 필요가 있는 경우도 있다. 따라서 대외무역관리규정에서는 수출실적 인정 범위를 구체적으로 다음과 같이 정하고 있다.(대외무역관리규정 제25조)

　① 수출 중 유상으로 거래되는 수출(대북한 유상반출실적 포함)

　② 수출승인이 면제되는 수출 중에서 다음에 해당하는 수출

　－외국에서 개최되는 박람회, 전람회, 견본시, 영화제 등에 출품하기 위하여 무상으로 반출한 물품 중에서 현지에서 매각된 것

-해외에서 투자, 건설, 용역, 산업설비수출 기타 이에 준하는 사업에 종사하는 우리나라 업자에게 무상으로 반출하는 물품의 수출 중 해외건설 공사에 직접 제공되는 원료·기재·공사용 장비 또는 기계류의 수출(수출신고필증에 재반입하지 않는다는 조건이 명시된 분에 한한다).

③ 수출자 또는 수출물품 제조업자에 대한 외화획득용 원료 또는 물품의 공급 중 수출에 공하여지는 것으로 다음에 해당하는 경우

-내국신용장에 의한 공급

-구매확인서에 의한 공급

-산업통상자원부장관이 지정하는 생산자의 수출물품 포장용 골판지상자의 공급

④ 외국인으로부터 대금을 영수하고 외화획득용 시설기재를 외국인과 임대차계약을 맺은 국내 업체에 인도하는 경우

⑤ 외국인으로부터 대금을 영수하고 「자유무역지역의 지정 및 운영에 관한 법률」 제2조의 자유무역지역으로 반입 신고한 물품 등을 공급하는 경우

⑥ 외국인으로부터 대금을 영수하고 그가 지정하는 자가 국내에 있음으로써 물품 등을 외국으로 수출할 수 없는 경우 「관세법」 제154조에 따른 보세구역으로 물품 등을 공급하는 경우

3. 수출실적 인정 금액

수출실적 인정 금액은 원칙적으로 수출통관액(F.O.B 가격기준)으로

한다. 그러나 중계무역 등 통관이 되지 않은 물품 등은 수출통관기준으로 할 수가 없기 때문에 다음과 같은 예외적인 방법으로 수출실적금액을 인정하고 있다.

① 중계무역에 의한 수출 : 수출금액(F.O.B)에서 수입금액(C.I.F)을 공제한 가득액

② 외국인도수출 : 외국환은행의 입금액(다만, 위탁가공된 물품을 외국에 판매하는 경우에는 판매액에서 원자재 수출금액 및 가공임을 공제한 가득액)

③ 외국에서 개최되는 박람회, 전람회, 견본시, 영화제 등에 출품하기 위하여 무상으로 반출한 물품 중에서 현지에서 매각된 것 : 외국환은행의 입금액

④ 원양어로에 의한 수출 중 현지 경비 사용 분 : 외국환은행의 확인 분

⑤ 용역 수출 : 용역의 수출·수입실적의 확인 및 증명 발급기관의 장이 외국환은행을 통해 입금 확인한 금액

⑥ 전자적 형태의 무체물 수출 : 한국무역협회장 또는 한국소프트웨어산업협회장이 외국은행을 통해 입금 확인한 금액

⑦ 수출자 또는 수출물품 제조업자에 대한 외화획득용 원료 또는 물품의 공급 중 수출에 공하여지는 경우 : 외국환은행의 결제액 또는 확인액

⑧ 외국인으로부터 대금을 영수하고 외화획득용 시설기재를 외국인과 임대차계약을 맺은 국내 업체에 인도하는 경우 내지 외국인으로부터 대금을 영수하고 그가 지정하는 자가 국내에 있음으로써 물품 등을 외국으로 수출할 수 없는 경우, 「관세법」 제154조에 따른

보세구역으로 물품 등을 공급하는 경우 : 외국환은행의 입금액

4. 수출실적 인정 시점

수출실적의 인정 시점은 수출신고 수리일을 기준으로 하는 것이 원칙이다. 그러나 중계무역 및 외국인도수출, 용역 및 전자적 형태의 무체물 수출 등의 경우에는 입금일을 기준으로 하며, 내국신용장 및 구매확인서 등에 의한 공급은 외국환은행을 통하여 대금을 결제한 경우에는 결제일, 그렇지 않은 경우에는 당사자 간의 대금결제일을 기준으로 한다.

5. 수출실적에 따른 혜택

수출실적과 관련하여 법적으로 뒷받침되는 여러 가지 혜택이 주어지는데 구체적인 내용은 다음과 같다.
① 자율관리기업 선정요건
-전년도 수출실적 미화 50만 달러 상당액 이상인 업체
-수출 유공으로 포상(훈·포장 및 대통령표창)을 받은 업체(84년도 이후 포상받은 업체만 해당) 또는 중견수출기업
-과거 2년간 미화 5천 달러 상당액 이상 외화획득 미이행으로 보고된 사실이 없는 업체
② 전문무역상사 지정기준
-전년도의 수출실적 또는 최근 3년간의 평균 수출실적이 미화

100만 불 이상인 자

-전체 수출실적 대비 타 중소·중견기업 생산 제품의 전년도 수출
비중 또는 최근 3년간 평균 수출 비중이 100분의 30 이상인 자

③ 무역금융 수혜를 위한 융자한도 사정기준

④ 무역의 날 수출유공자 포상 및 수출의 탑 수여기준

⑤ 해외지사 설치요건

-과거 1년간 외화획득실적이 해외지사인 경우 1백만 달러, 해외사
무소인 경우 30만 달러 이상

6. 수출실적의 확인 및 증명발급기관

① 중계무역에 의한 수출, 외국인도수출, 외국의 박람회 견본시,
영화제, 전람회 등에 출품하기 위하여 무상으로 반출한 물품 중에서
현지에서 매각된 것, 원양어로에 의한 수출, 내국신용장 및 구매확
인서에 의한 공급, 산업통상자원부 장관이 지정하는 생산자의 수출
물품 포장용 골판지 상자의 공급, 외화획득용 시설기재를 외국인과
임대차계약을 맺은 국내 업체에 인도하는 등의 경우 : 외국환은행장
(다만, 구매확인서에 의한 공급에 대한 수출실적의 인정금액의 확인 및 증명 발
급기관은 대금을 영수한 외국환은행의 장으로 하며, 당사자 간에 대금을 결제
한 경우에는 그 구매확인서를 발급한 외국환은행의 장 또는 전자무역기반사업
자로 하며, 이 경우 외국환은행의 장 또는 전자무역기반사업자는 당사자 간에
대금 결제가 이루어졌음을 증빙하는 서류를 확인하여야 한다)

② 외국인으로부터 대금을 영수하고 자유무역지역으로 반입신고

수출실적의확인및증명발급[신청]서

처리기간
즉 시

① 신청인(상호, 주소, 성명)	② 발급용도
(서명 또는 인)	

③수출(입금)일자	④매입번호	⑤품명	⑥수출실적	⑦비고

⑧ 증명발급번호

대외무역관리규정 제29조에 따라 위의 사실을 확인합니다.

년   월   일

증 명 권 자   (인)

210㎜ × 297㎜
일반용지 60g/㎡

한 물품 등을 공급하는 경우, 외국인으로부터 대금을 영수하고 그가 지정하는 자가 국내에 있음으로써 물품 등을 외국으로 수출할 수 없는 경우 보세구역으로 물품 등을 공급하는 경우 : 한국무역협회장

③ 그 외의 경우에는 : 한국무역협회장 또는 산업통상자원부장관이 지정하는 기관의 장

기재 요령

① 신청인(상호 · 주소 · 성명) : 신청인의 상호, 주소, 성명을 기재한다. 신청인은 수출신고필증상의 수출대행자를 말한다. 내국신용장이나 구매확인서 등에 의해 국내에서 공급한 경우에는 공급자를 말한다.

② 발급용도 : 수출실적확인서의 용도를 기재한다.

③ 수출일자 : 수출통관이 된 것은 수출신고 수리일자, 수출통관이 되지 않는 것은 수출대금 입금일자, 내국신용장이나 구매확인서 등에 의하여 공급한 경우에는 대금결제일자를 기재한다.

④ 매입번호 : 외국환은행에서 당해 환어음 등을 매입한 경우 매입번호를 기재한다.

⑤ 품명 : 확인 및 증명발급의 대상이 되는 품명을 기재한다.

⑥ 수출실적 : 수출신고필증상의 수출신고가격(F.O.B)을 기재한다. 단 거래조건이 C.I.F 등일 때는 F.O.B로 환산된 금액을 기재한다.

⑦ 비고

⑧ 증명발급번호 : 발급기관에서 발급번호를 기재한다.

3. 외화획득용 원료·물품 등 구매(공급)확인(신청)서

    국내에서 외화획득용 원료 등을 구매하는 수단에는 무역금융규정상의 내국신용장에 의한 방법과 대외무역법령상의 구매확인서에 의한 방법 등이 있다. 여기서 구매확인서라 함은 외화획득용 원료·기재를 구매하려는 경우 또는 구매한 경우 외국환은행의 장 또는 「전자무역촉진에 관한 법률」 제6조에 따라 산업통상자원부장관이 지정한 전자무역기반사업자가 내국신용장에 준하여 발급하는 증서를 말한다.(대외무역관리규정 제2조 18호) 따라서 외화획득용 원료 등을 국내에서 구매하고자 하는 자는 전자무역기반사업자인 KTNET 또는 외국환은행장에게 신청서를 제출하여 확인받게 되는데 2011년 7월부터는 전자발급만을 신청할 수 있다. 구매확인서 전자발급기관인 외국환은행장과 KTNET는 업자 간의 외화획득용 원료 등의 국내 거래를 확인해 줄 뿐이며 대금의 결제에 대해서는 관여하지 않는다.

    이러한 구매확인서제도의 목적은 내국신용장을 개설할 수 없는 상황(선 송금방식의 수출, 무역금융 융자한도 부족 등) 하에서 원자재 구매의 원활화를 기하고자 함에 있는데 구매확인서는 Local L/C와 같이 수출실적의 인정, 외화획득용 원료 사후관리, 부가가치세의 영세율 적용 등 여러 가지 용도에 사용되고 있다.

    구매확인서는 대외무역법상의 규정 외에 무역금융규정 시행세칙상 내국신용장에 대한 규정에 준하여 발급되는데, 내국신용장과의 차이점은 다음과 같다.

① 내국신용장은 은행이 대금지급을 보증하고 있으나 구매확인서는 대금지급이 당사자 간에 이루어지며 은행이 대금지급을 보증하는 것이 아니다.

② 내국신용장은 무역금융의 융자대상이 되고 있으나 구매확인서에 의한 공급은 무역금융의 융자대상이 되지 않는다.

③ 내국신용장은 당해업체의 무역금융융자 한도 내에서만 개설이 가능한 데 반하여 구매확인서는 업체가 거래 증빙서류를 구비하여 신청하면 제한 없이 발급이 가능하다.

■ 실무상 유의사항

1. 발급근거

구매확인서는 내국신용장 발급대상이 되지 아니하는 외화매입증명서, 구매확인서 등을 근거로 해서도 발급이 가능하다. 구매확인서의 전자발급 신청화면으로 이동하여 다음 중에서 선택하면 된다.

① Documentary credit(수출신용장)

② D/A 계약서(D/A : Document against Acceptance)

③ D/P 계약서(D/P : Document against Payment)

④ 외화표시 물품공급계약서

⑤ Open Account(당사자 간 신용에 의한 거래방식)

⑥ 내국신용장

⑦ 외화획득용 원료 구매확인서

⑧ 외화매입증명서

⑨ 외화예치증명서

⑩ 수출신고필증(사후발급인 경우 사용)

⑪ 삭제

2. 발급신청

2011년 7월부터 구매확인서를 전자발급으로만 신청할 수 있으므로 먼저 "uTradeHub(www.utradehub.or.kr)"에 회원으로 가입하고 「전자무역촉진에 관한 법률」 제12조 및 제19조에서 정하는 바에 따라 전자문서로 작성하여 외국환은행의 장 또는 전자무역기반사업자인 KTNET 중 선택하여 신청하여야 한다.

3. 대금결제

구매확인서는 그 발급에 있어서 은행 등이 대금지급을 보증하는 것이 아니므로 대금지급에 대해서는 사적 계약자주의 원칙에 의해 당사자 간의 책임으로 이루어진다. 또한 구매확인서 발급은 차수에 제한이 없다.

4. 구매확인서 사후발급 인정

납품한 원자재 등이 추후에 외화획득용으로 공하여지는 등 구매확인서 발급요건을 추후에 충족하는 경우가 많으며, 개설 대상이지만 몰라서 구매확인서를 발급받지 못한 경우 또는 여러 부품을 빈번하게 구매·공급하는 경우 그 수량 등이 사후에 확정되는 경우 등을 고려하여 구매확인서의 사후발급을 인정한 것임.

ο 발급기한 : 과세기간이 끝난 후 20일 → 25일 (해당일이 공휴일 또는 토요일인 경우, 다음 근무일까지 적용함)

ο 구매일자 기준으로(구매 당월 포함하여) 다음달 10일 이전에 신청할 경우 : (대표)근거서류 정보 1개 이상 구매일자 기준으로 다음달 10일 이후에 신청할 경우 : (대표) 근거 서류 정보 1개 이상 + 당초 발생 세금계산서 정보

ο KTNET 발급 구매확인신청서의 사전/사후발급 여부를 직접 선택하는 부분에 있어 고객들이 혼란스러워하는 경우가 많아, 사전/사후발급을 사용자가 직접 선택하는 것이 아니라, 시스템에서 날짜를 자동 체크하는 것으로 변경

5. 구매확인서 공급분에 대한 수출실적 확인기관

ο 당사자 간 직접대금을 결제한 경우 : 구매확인서 발급 은행

ο 은행을 통한 대금결제 시 : 결제 은행(공급자 거래 은행)

6. 구매확인서 전자발급

ο 2011. 7. 1.부터 구매확인서 신청·발급이 "uTradeHub"를 통한 온라인 발급으로 단일화되어 온라인으로만 발급받아야 함.

ο 구매확인서를 전자발급 받기 위해서는 uTradeHub에 가입하여 발급기관을 전자무역기반사업자인 KTNET 또는 거래 은행으로 선택하여야 함.

　-KTNET를 발급기관으로 지정할 경우 : uTradeHub(www.utradehub.

or.kr)에 가입하여 uTradeHub 로그인→구매확인서 메뉴 이용
신청 및 발급

-거래 은행을 발급기관으로 지정할 경우 : uTradeHub(www.
utradehub.or.kr)에 가입한 후 가입승인서를 출력하여 거래 은
행에 제출→ uTradeHub에 로그인 하여 "My Trade" 메뉴 중
"거래약정관리"를 통해 거래 은행 등록

| 기재 요령 |

① 신청인(상호, 성명, 사업자등록번호, 주소) : 가입신청 때 기재 사
항 자동입력(필요시 「정보갱신」 사용)

② 공급자(상호, 성명, 사업자등록번호, 주소) : 물품을 공급하는 거래
처를 입력(등록한 업체는 "찾기" 사용)

③ 수발신인 식별자 : 구매확인서가 발급될 때 신청인과 공급자에게
동시에 전자문서로 전달되도록 요청하는 경우 입력해 놓으면 전자
적으로 공급자에게 전달해 주는 기능(필요시 입력)

④ 상세수발신인식별자 : 대부분 수발신인 식별자와 동일하며
uTradehub 사용자는 동일 필수항목 아님

⑤ 이메일 주소 : 공급자 이메일 주소를 기재하여 구매확인서 발급사
실을 공급자에게 통지하는 기능으로 구매확인서가 이메일로 전달
되는 것이 아니라 발급사실만 알림, 이메일 주소를 잘못 기재하여
제3자에게 메일 전송시 그 책임은 구매확인신청인에게 있음(필요
시 입력)

⑥ 공급물품 용도 명세 : 해당사항 선택("첨부" 참조)

⑦ 총수량 : 구매물품 목록 입력하면 자동등록

⑧ 총급액 : 구매물품 목록 입력하면 자동등록

- 「통화코드」(KRW)는 선택해야 함

⑨ 총금액(US$) : 구매물품 목록 입력하면 자동등록

⑩ 총 할인/할증/변동 내역 : 입력은 가능하나 구매확인서에 표시되지 않음

⑪ 「Text Upload」「구매물품 목록 등록/수정」 중 선택

- 「Text Upload」는 다량의 자료를 한꺼번에 입력할 때 사용

- 「구매물품 목록 등록/수정」은 한 개씩 입력할 때나 수정할 때 사용

⑫ Total : 현재까지 등록된 구매물품 목록의 개수 표시

⑬ 확인기관 : 구매확인서의 발급을 확인해 주는 기관(자동기재)

- 상호, 성명, 사업자등록번호, 주소 입력

⑭ 전자서명 : 가입 때 입력한 전자서명 값(자동입력)

- 전자서명은 전자문서의 위·변조를 확인하는 중요한 정보임

■ ⑥번 항의【첨부 : 구매원료/물품 등의 용도명세】

- 원자재 : 신용장기준 원자재 구매 [구매물품이 원자재인 경우 선택]

- 원자재임가공 : 신용장기준 원자재임가공 위탁

- 완제품임가공 : 신용장기준 완제품임가공 위탁

- 원자재(실적) : 실적기준 원자재구매

- 원자재임가공(실적) : 실적기준 원자재 임가공위탁

- 완제품임가공(실적) : 실적기준 완제품 임가공위탁

- 완제품 : 완제품 구매 [구매물품이 완제품인 경우 선택]

- 완제품(수출대행) : 수출대행

- 완제품(실적) : 완제품 구매

- 완제품(수출대행) (실적) : 수출대행

- (위탁가공)원자재 : 위탁가공에 소요되는 국산원자재 구입

- 용도명세 사용자 입력

■ 본 신청서 외에도 구매하고자 하는 원료/물품 등을 입력하는 "구매물품 등록", 수출신용장 등 수출에 해당하는 근거서류 입력하는 화면인 "근거(첨부)서류 정보", 제품관리에 필요한 정보를 입력하고 활용하는 "제품관리" 등을 입력하여 활용할 수 있음.

외화획득용원료·기재구매확인신청서

① 구매자　　(상호)
　　　　　　　(주소)
　　　　　　　(성명)
　　　　　　　(사업자등록번호)
② 공급자　　(상호)
　　　　　　　(주소)
　　　　　　　(성명)
　　　　　　　(사업자등록번호)

1. 구매원료·기재의 내용

③ HS부호	④ 품명 및 규격	⑤ 단위 및 수량	⑥ 구매일	⑦ 단가	⑧ 금액	⑨ 비고

2. 외화획득용 원료·기재라는 사실을 증명하는 서류

⑩ 서류명 및 번호	⑪ HS부호	⑫ 품명 및 규격	⑬ 금액	⑭ 선적기일	⑮ 발급기관명

3. 세금계산서(외화획득용 원료·기재를 구매한 자가 신청하는 경우에만 해당)

⑯ 세금계산서 번호	⑰ 작성일자	⑱ 공급가액	⑲ 세액	⑳ 품목	㉑ 규격	㉒ 수량

㉓ 구매원료·기재의 용도명세 : 원자재구매, 원자재 임가공위탁, 완제품 임가공위탁, 완제품구매, 수출대행 등 해
　당용도를 표시하되, 위탁가공무역에 소요되는 국산원자재를 구입하는 경우는 "(위탁가공)" 문구를 추가표시
* 한국은행 총액한도대출관련 무역금융 취급절차상의 용도표시 준용

위의 사항을 대외무역법 제18조에 따라 신청합니다.

　　　　　　　　　　　　　　　　　신청일자　　　　년　　월　　일
　　　　　　　　　　　　　　　　　신 청 자
　　　　　　　　　　　　　　　　　전자서명

* ③은 HS부호 또는 자사관리코드 중 어느 하나를 반드시 기재하여야 합니다.
　⑳ 내지 ㉒은 1. 구매원료·기재의 내용과 금액이 다른 경우에는 반드시 기재하여야 합니다.

210㎜ × 297㎜
일반용지 60g/㎡

1/총페이지수

4. 자율준수무역거래자지정 신청서

　자율준수체제(CP, Compliance Program)란 기업이 수출통제 법규를 준수하기 위하여 전략물자의 수출관리에 필요한 조직·규정 등의 체제를 갖추고, 전략물자 해당 여부 판정, 최종사용자, 최종용도 및 거래 상대방 확인 등의 수출관리를 자율적으로 이행하는 시스템을 말한다.

　산업통상자원부는 대외무역법령[1]에 의거하여 사내 자율준수체제를 갖추고 전략물자의 수출을 자율적으로 관리하는 기업들 중에서 소정의 요건을 갖춘 기업을 자율준수무역거래자로 지정하고 특례를 부여하고 있다.

□ 지정특례

○ 자율준수무역거래자지정은 별표 20의 등급심사기준에 따라 A, AA 및 AAA의 3개 등급으로 구분한다. 자율준수무역거래자의 등급별 특례는 별표 19에 따른다. (전략물자 수출입고시 제72조 및 80조)

○ 포괄수출허가 신청자격 부여

○ 개별수출허가 신청시 첨부서류 사후제출 가능(수출 후 7일 이내)

○ 전략물자 수출통제 관련법규 위반시 고의가 아닐 경우, 행정제재 경감 가능

○ 개별과 포괄수출 허가시 허가실적이 있는 업체에 동일 품목을 동일 수하인에게 보내는 경우에 첨부서류 전체 또는 일부 면제

---

1) 대외무역법 제25조, 동법 시행령 제43조, 전략물자수출입고시 제80조

○ 자율준수무역거래자가 개별수출허가 신청시 최종 사용자가 신청자의 해외 본사 또는 제26조 제1항 제11호상의 해외 현지법인일 경우, 제20조 제1항 제1호부터 제6호까지의 서류 면제

□ 지정절차

1. 기업의 도입 결정

자율준수체제의 도입을 위해서는 최고경영자의 의지가 매우 중요하다. 대표이사 또는 그에 준하는 관리자가 전략물자 수출관리 내부 운영조직인 자율수출관리기구의 최고책임자가 되어야 한다.

2. 자율준수무역거래자 지정신청

자율준수무역거래자는 지정신청은 www.yeatrade.go.kr를 통해 신청가능하며 첨부서류는 아래와 같다.

① 자율준수무역거래자 지정신청서(전략물자수출입고시 별지 13호 서식)

② 회사소개서(전략물자수출입고시 별지 15호 서식)

③ 자율수출관리기구 조직도전략물자관리를 위한 비상임 조직도, 판정·허가절차, 교육, 감사 및 벌칙 등 포함

④ 자율수출관리규정표준자율수출관리규정(별표7)을 기초로 조직 및 수출입관리 등의 내용을 반영한 규정작성

* 전략물자관리원은 자율준수무역거래자 도입을 위한 문서작성 등 컨설팅을 무료로 진행하고 있음

⑤ 별표 20에 따른 등급별 구비서류

3. 자율준수무역거래자 지정심사

　　기업이 자율준수무역거래자 지정신청을 하면 신청서류를 검토하고 방문을 통해 지정요건을 심사하고 평가 후 지정 여부를 신청일로부터 40일 이내에 통보한다.

　　※자율준수무역거래자 지정심사 시 고려사항
　　1. 전략물자 해당 여부에 대한 판정능력
　　2. 구매자, 최종수하인, 최종사용자 및 사용용도에 대한 분석능력
　　3. 자율적인 수출관리기구의 구축 및 응용 능력
　　4. 전략물자 수출허가기관과의 협조체계 구축
　　5. 전략물자 불법수출에 의한 수출제한 여부

　　□ 보고의무
　　① 자율준수무역거래자로 지정된 무역거래자는 다음의 사항을 매 보고기간 종료 후 1개월 이내에 산업통상자원부장관에게 보고하여야 한다.
　　　- 운영보고 : 별지 제18호 서식에 따른 자율준수체제 운영 현황
　　　- 실적보고 : 별지 제19호 서식에 따른 허가건별 포괄허가수출실
　　　　적 및 관련자료 등
　　　- 그 밖에 당해 수출허가기관의 장이 필요하다고 인정하는 사항
　　② 자율준수무역거래자의 구체적인 등급별 운영보고 및 실적보고의 주기는 별표 19에 따른다.

③ 산업통상자원부 장관은 전략물자 사용용도의 전용이 의심되는 경우 자율준수무역거래자에 대하여 전략물자의 최종사용자 및 최종 사용용도와 관련한 보고 등을 요구할 수 있으며 이 경우 해당 자율 준수 무역거래자는 지체 없이 관련 자료를 제출하여야 한다.

④ 보고의무를 정당한 사유 없이 이행하지 아니한 경우 산업통상 자원부 장관은 자율준수무역거래자의 지정을 취소할 수 있다.

자율준수무역거래자지정 신청서

처리기간 : 40일

회사명		사업자등록번호	
		무역업 고유(신고)번호	
대표이사			
주　소			

희망등급	[　] A등급 / [　] AA등급 / [　] AAA등급 　＊복수선택가능

자율준수관리기구 의 장	성　명			
	소　속		직　위	
	전　화		팩　스	
	휴대전화		전자우편	
CP 담당자	성　명			
	소　속		직　위	
	전　화		팩　스	
	휴대전화		전자우편	

「전략물자 수출입고시」 제74조의 규정에 의하여 위와 같이 자율준수무역거래자로 지정해 줄 것을 신청합니다. 향후 모든 수출거래에 대해 「대외무역법」 등을 준수할 것이며, 자율준수체제의 중요사항 변경이나 의심스러운 거래에 대해서는 산업통상자원부장관에게 우선적으로 보고하겠습니다.

20 　.　.　.

대표자 　　　　　(서명 또는 인)

5. 전자적 형태의 무체물 수출입 확인 신청서

2003년 대외무역법 개정에 따라 소프트웨어(솔루션 포함), 영화, 게임, 애니메이션, 만화 등 영상물, 음향·음성물, 전자서적, 데이터베이스 등 전자적 형태의 무체물에 대한 온라인수출입도 수출입실적으로 인정받을 수 있게 되었다.(대외무역법 제2조)

대외무역관리규정 제30조에서는 전자적 무체물의 수출입에 대한 확인서 신청 및 발급기관을 한국무역협회 또는 한국소프트웨어산업협회로 규정하고 있다. 따라서 온라인을 통한 전자적 형태의 무체물을 수출입한 자는 한국무역협회나 한국소프트웨어산업협회에서 수출입 확인서를 받아 거래은행에 제출하면 외화 대금의 입금, 지급일을 기준으로 수출입실적 증명서를 받을 수 있게 되었다.

▼ 실무상 유의사항

1. 수출입 실적

전자적 형태의 무체물의 수출입 실적은 한국무역협회장 또는 한국소프트웨어산업협회장이 발급한 수출입 확인서에 의해 외국환은행이 입금 및 지급을 확인한 금액이다.

2. 수출·수입실적의 인정 시점

전자적 형태의 무체물의 수출의 인정 시점은 수출대금의 입금일이고, 수입실적의 인정 시점은 수입대금의 지급일이다.

3. 수출입 확인 신청

　　전자적 형태의 무체물의 수출입 사실의 확인을 받고자 하는 자는 다음의 서류를 갖춰 한국무역협회장 또는 한국소프트웨어산업협회장에게 신청하여야 한다. 변경확인을 받고자 할 때에도 또한 같다.

○ 수출입 확인 신청서

○ 수출입계약서 사본

○ 사업자등록증 사본

○ 은행이 발급한 외화매입 증명서류(외화 타발송금확인서 등 송금인/수취인 명시 및 USD환산액 표기)

○ 기타 거래 및 인수 · 인도사실 증명서류

┤ **기재 요령** ├

1. 수출입 확인 신청서

　　① 회사 현황

회사명, 대표자명, 주소 등을 기재함은 물론, 기업형태, 담당자 등 해당되는 곳은 모두 표기한다.

　　② 수출입 확인사항

[용역명]은 품목분류표를 참고하여 세세분류 품목명으로 기재하고, [거래형태]는 계약서상의 대금결제형태를 기재한다. [수출 · 수입금액]은 확인받고자 하는 금액을 외화표시로 기재하고, [대상국가]는

수출입 대상국가를 영문명으로 기재한다. [입금일자]는 전자적 형태의 무체물의 인도, 인수 날짜를 기재(서버전송 시 전송일자를 기재)하고, [외국환은행]은 수출입 금액의 입금/인출된 거래 은행명을 기재한다.

2. 인수도 사실증명서

① 일자 : 인도·인수 실시 일자를 기재한다.

② 인수·도 물 : 인수·인도한 품목명을 기재한다.

③ 전송형태 : 서버 전송인지, 메일 전송인지 여부를 기재한다.

④ 서버위치 : 인수·인도 품목이 저장된 서버위치를 국내(지역명) 또는 외국(국가명 표시)으로 표시한다.

⑤ 사이즈 : 거래 품목의 용량을 Mb 단위로 기재한다.

수출·수입실적의 확인 및 증명발급 신청서

당사는 「대외무역법 시행령」 제23조에 따라 다음과 같이 전자적 형태의 무체물에 대한 수출·수입실적의 확인 및 증명 발급을 신청합니다.

1. 회사 현황

회사개요	회사명		대표자명	
	주소		사업자등록번호	
기업형태	□개인 □법인	□대기업 □중소기업	□상장 □비상장	□S/W전업 □기타겸업
담당자명			전화번호	
무역업고유번호			E-mail	

2. 수출입확인 사항

수출입실적 확인기간	년 월 일 부터			년 월 일 까지			
발급용도							
구 분 (수출입)	용 역 명	거래형태 (L/C,T/T)	수출수입 금액 (외화표시/USD)	거래번호	대상국가 (계약자명)	입금일자	거래 외국환은행

* 거래번호는 외화입금에 대해 해당 외국환은행에서 부여한 번호(reference number)를 기입하시기 바랍니다.
* 확인 대상용역 2건 초과 시 [별지]의 자료를 이용하시기 바랍니다.

상기 수출입확인 신청사항 및 제출자료는 사실과 같으며 가격조작 등 부정사유가 발생하는 경우, 「대외무역법」에 따라 처벌을 받을 것을 서약합니다.

년 월 일

신청인_____(인)

확인 및 증명기관의 장 귀하

첨부서류 : 1. 수출입계약서 사본 1부.
2. 사업자등록증사본 1부.
3. 은행이 발급한 외화매입 증명서류(외화 타발송금확인서 등 송금인/수취인 명시 및 USD환산액 표기) 1부.
4. 기타 거래 및 인수·인도사실 증명서류.

210mm × 297mm
일반용지 60g/㎡

인 수 도 사 실 증 명 서

당사는 대외무역법 시행령 제23조에 의거 아래와 같이 전자적 형태의 무체물에 대한 수출입 확인을 받기 위해 인수·도 사실을 증명합니다.

1. 회사명 :
2. 소재지 :
3. 대표자 :

4. 인수·도 사실 증명

일 자	인수·도 물	전송형태	서버위치	사이즈(Mb)

월   일

신청인 _____ (인)

한국무역협회 회장 귀하

수출·수입실적의 확인 및 증명서

「대외무역법 시행령」 제23조에 따라 아래와 같이 전자적 형태의 무체물에 대한 수출입 사실을 확인하고 실적증명서를 발급합니다.

1. 회사개요

회사개요	회사명		대표자명	
	주 소		사업자등록번호	
	전화번호		무역업고유번호	

2. 확인사항

수출입실적 확인기간		년 월 일 부터 년 월 일 까지			
발급용도					
구 분 (수출입)	품 목 명	수출·수입 실적 (외화표시/USD)	대상국가 (계약자명)	입금일자	거래 외국환은행

년 월 일

확인 및 증명권자(인)

210㎜ × 297㎜
일반용지 60g/㎡

6. 해외지점(사무소)및 사무소 설치(변경) 신고서

해외지사라 함은 내국 법인의 외국에 있는 지점 또는 사무소를 말하는 것으로 통상 해외지점, 지사, 출장소, 사무소 등의 여러 가지 명칭으로 불리워지나 외국환거래규정에서는 그 명칭에 관계없이 기능에 따라 해외지점과 해외사무소로 구분하고 있다.

즉, 독립채산제를 원칙으로 하여 외국에서 영업활동을 영위하는 해외지점과 영업활동을 영위하지 않고 단지 업무 연락, 시장조사 등 비영업적 기능만을 수행하는 해외사무소로 구분한다.

내국 법인이 해외지사를 설치하고자 하는 경우에는 지정거래외국환 은행장의 신고 수리를 받아야 한다.

■ 실무상 유의사항

1. 해외지점

가. 설치

과거 1년간의 외화획득실적이 미화 100만 불 이상인 내국 법인과 주무부 장관 또는 한국무역협회장이 외화획득전망 등을 고려하여 필요하다고 인정하는 내국 법인은 지정외국환은행장의 신고 수리를 받아 해외지점을 설치할 수 있다. 한편 한국무역협회장은 무역업 고유번호 부여업체이면서 다음 조건에 해당하는 업체에게 추천서를 발급하고 있는데 이의 기준을 보면 다음과 같다.

- 신청일 현재 과거 1년간 외화획득 및 수출실적 확인가능업체
- 5만 불 이상의 취소불능수출신용장을 수취한 업체
- 상기 두가지 조건 가운데 한가지 이상을 충족한 업체의 사업계
  획서를 검토하여 설치가 필요하다고 인정되는 경우(수출실적, 수출
  의지, 수출전망 등을 중점 평가)

▶ 해외지점 설치 신고서 구비서류
- 해외지점 설치 신고서
- 외국환은행 또는 한국무역협회장이 발급하는 외화획득 실적증
  명서(과거 1년간) (또는 주무부장관이나 한국무역협회장의 추천서)

나. 영업기금

해외지점을 설치한 자가 해외지점 설치신고시 신고한 금액범위
내에서 당해 해외지점에 영업기금(당해 해외지점의 설치비 · 유지 운영비
및 영업활동을 위한 운전자금을 포함하고 현지금융차입에 의한 자금을 제외)을
지급하고자 하는 경우에는 지정거래외국환은행을 통하여 지급하여
야 한다.

해외지점 설치신고시 신고한 영업기금을 초과하여 영업기금을 송
금하고자 하는 경우에는 지정거래외국환은행의 장에게 신고하여야
한다.

외항운송업자 및 원양어업자, 해외건설 및 용역사업자의 해외지점
은 독립채산제를 적용하지 아니하며, 이 경우 영업기금(설치비 및 유지
활동비 제외)을 지급할 수 없다.

다만, 부득이한 경우 한국은행총재에게 신고하여 수리를 받은 건에 한하여 독립채산제를 적용할 수 있으며, 매분기마다 해외지점으로의 지급내역 등에 대해 한국은행총재에게 보고하여야 한다.

다. 영업활동 범위

해외지점이 다음에 해당하는 거래 또는 행위를 하고자 하는 경우에는 한국은행총재에게 신고하여 수리를 받아야 한다.

① 부동산에 관한 거래 또는 행위. 다만, 당해 해외지점의 영업기금과 이익금유보액 범위 내(독립채산제의 예외적용을 받는 해외지점의 경우에는 인정된 설치비 및 유지활동비 범위 내)에서 사무실 및 주재원의 주거용 부동산 등 해외에서의 영업활동에 필요한 외국에 있는 부동산의 취득 등과 관련하여 행하는 부동산 거래는 그러하지 않음.

② 증권에 관한 거래 또는 행위. 다만, 당해 해외지점의 영업활동과 관련하여 당해 주재국 법령에 의한 의무를 이행하기 위한 경우와 당해 주재국내의 정부기관 또는 금융기관이 발행한 증권으로서 즉시 환금이 가능하며 시장성이 있는 증권에 대한 거래는 그러하지 않음.

③ 비거주자에 대한 상환기한이 1년을 초과하는 대부.

2. 해외사무소

가. 설치

다음에 해당하는 내국법인은 지정거래 외국환은행의 장에게 신고하여 수리를 받아 해외사무소를 설치할 수 있다.

- 공공기관

- 금융감독원
- 과거 1년간 외화획득실적이 미화 30만 불 이상인 자
- 과거 1년간 유치한 관광객 수가 8천명 이상인 국제여행 알선업자
- 2인 이상이 공동으로 하나의 해외사무소를 설치하고자 하는 자로서 공동으로 과거 1년간 외화획득실적 30만 불 이상이거나 유치 관광객 수가 8천 명 이상인 요건을 충족하는 경우
- 외화획득업자나 수출품 또는 군납품 생산업자로 구성된 협회, 조합 등의 법인
- 중소기업협동조합
- 국내의 신문사, 통신사 및 방송국
- 산업기술혁신촉진법령에 의하여 산업통상자원부장관으로부터 국외에 기업부설연구소의 설치가 필요하다고 인정받은 자
- 대외무역법에서 정하는 바에 의하여 무역업을 영위하는 법인으로서 설립 후 1년을 경과한 자
- 기타 주무부 장관 또는 한국무역협회장이 해외사무소의 설치가 불가피하다고 인정하는 자(비영리단체 포함)

한국무역협회장은 무역업고유번호 부여 업체이고 사업계획서를 검토하여 수출실적 유무, 수출경험, 수출의지 등을 종합적으로 감안하여 설치가 필요하다고 인정되는 경우 추천서를 발급해 주고 있다. (수출입과 관련 없는 업종은 업종 관할 주무부 장관이 추천)

▶ 해외사무소 설치 신고 구비서류
- 해외사무소 설치 신고서

- 외국환은행 또는 한국무역협회장이 발급하는 외화획득실적증
  명서(과거 1년간) (또는 주무부 장관이나 한국무역협회장의 추천서), 기타
  자격을 확인할 수 있는 서류

3. 해외지사 사후관리

① 해외지사 설치에 관한 신고를 한 자는 설치신고를 한 날부터 6월
  이내에 현지 법규에 의한 등록증 등 지사설치를 확인할 수 있는
  서류를 첨부하여 그 설치신고를 한 지정거래 외국환은행의 장에
  게 설치 행위의 완료내용을 보고하여야 한다.

② 해외지사가 부동산을 취득 또는 처분하는 경우에는 그 취득 또는
  처분일부터 6월 이내에 지정거래 외국환은행의 장에게 그 취득 또
  는 처분내용을 보고하여야 한다.

③ 해외지점(비독립채산제 해외지점을 제외한다)을 설치한 자는 당해 해
  외지점의 연도별 영업활동 상황(외화자금의 차입 및 대여명세표를 포함
  한다)을 회계기간 종료후 5월 이내에 지정거래 외국환은행의 장에
  게 제출하여야 한다. (다만, 해외지점을 설치한 자가 휴폐업 등으로 인해
  보고서를 제출하는 것이 불가능하다고 신고기관의 장이 인정하는 경우에는
  당해 휴폐업의 기간에 보고서를 제출하지 아니할 수 있다.)

④ 영업기금, 설치비, 유지활동비의 지급은 해외지사의 설치신고를
  한 지정거래 외국환은행을 통하여 이루어져야 하며 동 지정거래외
  국환은행은 부동산의 취득 및 처분, 결산, 자금의 차입 및 대여 등
  에 대하여 해외지사별로 종합관리카드를 작성 비치하여 사후관리
  를 하여야 한다.

⑤ 지정거래 외국환은행의 장은 다음의 보고서 또는 서류를 작성하여 정한 기일내에 한국수출입은행을 경유하여 한국은행총재, 국세청장 및 관세청장에게 통보하여야 한다. (다만, 해외지사를 설치한 자가 휴폐업의 상태에 있어 신고기관의 장이 해외지사를 설치한 자로부터 보고서를 제출받는 것이 불가능한 것으로 인정되는 경우에는 그러하지 아니하며 이 경우 신고기관의 장은 휴폐업의 사실을 한국수출입은행장에게 보고하여야 한다.)

- 해외지사 설치(변경·폐지)신고(수리)서 사본, 해외지사 설치·현황보고서(분기보) : 매 분기 익익월 10일 이내
- 연간영업활동보고서(해외사무소와 비독립채산제 해외지점은 제외한다) : 매익년도 9월 말일 이내
- 사후관리종합내역 등 기타 통계 또는 사후관리에 필요한 서류 (해외지사별 영업기금·유지활동비 지급 현황 및 부동산 취득·처분 현황 포함)

⑧ 지정거래외국환은행의 장이 신고(수리), 송금, 사후관리(회수, 청산, 폐지 등), 사업실적 내역을 한국수출입은행 해외직접투자 통계시스템에 입력하는 경우 제5항 본문에 의한 서류를 제출한 것으로 본다. 다만, 본문의 규정에 의한 입력기일은 제5항의 규정을 준용한다.

‖ 기재 요령 ‖

1. 해외지점 설치(변경) 신고서

① 신청인 주소 및 상호 : 사업자등록증상의 상호 및 주소를 정확히 기재한다.

② 대표자 성명

③ 전화번호

④ 영업내용 : 사업자등록증상의 업태를 기재한다.

⑤ 수출실적 : 과거 1년간의 수출실적을 미화불로 기재한다.

⑥ 지점명 : 설치하고자 하는 해외지점명을 국문과 영문으로 기재한다.

⑦ 소재지 : 설치하고자 하는 해외지점 주소를 국가, 도시명까지 기재한다.

⑧ 영업기금 : 해외지점의 설치비, 유지활동비 등의 영업기금을 해외지점 설치 신고시 같이 인증 받고자 하는 자는 그 금액을 기입한다.

⑨ 회계기간

⑩ 주재원 수 : 본국파견 주재원 수 및 현지 채용 주재원의 수를 기재한다.

⑪ 변경내용 : 해외지점 변경 내용 발생시 기재한다.

2. 해외사무소 설치(변경) 신고서

① 신청인 주소 및 상호 : 사업자등록증상의 상호 및 주소를 정확히 기재한다.

② 대표자 성명

③ 전화번호

④ 영업내용 : 사업자등록증상의 업태를 기재한다.

⑤ 수출실적 : 과거 1년간의 수출실적을 미화불로 기재한다.

⑥ 사무소명 : 설치하고자 하는 해외사무소명을 국문과 영문으로 기재한다.

해외사무소 설치(변경) 신고서

				처리기간	

신청인	상 호		(인)	대 표 자	
	사업자(주민)번호			법인등록번호	
	주 소(소재지)	(주소) (전화번호) (e-mail)			
	업 종			담 당 자	
	기 업 규 모	□ 대 기 업 □ 중 소 기 업 □ 개 인 사 업 자			

신청내역	신 고 구 분	□ 설치 □ 변경	
	사 무 소 명	(국문) (영문)	
	소 재 지	(국가명) (세부주소)	
	업 종 코 드	(표준산업분류표 5자리)	
	설 치 비		
	유 지 활 동 비		
	주 재 원 수	본국파견 : 명, 현지채용 :	
	설 치 사 유		
	변 경 사 항	내 용	
		사 유	

외국환거래법 제18조의 규정에 의하여 위와 같이 신고합니다.

년 월 일

지정거래외국환은행의 장 귀하

신청인 귀하 위의 신청을 다음과 같이 신고합함.	신 고 번 호	
	유 효 기 간	

년 월 일

신 고 기 관 : (인)

□ 사후관리 유의사항

가. 해외사무소의 설치신고를 한 날부터 6월 이내에 현지법규에 의한 등록증 등 사무소 설치를 확인할 수 있는 서류를 첨부하여 설치완료 보고를 할 것.

나. 해외사무소의 설치비, 유지활동비, 자금의 차입 및 대여 등 외국환거래규정에서 정하는 사항에 관하여 당행의 사후관리를 받을 것.

다. 해외사무소의 명칭 또는 위치를 변경한 경우에는 그 변경내용을 당행에 신고할 것

라. 해외사무소를 폐쇄하고자 하는 경우에는 잔여재산을 국내로 즉시 회수하고 당해 해외사무소의 재산목록, 재산처분명세서, 외국환매각 증명서류를 제출할 것. 다만, 해외에서 외국환거래규정에 의해 인정된 자본거래를 하고자 하는 경우에는 국내로 회수하지 아니할 수 있다.

마. 해외사무소를 설치한 경우에는 연도별 영업활동상황(외화자금차입 및 대여명세를 포함한다. 별지 지침서식 제9-22호)을 해당연도 종료 후 2월 이내에 당행에 제출할 것.

바. 해외사무소의 부동산을 취득 또는 처분하는 경우에는 그 취득 또는 처분일로부터 6월 이내에 지정거래 외국환은행의 장에게 그 취득 및 처분내용에 관한 서류를 제출할 것.

해외지점 설치(변경) 신고서

					처리기간	

	상 호			(인)	대 표 자	
신청인	사업자(주민)번호				법 인 등 록 번 호	
	주 소(소재지)	(주소) (전화번호)		(e-mail)		
	업 종				담 당 자	
	기 업 규 모	☐ 대 기 업		☐ 중 소 기 업		☐ 개 인 사 업 자

	신 고 구 분	☐ 설 치 ☐ 변 경	지 점 구 분	☐ 독립채산지점 ☐ 비독립채산지점
신청내역	지 점 명	(국문) (영문)		
	소 재 지	(국가명) (세부주소)		
	업 종 코 드	(표준산업분류코드 5자리)		
	독 립 채 산 지 점	☐ 영 업 기 금		
	비 독 립 채 산 지 점	☐ 설 치 비 ☐ 유 지 활 동 비		
	주 재 원 수	본국파견 : 명, 현지채용 :		
	설 치 사 유			
	변경사항 내 용			
	변경사항 사 유			

외국환거래법 제18조의 규정에 의하여 위와 같이 신고합니다.

　　　　　　　　　　　　　　　　　　　　　　　년　　월　　일

지정거래외국환은행의 장 귀하

신청인 귀하 위의 신청을 다음과 같이 신고필함..	신 고 번 호	
	유 효 기 간	

　　　　　　　　　　　　　　　　년　　　월　　　일

　　　　　　　　　　　　신 고 기 관 :　　　　　　　　　(인)

□ 사후관리 유의사항

가. 해외지점의 설치신고를 한 날부터 6월 이내에 현지법규에 의한 등록증 등 지점설치를 확인할 수 있는 서류를 첨부하여 설치완료 보고를 할 것.

나. 해외지점의 영업기금보유, 부동산의 취득 및 처분, 영업순이익의 처분 및 순손실의 발생, 자금의 차입 및 대여 등 외국환거래규정 에서 정하는 사항에 관하여 당행의 사후관리를 받을 것.

다. 독립채산제 해외지점을 설치한 경우에는 내국법인의 매 회계기 간별로 각 해외지점의 결산 재무제표 및 그 부속서류와 결산결과 발생한 순이익금의 처분내역을 그 결산일로부터 6월 이내에 당행 에 제출하여 그 결산 및 손익 상황에 관하여 지정거래 외국환은 행의 장의 확인을 받을 것.

라. 해외지점이 업무용 부동산을 취득 또는 처분하는 경우에는 그 취득 또는 처분일로부터 6월 이내에 지정거래 외국환은행의 장에 게 그 취득 및 처분내용에 관한 서류를 제출할 것.

마. 국내 항공·선박회사의 해외지점인 경우에는 다음년도 2월 말까 지 해외지점의 현지수입금 및 현지수입금 사용명세서를 당행에 제출할 것.

바. 해외지점의 명칭 또는 위치를 변경한 경우에는 그 변경내용을 당행에 신고할 것.

사. 해외지점을 폐쇄하고자 하는 경우에는 잔여재산을 국내로 즉시 회수하고 당해 해외지점의 재산목록, 대차대조표, 재산처분명세

서, 외국환 매각증명서류를 제출할 것. 다만, 해외에서 외국환거래규정에 의해 인정된 자본거래를 하고자 하는 경우에는 국내로 회수하지 아니할 수 있다.

아. 해외지점의 연도별 영업활동 상황(외화자금의 차입 및 대여명세서 포함, 별지 지침서식 9-22호)을 해당 연도 종료후 2월 이내에 제출할 것.

(출처 : 무역협회 http://www.kita.net/bluecap/search/search.jsp)

7. 필수 무역 용어

무역 용어는 현재 실무에서 사용되는 것을 기준으로 하였으며 영문
표기, 중문 표기, 한국어 표기를 하였다.(출처 : 무역협회 용어 정리)

NO	Full Name	중국어 표시	한국어 표시
내용 설명			
1	Shipping Document	裝船單据	선적서류

화물을 선적한 것을 증명하는 서류의 총칭.
국제무역에서는 이 선적서류의 원본을 매매하는 것에 의해서 상품 거래를 행한다. 담보
물건으로써 중요한 의미를 갖는 한편 수입 수출을 위한 통관을 할 경우에도 사용된다.
중요한 선적서류에는 선하증권(B/L), 송장(Invoice), 포장명세서(Packing List), 해상보험
증권(Marine Insurance Policy)이 있고 보조 서류는 원산지 증명서(Certificate of Origin),
영사소장(Consular Invoice), 검사 증명서(inspection Certificate) 등이 있다.

2	B/L (Bill of Lading)	提單	선하증권

화주와 선박회사 간의 해상운송계약에 의하여 선박회사가 발행하는 유가증권이다. 다
시 말하면 선주가 자기 선박에 화주로부터 의뢰 받은 운송화물을 적재 또는 적재를 위
해 그 화물을 영수하였음을 증명한다. 그리고 동 화물을 도착항에서 일정한 조건 하에
수하인 또는 그 지시인에게 인도할 것을 약정한 유가증권.

3	AWB (Air Waybill)	空运提单	항공화물운송장

항공회사가 화물을 항공으로 운송하는 경우에 발행하는 화물수취증으로 해상운송에서
의 선하증권(B/L)에 해당되며 항공운송장 또는 항공화물수취증이라고도 부른다.

4	L/G (Letter of Guarantee)	保証书	화물선취보증장

수입 물품은 이미 도착하였으니 운송 서류가 도착하지 않았을 경우 운송 서류 내도 이전에 수입상과 개설은행이 연대 보증한 보증서를 선박회사에 선하증권의 원본 대신 제출하고 수입 화물을 인도받는 보증서.

*항해 일수 짧은 국가로부터 수입할 시 수입화물보다 선적 서류가 늦게 도착하는 경우에 납기 증의 사항으로 수입화물의 긴급 인수를 요하거나 보관료 등의 비용 절감을 위하여 활용되고 있음.

5	C/I (Commercial Invoice)	商业发票	상업송장

매도인이 매수인 앞으로 해당 거래 물품의 특상과 내용 명세 등의 주요사항을 상세히 명기한 것으로 수출자에게는 대금청구서로서의 역할을 하고, 수입자에게는 매입명세서로서의 역할을 하여 수입신고 시 과세 가격의 증명 자료가 된다.

6	P/L (Packing List)	装箱单	포장명세서

선적화물의 포장 및 포장 단위별 명세와 단위별 순 중량, 총중량 그리고 화인 및 포장의 일련번호 등을 기재함으로써 포장과 운송, 통관 상의 편의를 위하여 매도인이 매수인에게 발행하는 명세서로서 송장을 보충하는 역할을 한다.

7	I/P (Insurance Policy)	保险单	보험증권

운송에 부수해서 발생하는 각종의 위험에 의해 화물 및 기타의 재산이 손해를 입은 경우를 대비하여 보험을 부보한 경우, 보험계약의 성립과 그 내용을 증명하기 위하여 보험회사가 작성하여 기명 날인한 후 보험계약자에게 교부하는 증권으로서 계약 확인의 증거가 되는 것이다. 계약서는 유가증권이 아닌 단순한 증거 증권인데 통상 배서 내지 인도에 의하여 양도된다.

8	C/O (Certificate of Origin)	原产地证明书	원산지증명서

화환어음의 부대서류로서 수출물품의 원산지를 증명하는 국적확인증서의 성격을 가진 통관에 필요한 서류이며 적성국의 생산물 인가를 판별할 목적으로 이용되는 경우도 있다. 또한 수입 상품에 관세를 부과할 경우 양허세율이나 국정세율을 적용시킬 때의 기준으로 이용되는 객관적인 서류이다.

9	I/C (Inspection Certificate)	检验证书	검사증명서

수출품의 품질, 포장, 재료 등을 대하여 수입자가 지정한 검사기관 또는 전문 검사기관이 검사하여 상품이 완전한 것임을 증명하기 위해 검사기관이 발행하는 증명서이다.

10	Surrender B/L	退保提单	권리 포기 선하증권

화물의 도착지에서 선하증권 원본의 제시없이 전송(Fax)받은 사본으로 화물을 인수받을 수 있도록 발행된 선하증권으로, 단지 B/L에 Surrender 스탬프를 찍어 B/L상의 수화인이 권리를 행사할 수 있는 비유통성 물품인수증.
*Surrender, Surrendered, Telex release와 같이 사용되는 용어이다.

11	Switch B/L	交换机提单	스위치 비엘

중계 무역(삼각 무역, 삼국 간 무역)에 주로 사용되는 B/L로서 중계업자가 원수출자를 노출시키지 않기 위하여 화물을 실제 수출한 지역에 속한 선사, 포워더가 발행한 B/L을 근거로 제3의 장소에서 Shipper(원수출자)를 중계업자로 교체하여 발급받는 B/L을 말한다.

12	ForwardingCompany (Forwarder)	货运代理公司	복합원송주선인, 포워더, 포워딩업체

일반적으로 운송수단을 직접 소유하지 않은 채 운송을 위탁한 고객의 화물을 인수하여 수하인에게 인도할 때까지의 집화, 입출고, 선적, 운송, 보험, 보관, 배달 등의 업무를 주선 또는 수행하거나 복합운송체제 하에 스스로 운송계약의 주체자가 되어 복합운송인으로서 복합운송증권을 발행하여 전 구간의 운송 책임을 부담하는 운송주선인을 말한다.

13	Shipping Company	航运公司	선박회사, 선사

자체 선박을 가지고 있거나 제휴 선사와 공동 배선을 통하여 운송을 서비스하는 실질적인 Carrier를 말한다. 즉 선박을 이용하여 운송서비스를 제공하고 이에 대한 보수로써 운임을 취득하는 것을 업으로 하는 운송인을 말한다.

14	FCL (Full Container Load) Cargo)	满载货物	풀콘테이너 화물

1개의 컨테이너를 채우기에 충분한 양의 화물을 말한다.

15	LCL (Less than Container Load) Cargo)	小于集装箱装载量	부족콘테이너화물

컨테이너 1개를 채우기에 부족한 소량 화물을 말하며, FCL과 반대되는 개념임.

16	CO-Loading	共载	공동콘테이너화물

포워더가 자체적으로 집하한 LCL화물이 FCL화물로 혼재되기에 부족한 경우 동일 목적지의 LCL화물을 보유하고 있는 타 포워더에게 Joint Consolidation을 의뢰하여 화물을 신속하고 경제적으로 수송하는 방법.

17	CONSOL (Consolidation)	康索尔(合并)	혼재작업

컨테이너선 운송 단위인 컨테이너 한 대를 채우지 못하는 소량 화물(LCL화물)을 모아서 한 개의 컨테이너를 구성하는 작업.

18	ODCY (Off Dock Container Yard)	码头外集装箱堆场	부두 외 컨테이너 야적장

컨테이너 장치장으로서 부두에서 떨어진 곳에 위치한 장치장

19	ICD (Inland Container Deport)	内陆集装箱港口	내륙컨테이너 기지
내륙통관기지로서 컨테이너 집하, 통관수속 등의 업무를 처리할 수 있는 곳.			

20	CY (Container Yard)	集装箱堆场	컨테이너 집하장
컨테이너를 인수, 인도하고 보관하는 장소를 말한다.			

21	CFS (Container Freight Station)	集装箱货运站	컨테이너화물 집화소
선사나 대리점이 선적할 화물을 화주로부터 인수하거나 양화된 화물을 화주에게 인도하기 위하여 지정한 장소.			

22	CFS Charge	收费	CFS 작업료
LCL화물을 운송하는 경우 선적지 및 도착지의 CFS에서 화물의 혼적 또는 분류작업을 하게 되는데, 이때 발생하는 비용.(하역료, 검수료, 화물정리비, 보관료 등)			

23	C/W (Chargeable Weight)	收费重量	운임산출중량(항공)
운임계산의 기준이 되는 중량을 말한다. 통상, 화물의 실제 중량과 용적 중량 ($6,000cm^2 = 1kg$) 중 무거운 쪽이 Chargeable Weight로 계산된다.			

24	R/T (Revenue Ton)	计费吨	운임톤(해상)
용적이나 정량 또는 가격 어느 쪽이든 간에 운임계산의 기초가 되는 운임 톤(Freight Ton)이라고도 한다. 흔히 용적이나 중량 중 높은 운임을 산출해 낼 수 있는 쪽의 톤수를 말한다.			

25	D/O (Delivery Order)	交货单	화물인도지시서

선박회사나 포워더가 화물보관자인 CY, CFS 혹은 보세 창고로 하여금 D/O 소지인에게 화물을 인도할 것을 지시하는 비유통 서류이다. 수입자가 선사로부터 D/O를 교부받기 위해서는 선사나 포워더에게 선하증권 원본을 제시해야 하며 아울러 운임 등 각종 비용 정산도 끝나야 한다.

26	D/F, D/O Fee, DOC Fee (Documentation Fee)	文件费	서류 발급비

선사나 포워더가 일반 관리비 보전을 목적으로 수출 시 선하증권을 발급해 줄 때, 수입 시는 화물인도지시(D/O)을 발급해 줄 때 징수하는 비용.

27	THC (Terminal Handling Charge)	码头装卸费	터미널화물처리비

컨테이너 화물이 CCY(화물집하장)에 입고된 순간부터 본선의 선측까지, 반대로 수입 시는 본선의 선측에서 CY게이트를 통과하기까지 화물의 이동에 따르는 비용.
-OTH: Terminal Handling Charge at Origin
-DTH: Terminal Handling Charge at Destination

28	W/F, WFG (Wharfage)	码头费	화물입항료

해양수산부가 항만법의 하위법령인 [무역항의 항만시설사용 및 사용료에 관한 규정]에 의해 부두를 거쳐가는 모든 화물에 징수하는 요금.

29	CON'T TAX (Container Tax)	集装箱税	컨테이너세

부산시가 컨테이너 배후 도로 건설을 위해 지방세법 개정을 통해 한시적 부가하는 목적세.

30	BAF(Bunker Adjustment Factor)	煤仓调节系数	유류할증료
선박의 주원료인 벙커유의 가격변동에 따른 손실을 보전하기 위해 부과하는 요금. *FAF와 동일한 개념			

31	FAF(Feul Adjustment Factor)	Feul 调整因子	유류할증료
선박의 주원료인 벙커유의 가격 변동에 따른 손실을 보전하기 위해 부과하는 요금. *BAF와 동일한 개념			

32	CBR(Critical Bunker Recovery)	应急燃油附加费	긴급유류할증료
전쟁이나 분쟁, 산유국의 담합 등으로 유가가 평소 폭보다 폭등하는 현상이 발생될 시 선사에서 운항비를 보전하기 위하여 긴급 부가하는 할증료. (잠정: 남중국, 동남아)			

33	EBS (Emergency Bunker Surcharge)	应急燃油附加费	긴급유류할증료
전쟁이나 분쟁, 산유국의 담합 등으로 유가가 평소 폭보다 폭등하는 현상이 발생될 시 선사에서 운항비를 보전하기 위하여 긴급 부가하는 할증료. (잠정: 일본)			

34	FSC (Fuel Surcharge)	燃油附加费	유류할증료(항공)
국제 유가의 급격한 상승으로 단위 구간에 대한 운송비용의 증가에 따라서 항공사에서 각 화물에 대하여 추가로 받는 운송비를 말한다. 항공사마다 약간의 적용규정이 다르고 IATA Area별로 지정이 되어 있다.			

35	CAF (Currency Adjustment Factor)	货币调整系数	통화할증료
운임표시통화의 가치하락에 따른 손실을 보전하기 위해 도입된 할증료. *선사의 손실보전을 위한 요금			

36	SSC (Security Surcharge)	安全附加費	보안할증료
항공기 안전 점검, 위험지역 항해에 부과되는 요금			

37	AMS(Automatic Manifest System)	自動艙单系统	미 관세청의 적하목록시스템
미국 입항 화물을 사전에 전자 문서로 미 세관(CBP)에 신고하는 제도. *신속한 통관을 돕는 취지에서 출발했지만 최근 테러방지 목적으로 사전에 화물을 검사하는 기능이 강화되었음.			

38	PSS (Peak season Surcharge)	旺季附加費	성수기할증료
성수기 물량 증가로 컨테이너 수급 불균형 및 항만의 혼잡 심화에 따른 비용 상승에 대한 할증료이다.			

39	WRS (War Risk Surcharge)	战争险附加費	전쟁할증료
전쟁 위험지역에 화물운송을 위해서 위험부담을 하여야 하기 때문에 부과되는 할증료.			

40	CCF (Container Cleaning Fee)	集裝箱清洗費	컨테이너청소료(해상)
화물의 특성에 따라 적입 전 또는 후에 컨테이너의 청소를 요구하게 되는 경우 부과하는 비용.			

41	WCS (Weight Surcharge)	集裝箱清洗費	중량초과할증료
Over Weight Surcharge, Heavy Weight Surcharge, Container Overweight Surcharge로 표기 운항선복에 비해 선적 물량이 Over하여 중량을 규제하여 선복량을 증대시키기 위한 중량 화물에 대한 할증료. *선사 별 상이하여 선사들의 추가 운임 수익을 제고하기 위한 비용 항목임.			

| 42 | PCS (Port Congestion Surcharge) | 港口拥挤附加费 | 항만혼잡세(체선료) |

선박 혼잡으로 인해 선박이 체선되는 경우 선박회사나 정기선 운임 동맹이 화주에게 부과하는 비용.

| 43 | Free Time | 空闲时间 | 자유장치기간 |

본선에서 양하된 화물을 CFS나 CY에서 보관료 없이 장치할 수 있는 일정한 허용기간을 말한다. 참고로 각 해운동맹들은 각자의 양하지에서 터미널 상황을 고려하여 free time기간을 책정하고 있다.

| 44 | Demurrage Charge | 滞期费 | 체화료/체선료 |

체화료(화주거래): 화주가 허용된 시간(Free Time)을 초과하여 컨테이너를 CY에서 반출해 가지 않을 경우 선박회사에 지불해야 하는 비용.
체선료(선주거래): 적하 또는 양하 일수가 약정된 정박 기간(Laydays)을 초과하는 경우 용선자에게 지불하는 것으로 하류(1일) 또는 중량 톤수 1톤당 얼마를 지불하는 비용.

| 45 | Over Storage Charge | 超额储存费 | 지체보관료 |

CPS 또는 CY로부터 화물 또는 컨테이너를 무료 기간(free time) 내에 반출해 가지 않으면 보관료를 징수한다. 또한 무료 기간 종료 후 일정기간이 지나도 인수해 가지 않으면 선사는 공매 처리할 권리를 가지며, 창고료, 부대비용 일체를 화주로부터 징수한다.

| 46 | Detention Charge | 滞留费 | 지체료 |

화주가 컨테이너 또는 트레일러를 대여받은 후 규정된 시간(Free Time) 내에 반환을 못할 경우 벌과금으로, 운송업체에게 지불해야 하는 비용임.

47	EDI Charge	电子数据交换收费	(D/O 전송료)

수입화물의 효율적인 반출을 위해 도입된 D/O 전산화 이후 Forwarder가 화주들을 대리하여 보세장치장에 D/O을 전송할 경우 발생하는 EDI 사용료(D/O 전송료): 항공

48	H/C (Handling Charge)	装卸费	취급수수료(포워더)

포워더가 선하증권(B/L)의 적하 목록 전송(EDI), 화물도착통지(A/N), 해외 교신 등의 서비스에 발생되는 행정적인 비용.

49	Shoring & Lashing	支护绑扎	적화고정

화물을 선적하여 운항 중 선박의 동요 등으로 인하여 화물의 손해 방지나 선작의 안전 확보를 목적으로 화물의 위치를 고정하거나 하는 적화고정작업(Securing).

50	Shoring Charge	支护费用	화물고정,구획비용

컨테이너에 적입된 화물의 움직임을 방지하기 위하여 목재, 파이프 등을 사용하여 화물의 위치를 고정하거나 구획하는 비용.

51	Lashing Charge	绑扎费	화물위치고정비용

컨테이너에 적입된 화물의 움직임을 방지하기 위하여 로프, 와이어, 체인, 대철 등을 사용하여 화물의 위치를 고정하는 비용.

52	Drayage Charge	拖运费	구간운송비

LCL컨테이너 화물을 분류, 보관하기 위하여 부두 또는 Cy에서 배정된 CFS나 보세창고까지 운송하는 구간 운송비.
*이송비용은 화주의 화물 용적 또는 중량에 따라 나눠서 청구되며, 인천항에서만 발생되는 항목임.

53	BOTOC (Busan Container Terminal Operation Company)	釜山集装箱码头运营公司	부산컨테이너부두운영공사
부산컨테이너 부두 운영 공사 : 자성대 부두			

54	HMF(Harbor Maintenance Fee)	港口维护费	항만유지비(미국)
수입품이 미국의 항만을 이용하여 미국 내로 수입될 때, 항만 사용, 즉 반입 승인, 내륙 운송 승인 등에 따른 수수료를 징수하는 것을 뜻함. 수입화물 가격의 0.125%가 부과됨. *해상(OCEAN)만 한하여 적용			

55	MPF(Merchandise Processing Fee)	货物处理费	물품취급수수료(미국)
미국이 수입물품의 통관 시 부과하는 물품취급수수료, 동 수수료는 물품의 원산지에 따라 차별적으로 부여하고 있어(NAFTA회원국, 이스라엘, 최빈국, 캐리비안 경제개발국 등은 제외되고 있음), 예외국이 아닌 경우 비관세장벽으로 구분될 수 있음. 수수료는 송장 금액의 0.21%로 송장 건당 최저 25달러에서 최고 485달러를 부과하고 있음. *해상, 항공 공히 적용.			

56	ACC (Alameda Corridor Charge)	达走廊费	ACC 경유비용
Alameda Corridor개통과 관련해 건설비용의 일부를 사용자가 부담해야 하기 때문에 Alameda Corridor 경유 여부에 관계없이 LA항과 롱비치항을 경유하는 화물에 대한 ACC 를 부과함. *Alameda Corridor: LA롱비치항과 LA동부 철도 터미널을 연결하는 화물전용 철도 루트.			

8. 무역 해운 약어 해석(A~H)

No	약어	Full Name	中称	한국어
1	A/N	Arrival Note	到货通知单	도착통지서
2	A/R	All Risks	一切险	전위험담보
3	AMS	Automatic Manifest System	自动舱单系统	미관세청의적하목록시스템
4	AMR	Automatic Minimum Rate	自动最小速率	최저운임제
5	ANETRA	Asisa North American EastboundRate Agreement	美国东海岸 利率协议	극동, 동남 아시아/북미 운임협정
6	AWB	Air Way Bill	空运提单	항공화물 운송장
7	B/A	Banker's Acceptance	银行承兑汇票	은행 인수어음
8	B/L	Bill of Landing	提货单	선하증권
9	BAF	Bunker Adjustment Factor	燃料调整因素	유류할증료
10	BCL	Bank Capability Letter	银行资信证明	은행거래(잔고)증명서
11	BCTOC	Busan Container Terminal Operation Co	釜山集装箱码头运营公司	부산 컨테이너 부두운영공사/자성대 부두
12	BWT	Bonded Warehouse Transaction	保税仓库交易	보세창고 거래
13	C/A	Correction Advice	更正通知书	정정통지서
14	C/I	Commercial Invoice	商业发票	상업송장
15	C/O	Certificate of Origin	原产地证明书	원산지증명서
16	C/P	Charter Patty	租船合同	용선계약서
17	CAD	Cash Against Delivery	货到付款	선적서류상환부조건
18	CAF	CurrencyAdjustment Factor	货币调整系数	통화할증료
19	CBM	Cubic Meter	立方米	긴급유류할증료

No	약어	Full Name	中称	한국어
20	CBR	Critical Bunker Recovery	临界煤仓回收	긴급유류할증료
21	CCC	Customs Cooperation Council	关税合作理事会	관세협력이사회
22	CCCN	Customs Cooperation Council Nomenclature	关税合作理事会命名法	관세협력이사회 품목분류집
23	CCF	Charge Collect Fee	收取费用	착지불수수료(항공)
24	CFR	Cost & Freight	成本加运费	운임포함조건(C&F)
25	CFS	Container Freight Station	集装箱货运站	컨테이너화물 집화소
26	CHC	Container Handling Charge	集装箱装卸费	컨테이너 취급수수료
27	CIF	Cost Insurance & Freight	成本保险与运费	운임보험료 포함 조건
28	CIP	Carriage and Insurance Paid to	运费和保险费付至	운임보험료 지급인도조건
29	CIR	Container Interchange Receipt	集装箱互换收据	컨테이너 기기인수도증
30	CLP	Container Load Plan	集装箱装载计划	컨테이너내 적분도
31	COA	Contract of Affreightment	租船合同	해상운송계약
32	COD	Cash On Delivery	货到付款	현금상환불조건
33	CTO	Combined Transport Operator	联合运输操作员	복합운송인
34	CY	Container Yard	集装箱堆场	컨테이너 장치장
35	D/A	Document against Acceptance	承兑交单	환어음 인수도 조건
36	D/O	Delivery Order	交货单	인도지시서
37	D/P	Document against Payment	付款交单	환어음 지불도 조건
38	D/R	Dock Receipt	码头收据	부두수취증
39	DAF	Destination at Frontier	边境目的地	국경인도조건
40	DDC	Destination Delivery Charge	目的地交货费	도착지화물인도비용

No	약어	Full Name	中称	한국어
41	DDP	Delivered Duty Paid	完税交货	관세 지급 반입인도조건
42	DDU	Delivered Duty Unpaid	未付交税	관세미지급 반입인도조건
43	DES	Delivered Ex Ship	船上交货	부두인도조건
44	DEQ	Delivered Ex Quay	码头交货	착선인도조건
45	DST	Double Stack Train	双层列车	컨테이너2단적재열차
46	E/L	Export License	出口许可证	수출면허(승인)
47	EBS	Emergency Bunker Surcharge	应急燃油附加费	긴급유류할증료
48	EDI	Electronic Data Interchange	电子数据交换	전자문서교환
49	EFTA	European Free Trade Association	欧洲自由贸易联盟	유럽자유무역연합
50	ESCAP	UN Economic and Social Commission of Asia and Pacific	联合国经济社会亚洲和太平洋委员会	유엔아시아태평양경제사회이사회
51	ETA	Estimated Time of Arrival	预计到达时间	입항예정일(예상도착일)
52	ETD	Estimated Time of Departure	预计出发时间	출항예정일(예상출발일)
53	EXW	Ex Works	工厂交货	공장인도조건
54	F/L	Freight List	运费清单	운임목록
55	F/O	Firm Offer	实盘	확정오퍼(매도확약서)
56	FAF	Fuel Adjustment Factor	燃料调节系数	유류할증료
57	FAK	Freight from All Kinds	从各种货运	품목별부차별운임
58	FAS	Free Alongside Ship	船边交货	선측인도조건
59	FCL	Full Container Load	满载集装箱	컨테이너 1개를 채운 컨테이너
60	FCO	Full Corporate Offer	完全公司要约	회사공식판매제의서

No	약어	Full Name	中称	한국어
61	FCR	Forwarder's Cargo/Certificate of Receipt	货代货物/证书收据	포워더 화물인수증
62	FCS	Fuel Surcharge	燃油附加费	유류할증료(항공)
63	FDWS	Fixed Days of the Week Service	固定周日服务	고정요일 서비스
64	FEFC	Far Eastern Freight Conference	远东货运公会	구주운임동맹
65	FEU	Forty Foot Equivalent Unit	四十英尺当量单位	40ft 컨테이너 단위
66	FIATA	Federation Internationale des Associations de Transitaires et Assimiles	国际联合会 与货代协会 同化物	국제복합운송업협회
67	FI	Free In	免费	적하비용 하주부담조건
68	FIO	Free In and Out	自由进出	적,양하비용 하주부담조건
69	FMC	Federal Maritime Commission	联邦海事委员会	미연방해사위원회
70	FO	Free Out	船方不负担卸货费用	양하비용 하주부담조건
71	FOB	Free On Board	船上交货	본선인도조건
72	FPA	Free from Particular Average	不担保单独海损	단독해손부담보조건
73	FR	Flat Rock Container	扁岩容器	벽과 천장이 없는 컨테이너
74	FTA	Free Trade Agreement	自由贸易协定	자유무역협정
75	GA	General Average	共同海损	공동해손
76	GATT	General Agreement on Tariffs and Trade	关税和贸易总协定	관세및무역에관한일반협정
77	GRI	General Rate Increase	一般加息	기본(일반)운임인상
78	GSP	Generalized System of Preferences	广义偏好系统	일반특혜관세

No	약어	Full Name	中称	한국어
79	GSPCO	Generalized System of Preference Certificate of Origin	广义原产地证书制度	일반특혜관세원산지증명
80	GT	Gross Tonnage	总吨位	총톤수
81	HG Container	Hanger Container	吊架集装箱	옷걸이가 장착된 컨테이너
82	HS	Harmonized System	协调制度协调商品描述和编码系统	국제통일상품명및코드시스템
83	I/D	Import Declaration	进口报关单	수입신고(서)
84	I/L	Import License	进口许可证	수입승인(서)
85	I/P	Insurance Policy	保险单	보험증권
86	IATA	International Air Transport Association	国际航空运输协会	국제항공운송협회
87	IBRD	International Bank for Reconstructionand Development	国际复兴开发银行	국제부흥개발은행
88	ICC	International Chamber of Commerce	国际商会	국제상업회의소
89	ICC	Institute Cargo Clause	协会货物条款	협회 적하약관
90	ICD	Inland Container Depot	内陆集装箱仓库	내륙컨테이너기지
91	ICPO	Irrevocable Corporate Purchase Order	不可撤销的公司采购订单	취소불능구매발주서
92	IMDG code	IMO Dangerous Goods Code	国际货物运输组织危险货物代码	IMO 위험물분류코드
93	IMO	International Maritime Organization	国际海事组织	국제해사기구
94	IMF	International Monetary Fund	国际货币基金组织	국제통화기금
95	INCOTE-FMS	International Rules for the Interpretation of Trade Terms	国际贸易术语解释规则	무역 조건 해석에 관한 국제 규칙

No	약어	Full Name	中称	한국어
96	IPI	Interior Point Intermodal	内点联运	내륙지역 복합운송 서비스
97	ISO	International Organization for Standardization	国际标准化组织	국제표준화기구
98	KIFFA	Korea International Freight Forwarders Association	韩国国际货运代理协会	한국복합운송주선업협회
99	L./C	Letter of Credit	信用证	신용장
100	L/G	Letter of Guarantee	保证书	화물선취보증서
101	L/I	Letter of Indemnity	赔偿保证书	손상화물보상장(면책증서)
102	LIBOR	London Inter-Bank Offered Rate	伦敦同业拆借利率	런던은행간거래금리
103	LCL	Less than Container Load	小于集装箱装载量	소량컨테이너화물
104	LOI	Letter of Intent	意向书	의향서
105	M/F	Manifest	货单	적하목록
106	M/R	Mate's Receipt	收货单	본선수취증
107	M/S	Motor Ship	机动船	동력기관선
108	M/T	Metric Ton	公吨	1M/T=1,000kgs
109	MFCS	Manifest Consolidation System	显性合并制度	적하목록취합시스템
110	MGL	Minimum Guide Line	最小引导线	최저운임제
111	MLB	Mini Land Bridge	迷你陆桥	북미대륙횡단(철도)서비스
112	MOL	More or less Clause	超过或不足条款	과부족 이용 조건
113	MOQ	Minimum Order Quantity	最小订货量	최소주문수량
114	MOU	Memorandum of Understanding	谅解备忘录	양해각서
115	MRA	Minimum Rate Agreement	最低利率协议	최저 운임 협정률
116	MTD	Multimodal Transport Document	多式联运文件	복합운송서류

No	약어	Full Name	中称	한국어
117	MTO	Multimodal Transport Operator	多式联运算符	복합운송인
118	MSDS	Material Safety Data Sheet	材料安全数据表	물질안전보건자료
119	MV	Motor Vessel	机动船	동력기관선
120	MY	Marshalling Yard	编组站	마샤링 야드
121	NAFTA	North American Free Trade Agreement	北美自由贸易协定	북미자유무역협정
122	NT	Net Tonnage	净吨位	순톤수
123	NOS	not otherwise specified	未另行规定	비관세장벽
124	NTB	Non-Tariff Barriers	非关税壁垒	비관세장벽
125	NVOCC	Non Vessel Operating Common Carrier	无船承运共同承运人	무선박운송인
126	OCP	Overland Common Point	陆上公共点	미내륙 공통 운송지점
127	ODCY	Off Dock Container Yard	码头集装箱堆场	부두 외 컨테이너야적장
128	OT	Container Open Top Container	集装箱敞口集装箱	오픈탑컨테이너
129	SCR	Specific Commodity Rate	特定商品率	특정품목운임율
130	SITC	Standard International Trade Classification	国际贸易分类标准	표준국제무역분류
131	SLB	Siberian Land Bridge	西伯利亚大陆桥	시베리아횡단서비스
132	SLC	Shipper's Load & Count	托运人的装载和计数	화주의 직접 화물적입을 표시
133	SOC	Shipper's Own Container	托运人自己的集装箱	화주소유 컨테이너
134	Semi Con	Semi Container Vessel	半集装箱船	컨테이너, 벌크화물 동시 선적 선박
135	SGS	Societe Generale de Surveillance	瑞士通用公证行	스위스 검정회사

No	약어	Full Name	中称	한국어
136	T/C	Time Charter	定期租船合同	정기용선
137	T/R	Trust Receipt	信托收据	화물대도증
138	T/S	Transhipment	转船	환적
139	T/T	Telegraphic Transfer	电汇	전신환
140	T/T	Transit Time	渡越时间	운항소요시간
141	TCR	Trans China Railway	经中国铁路	중국횡단철도
142	TEU	Twenty Foot Equivalent Unit	二十英尺当量单位	20ft 컨테이너 단위
143	THC	Terminal Handling Charge	码头装卸费	터미널핸들링차지
144	TL	Total Loss	全损	전손
145	TSCS	Trans-Siberian Container Service	西伯利亚集装箱服务	시베리아 횡단 컨테이너 서비스
146	TSR	Trans-Siberian Railway	西伯利亚铁路	시베리아 횡단철도
147	TT Club	Through Transport Club	直通运输俱乐部	화물배상책임보험조합
148	TWRA	Transpacific Westbound Rate Agreement	跨太平洋西行率协定	아시아/북미 수입운임 협정
149	UCP	Uniform Customs and Practice for Documentary Credits	跟单信用证统一惯例	신용장통일규칙
150	VMI	Vender Managed Inventory	供应商管理库存	공급자주도형재고관리
151	VOY	Voyage	航程	항차
152	VSL	Vessel	船	선박
153	W/F	Wharfage	码头费	부두사용료
154	WA	With Average	平均值	분손담보
155	WT	Weight Ton	重量吨	중량톤

No	약어	Full Name	中称	한국어
156	WTO	World Trade Organization	世界贸易组织	세계무역기구
157	YAS	Yen Appreciation Surcharge	日圆升值附加费	엔고 손실 보충 요금 (일본)
158	YAR	Yoke-Antwerp Rules	轭安特卫普规则	공동 해손에 관한 국제 통일 규칙

[출처 : 한국무역협회, 中国 baidu]

9. 중국 인터넷 무역 용어

현재 필수 사용되는 중국 인터넷 무역 용어를 중국어, 병음(중국식 발음), 한국어로 표시하였다 (출처 : 바이두)

[중국 인터넷 무역 용어 정리]

순서	중문	병음	해석
1	免费注册	Mian fei zhu ce	무료 회원가입
2	注册	Zhu ce	회원가입
3	同意	Tong yi	동의
4	协议	Xie yi	합의하다
5	大陆	Da lu	대륙
6	验证	Yan zheng	인증하다
7	下一步	Xia yi bu	다음 단계
8	验证码	Yan zheng ma	인증번호
9	确认	Que ren	확인하다
10	护照	Hu zhao	여권
11	销售	Xiao shou	판매하다
12	零售	Ling shou	소매
13	批发	Pi fa	도매
14	采购	Cai gou	구매하다
15	海外	Hai wai	해외
16	TCR	Trans China Railway	확정하다

순서	중문	병음	해석
17	用户	Yong hu	사용자, 가입자, 아이디
18	登录	Deng lu	등록하다, 로그인하다
19	提交	Ti jiao	제출하다
20	立即	Li ji	즉시, 바로
21	添加	Tian jia	첨가하다
22	账户	Zhang hu	계정
23	设置	She zhi	설치하다
24	邮箱	You xiang	이메일 주소
25	获取	Huo qu	취득하다, 얻다
26	卖家	Mai jia	판매자
27	中心	Zhong xin	센터
28	企业开店	Qi ye kai dian	기업계정
29	个人开店	Ge ren kai dian	개인계정
30	重心	Zhong xin	중점
31	重心认证	Zhong xin ren zheng	중점인증
32	立即认证	Li ji ren zheng	즉시인증
33	验码	Yan ma	인증번호
34	已通过	Yi tong guo	기통과(심사통과)
35	未通过	Weitongguo	미통과
36	进行中	Jin xing zhong	진행중
37	上转	Shangzhuan	불러오기, 가져오기
38	创建	Chuang jian	창립(개업)하다

순서	중문	병음	해석
39	店铺	Dian pu	상점, 점포
40	激活	Ji huo	활성화하다
41	充值	Chong zhi	충전하다
42	网上	Wang shang	인터넷
43	网上银行	Wang shang yin hang	인터넷뱅킹
44	选择	Xuan ze	선택하다
45	充值金额	Chongzhijine	충전금액
46	付款	Fu kuan	지불
47	确定确认	Que ding que ren	확정 확인
48	提现	Ti xian	현금 인출하다
49	转账	Zhuan zhang	이체하다
50	电脑付款	Dian nao fu kuan	온라인 지불
51	手机付款	Shou ji fu kuan	핸드폰 지불
52	确认付款	Que ren fu kuan	확인 지불
53	编辑	Bian ji	편집
54	申诉	Shen su	제소하다
55	售后态度	Shou hou tai du	A/S 태도
56	售后速度	Shou hou su du	A/S 속도
57	评价管理	Ping jia guan li	평가관리
58	发货	Fa huo	발송
59	物流工具	Wu liu gong ju	물류수단
60	发布	Fa bu	리스팅

순서	중문	병음	해석
61	仓库	Cang ku	창고
62	累计	Lei ji	누적
63	缴纳	Jiao na	납부하다, 지불하다
64	运营中心	Yun ying zhong xin	운영센터
65	线下	Xian xia	오프라인
66	批发市场	Pi fa shi chang	도매시장
67	自己生产	Zi ji sheng chan	자가생산
68	实体店	Shi ti dian	오프라인 숍
69	代工生产	Dai gong sheng chan	공장 대리생산
70	渠道	Qu dao	방법
71	货源	Huo yuan	매입처, 공급처
72	保存	Bao cun	보관
73	运费	Yun fei	운임
74	卖家承担	Mai jia cheng dan	판매자 부담
75	快递	Kuai di	택배
76	平邮	Ping you	우편
77	图片	Tu pian	사진
78	文件夹	Wen jian jia	폴더
79	取消	Qu xiao	취소
80	上转	Shang zhuan	불러오기

개인은 이제 인터넷 플러스라는 시대를 살면서 다양한 정보와 네트워크로 연결되면서 혼자서도 많은 일을 할 수 있는 시대에 살게 되었다. 집이나 카페에 앉아서 인터넷으로 주문을 받고 인터넷으로 발주하고, 발주된 제품이 고객에게 잘 도달되었는지 확인할 수가 있다. 전 세계 제품을 인터넷을 통해서 검색하고 비교하여 비교우위에 있는 제품을 소싱하여 필요한 곳에 인터넷을 통해서 공급하면 된다.

전 세계 인터넷 혹은 상점에 판매되는 제품의 80% 이상 중국에서 만들어지고 있다고 한다. 중국이라는 공장에서 만들어진 제품을 나만의 브랜드를 만들고 제품에 기능을 추가하거나 포장을 추가하여 재구성을 통해서 자신만의 제품을 만들고 만들어진 제품을 인터넷을 통해서 한국 이외 다른 국가에 인터넷을 통해서 공급하는 과정을 할 수 있다면 우리는 개인의 경제영토가 넓어지고 개인의 자유로움이 확대되어 나갈 것이다. 창의적인 생각과 성실함은 나에게 가장 좋은 자본이고 끊임없이 지원해 주는 사업 밑천이라고 생각하면 된다.

중국에 가서 이쑤시개만 팔아도 13억 개 팔 수 있을 거라고 무작정 중국으로 건너갔던 선배들이 이제는 돌아오고 있다. '강아지도 자기 집에서는 50% 먹고 간다'는 말이 있다. 중국이라는 넓고 큰 나라를 상대로 무작정 도전을 하는 시대는 지나갔다.

이제는 선배들이 넘어간 곳 중국을 우리는 인터넷을 통해서 넘나들며 가끔 한 번씩 현지 시장조사를 하면 되며 소싱된 제품을 한국 이외 동남아 일본과 아메리카, 유럽을 상대로 인터넷을 통해 새로운 경제영토를 넓혀 가야 한다.

한국이라는 취업 시장에서 벗어나서 미생에서 무역상으로 21세기 장보고를 꿈꾸면서 경제적 부와 자유로움을 마음껏 펼치길 기원한다.

북경에서 돌아와서 파주 출판단지 카페에서

심하윤

■ 참고 도서 및 사이트

【1】『중국 소싱 노하우』, e비지북스, 이중엽

【2】『소자본창업 쉽게 배우기』, 한스미디어, 박평호

【3】『친절한 타오바오창업&운영가이드』, e비지북스, 송혜현

【4】『중국 100년의 꿈 한국 10년의 부』, 참돌, 전병서

【5】『중국 업계지도 2016』, 어바웃어북

【6】http://www.baidu.com (중국 검색 사이트 바이두)

【7】http://www.qq.com (중국 SNS 사이트 QQ)

【8】https://www.taobao.com (중국 전자상거래 사이트 타오바오)

【9】http://www.jd.com (중국 전자상거래 사이트 징둥)

【10】www.customs.go.kr (한국 관세청)

【11】http://cpc.people.com.cn/(중국 공산당)

【12】https://baike.baidu.com/item/%E5%B0%91%E6%95%B0%E6%B0%91%E6%97%8F/117663?fr=aladdin (중국 소수민족)

【13】http://baike.baidu.com/item/%E4%B8%80%E7%BA%BF%E5%9F%8E%E5%B8%82/7823735?fr=aladdin(중국 1선 도시)

【14】http://baike.baidu.com/item/%E5%8C%97%E4%BA%AC/128981 (북경시)

【15】http://baike.baidu.com/item/%E4%B8%8A%E6%B5%B7/114606?fr=aladdin (상해시)

[무역 수입코드] http://www.customs.go.kr/kcshome/main/content/ContentView.do?contentId=CONTENT_ID_000000595&layoutMenuNo=103

■ 중국을 이해하는 도서 리스트

슈퍼차이나: KBS 특별기획 다큐멘터리
KBS 슈퍼차이나 제작팀 저
시청률 1위의 화제의 다큐멘터리 [슈퍼차이나]를 책으로
만나다! 그 동안 알고 있던 중국은 모두 잊어라! [슈퍼차이나]는 KBS에서 신년 특별기획으로 제작하여 8부작에 걸쳐 방송했던 다큐멘터리 [슈퍼차이나]를 단행본으로 엮은
책으로, 슈퍼파워로 떠오른 중국의 부상을 인구, 기업, 경제, 군사, 땅, 문화, 공산당이라는 다양한 프레임......

야망의 시대: 새로운 중국의 부, 진실, 믿음
에번 오스노스(Evan Osnos) 저/고기탁 역
변화하는 중국 그 한가운데 있는 사람들의 이야기 중국은
개혁 개방 정책을 통해 급격한 경제 성장을 이루었고 국가가 급격한 변화를 겪은 만큼 그 안에서 살아가는 사람들의
삶과 의식 또한 완전히 바뀌었다. 지난 8년간 중국 특파원으로 활동하면서 새로운 중국의 정치적, 경제적, 문화적 격변을 목격해 온 [뉴요커]지 기자

베이징 특파원 중국문화를 말하다: 베이징 특파원 13인이
발로 쓴 최신 중국 문화코드 52가지
김용관, 여시동, 한강우, 김규환…
1. 현대 중국인의 기질과 특성 등 중국의 최신 문화코드 이야기 – 중국인의 양다리 걸치기, 출신학교보다 고향 따지는 향우회 문화 등 소개 중국인들과 손잡고 사업하려면 중국인 특유의 양다리 걸치기, 즉 자오타량촨(脚踏兩船)을
경계해야 한다. 중국인들은 삼다리, 사다리는 보통이고 심하면 십 다리도 걸친다. '하오, 하오(好)

리얼 차이나: 오늘의 중국을 읽는 키워드 33
길호동 저
중국에 대한 본격적인 이해는 '신(新)중국'에서 출발한다!
이담북스에서 출간한 [(오늘의 중국을 읽는 키워드 33) 리얼 차이나]는 20여 년 동안 중국에서 필자가 직접 겪은 현지의 경험과 진지한 관찰을 통해 1949년 이후의 '신(新)중국'을 제대로 이해할 수 있도록 중국의 역사, 정치, 경제, 사회, 문화 등 다양한 영역 안에서 중국 이야기

중국속으로 [KBS 화제의 다큐멘터리]: 앞으로 20년! 중국을 빼고 한국을 말할 수 없다
KBS 다큐멘터리 新 국부론 중국 속으로 제작팀 저
2008년 글로벌 경제 위기를 겪으면서 한국 경제는 중국과는 떼려야 뗄 수 없는 밀접한 관계가 됐다. 한국 경제에서 수출이 차지하는 비중이 커졌다. 특히 중국 경제에 대한 의존도가 높아졌다. (수출, 수입 교역량 1위/ 전체 수출량의 25.5%, 전체 수입량의 20.0% 자료제공: 한국무역협회)

중국은 무엇으로 세계를 움직이는가: 6가지 키워드로 읽는 차이나 파워
가오셴민, 장카이화 저/오수현 역
2010년 출간 즉시 중국 각 서점 베스트셀러! 단숨에 읽어내리는 [CCTV판 중국 굴기]- 세계를 뒤흔든 차이나 파워의 6가지 원천을 말하다 수많은 외국인이 중국의 경제성장을 가리켜 '기적'이라고 말한다. 그 기적은 '차이나 스피드', '중국식 모델', '중국의 성공 신화'라는 말로도 표현된다. [중국은 무엇으로 세계를 움직이는가?

버블 차이나: 중국의 세기는 올 것인가?
조너선 펜비(Jonathan Fenby) 저/신해경 역
시진핑의 '차이나드림', 중국은 21세기 세계를 지배할 수 있을까? 이 책이 주목하는 건 '중국이 세계를 지배할 것인가'라는 무엇보다 중요한 질문 하나. 2012년 말에 시진핑이 중국공산당 총서기가 되고 이듬해 3월에 국가주석이 된 이래 이 질문이 갖는 중요성이 갈수록 커지고 있다. 시진핑은 국가를 회춘시키는 '차이나드림

차이나 인사이트: 현대 중국 경제를 말하다
김동하 외 10 저
더욱 빠르게, 더욱 깊이 만나는 중국 사회와 경제요우커(遊客, 중국인 관광객)들이 한국의 백화점에서 VVIP대접을 받는다거나 중국인 투자자들로 제주도 부동산 경기가 호황이라는 소식은 한국인들에게 이제 익숙하다. 일상에서도 중국의 경제적 영향력을 쉽게 체감할 수 있는 2014년 현재, 한국과 중국의 자유무역협정(FTA)까지 타결

차이나 리스크 리포트: 진격의 중국, 견제하는 미국, 방황 속의 한국
김경종 저
기회의 땅 중국에서 한국이 나아가야 할 방향 제시 중국에서 비즈니스를 성공하는 법, 중국인과 비즈니스 할 때 알면 유용한 33가지 팁 등 2가지 챕터로 나누어져 있는 이 책의 부록에는 저자가 직접 보고 듣고 체험한 중국인의 문화와 비즈니스 환경이 생생하게 담겨 있다.

NEW 차이나 트렌드: 질주하는 경제중국의 새로운 선택
박승준 저
정치가 끌고 가는 경제, 중국경제를 살피다19세기 초 세계 인구의 3분의 1, 세계 GDP의 30%를 넘게 차지한 대청제국(大淸帝國)은 150년만인 2050년까지 중화제국의 꿈을 부활시키겠다는 시진핑 중국의 호언이 점점 현실로 다가오고 있음을 보여주고 있다.

트렌드 차이나: 중국 소비DNA와 소비트렌드 집중 해부
김난도(Kim Ran Do), 전미영, 김서영…
거대 중국 시장에 현미경을 들이대다「트렌드 차이나」는 서울대 생활과학연구소 소비트렌드분석센터(CTC)의 김난도 교수와 연구진이 중국 소비자와 소비 트렌드에 관해 미시적으로 연구 분석한 책이다. 중국에 진출하고 있는 한국의 대표적 기업들로부터 받은 중국의 소비트렌드 변화흐름을 분석해달라는 의뢰를 계기로 3년간 진행.

넥스트 차이나
삼성경제연구소 신흥시장연구팀 저
침체에 빠진 선진경제권, 이미 만원버스가 된 중국세계경제의 미래, 넥스트차이나에 달려 있다! 얼마 전 중국 정부가 올해 경제성장률 목표치를 7.5%로 하향했다고 발표하자 세계경제가 술렁였다. 중국이 세계경제에서 차지하는 위상과 중국경제 위축에 대한 우려를 보여주는 일이라 할 수 있다.

시진핑의 차이나 드림: 21세기 중국의 대국굴기 전략
문유근 저
중국의 꿈은 무엇인가? 14억 중국인의 리더 시진핑의 전략과 생각을 읽는다! 중국의 제5세대 지도자 시진핑(習近平)은 2012년 11월 제18차 당 대회에서 총서기에 취임한 이후, 주요 회의 행사 등 계기 시마다. 향후 중국이 실현해야 할 비전으로 '중국의 꿈'(中國夢, China Dream 또는 The Dream of China)을 천명해왔다.

차이나 이펙트 CHINA EFFECT
김태일, 중국경제정보분석 저
한반도는 중국의 종적인 이웃이 될 것인가? 횡적인 이웃이 될 것인가? 중국의 정치·경제사를 통찰해 글로벌 경제의 향방을 묻는다! 세계의 공장이라 불렸던 중국이 금융대국을 넘어 문화강국에 이르는 여정을 통해 중국 경제의 실체를 낱낱이 해부한 책.

차이나 소프트 파워: 세계를 뒤흔든 중국의 동력
김동하 저
문화콘텐츠 강국 G2를 지향하는 21세기 중국의 오늘이 책에서 다루고 있는 소프트 파워(Soft Power)는 미국 하버드대 석좌교수인 조지프 나이가 1990년대에 만들어낸 개념이다. 그는 미국이 하드 파워로 대표되는 군사력과 경제력 측면뿐만 아니라, 제도, 가치, 문화, 제반 정책 같은 소프트 파워적인 측면에서도 세계 최강이라고 지적…

중국을 열다
무역 · 비즈니스 편

초판 1쇄 인쇄 2019년 4월 12일
초판 1쇄 발행 2019년 4월 17일

지은이 현용수 · 심하윤
펴낸이 현용수
펴낸곳 홍익미래경영연구원
출판등록 제2015-000095호 (2015. 04. 22)

주소 서울시 서초구 서초중앙로 152, 702호(서초동, 우민빌딩)
전화 (02) 853-6677
팩스 (02) 852-6677

수석부회장 남기원 | 기획 · 편집 양세엽 | 자료 · 구상 김규남
회계 · 재무 박신영 | 주간 장주동 | 간사 박창홍 | 마케팅 · 교육 최계춘

ISBN 979-11-961849-0-2 03300